Frank O'Connor

Die Reise nach Dublin

Roman

Aus dem Englischen von Elisabeth Schnack

W0362261

Diogenes

Titel der 1932 erschienenen Originalausgabe
›The Saint and Mary Kate‹
Copyright © Frank O'Connor
c/o A. D. Peters & Co. Ltd., London
Die deutsche Erstausgabe erschien
1961 im Diogenes Verlag
Umschlagfoto: George Mott,
›Bridge at Ballycarney, County Wexford‹
(Ausschnitt)

Veröffentlicht als Diogenes Taschenbuch, 1990
Alle deutschen Rechte vorbehalten
Copyright © 1961
Diogenes Verlag AG Zürich
30/96/36/3
ISBN 3 257 21934 2

Laß nichts dich verwirren,
nichts dich erschrecken,
alles vergeht,
doch Gott ist unwandelbar.
Dem, der Geduld hat,
fällt alles zu,
wenn er nur Gott hat,
gebricht's ihm an nichts,
Gott ist sein Genügen.

Teresa von Ávila

ERSTES KAPITEL

Mary Kates Mutter wollte nach Dublin fahren.

Seit Wochen war es dem Mädchen von all seinen Bekannten, gleichaltrigen und erwachsenen, eingehämmert worden. Um Mary Kates Kopf schwebte schon der reinste Glorienschein, so etwa wie damals bei der kleinen Doyler, als deren Vater gestorben war. Ihre Mutter wollte wegfahren. »Und was willst du machen, wenn deine Mutter weg ist?« erkundigte sich bald dieser, bald jener freundliche Nachbar, und Mary Kate, die sehr auf Anstand hielt, antwortete stets, dass sie heu-heu-heulen würde. Jedermann schien es vorauszusetzen, dass sie heulen würde, obwohl sie sich im geheimsten Herzenswinkel sehr auf ihre Freiheit freute und gar keine Lust hatte zu heulen. Doch was sie eigentlich machen würde, war ihr gänzlich unklar. Sie wusste recht gut, dass sie machen konnte, was ihr passte, so weit es Tantchen Dinah betraf, denn Tantchen Dinah schien unfähig, länger als drei Minuten hintereinander »Kind« zu denken. Was immer sie denken mochte – mit Mary Kate hatten ihre Gedanken meistens nur ganz am Rande zu tun. Mary Kate hatte es oft genug erlebt: sobald Tantchen Dinahs Logik ins Stolpern geriet oder ihr Blick eine Sekunde abschweifte – plumps! stürzte Mary Kate ganz unversehens und unbegreiflich aus der Wärme menschlicher Anteilnahme in die eisigen Abgründe des Nichtvorhandenseins, gerade als hätte sich unter ihren Füssen eine Falltür geöffnet.

Ihre Tante machte sich keine Sorgen, wenn Mary Kate nicht zu Hause war. Selbst wenn sie eine ganze Woche fortbleiben würde, die Tante würde es nicht bemerken, dachte Mary Kate oft. Wenn daher unter den älteren Mädchen allerlei Ausflüge geplant wurden und eines fragte: »Kommst du auch, Mary Kate?« oder wenn jemand ihren Mut auf die Probe stellen wollte und höhnte: »Das getraust du dich nicht, du Bangebüx!«, dann erwiderte Mary Kate stets ernsthaft und voller Zuversicht: »Ich tu's, wenn meine Ma in Dublin ist!« Und das machte stets tollen Eindruck.

Die älteren Mädchen freuten sich geradezu darauf, Mary Kate mitzunehmen. »Mary Kates Alte geht nach Dublin«, erzählten sie einander wichtigtuerisch. Es klang so, als meinten sie »nach Amerika«!

»Mary Kates Alter wohnt in Dublin«, fügten sie hinzu. Es war eine harte Nuss für das Kind. All die andern Mädchen hatten ihren Alten bei sich zu Hause, das war klar. Die kleine Doyler hatte einen Alten, der ins Schwarze Loch gefallen war und nicht wiederkam – das war nicht ganz so klar, doch es war ein Ereignis, dem sie selbst mit eigenen Augen beigewohnt hatte, und daher konnte es nicht abgestritten werden. Aber wie stand's mit einem Alten, der in Dublin wohnte? Es ergaben sich also Gespräche folgender Art:

»Tantchen Dinah, was macht mein Alter?«

»Dein Alter ist bei der Bahn.«

»Was ist'n das, bei der Bahn?«

In der Unterhaltung trat vorübergehend ein Kurzschluss ein.

»Tantchen Dinah?«

»Was denn, Krummbeinchen?«

»Ist mein Alter sowas wie Mr. Vaugham?«

»Ach, woher!«

»Ist er so wie Doylers Alter?«

»Nun hört euch das an!« wandte sich die Tante verzweifelt an ein nicht vorhandenes Publikum.

»Ist er nicht so?«

»Ja, ja, von Kopf bis Fuss! Willst du nun endlich stille sein?«

»Tantchen Dinah, hat er auch manchmal seine Touren?«

»Ja, die hat er, ein ganzes Dutzend, und lauter schlechte!«

Die Aufmerksamkeit ihrer Tante liess bereits nach. Offensichtlich war ihr der sensationelle Beigeschmack des Wortes gar nicht aufgegangen. Mary Kate hob die Stimme.

»Hat er auch Kerzen?«

»Ja-ha.«

»Hat er« (eine Minute Nachdenken, und dann schreit sie's heraus) »hat er einen Sarg?«

Und daraufhin – die Falltür.

Doch aus den Bemerkungen der Grossen spürte sie heraus, dass die Nachbarn ihrer Mutter Reise nach Dublin guthiessen, genauso wie sie selber. Über dem bisherigen Zustand hing ein betrübliches Dunkel. Offenbar war ‚ein Alter in Dublin' nicht ganz das, was es sein könnte: es war ein Mittelding zwischen ‚stockbesoffen' (ein bedauerliches

Intermezzo) und ‚mittags Hering' (eine unglückliche Lage, die nicht ohne Missbilligung festgestellt wurde). Jedenfalls war es ein Manko, das schleunigst aus der Welt geschafft werden musste.

Sehr oft hörte sie die Frage: »Nun wirst du wohl auch bald selber nach Dublin fahren, Mary Kate?« Und sehr oft wurde sie gefragt, was sie lieber tun würde, hierbleiben oder nach Dublin gehen. Sie merkte, dass es ein Gebot der Höflichkeit war, ihrem gegenwärtigen Heim den Vorzug zu geben. Dafür wurde einem der Kopf gestreichelt, und ausserdem hiess es: »Du bist mir doch ein braves kleines Mädchen!« Aber sie schnappte auch andere Bemerkungen auf, mit denen sie nicht so leicht fertig wurde.

»Ist's denn nicht die höchste Zeit, dass sie wieder zu ihrem Mann geht, die Herumtreiberin?«

»Und wie! Na, und wie! Ist doch schon gut ihre fünf, sechs Jahre fort!«

»Wenn das ein richtiger Mann wäre, dann würd er ihr das Fell gerben!«

Solche Bemerkungen zeugten unmissverständlich von Abscheu vor ihrer Mutter, aber sie flogen bei Mary Kate zu einem Ohr hinein und zum andern hinaus. Sie trug nie jemand etwas Böses nach.

Viele Besucher erschienen in der Mansarde ihrer Mutter, und alle kamen, um sich über den Stand der Dinge zu unterrichten und auch, um einen ersten nachbarlichen Abschiedsgruss zu entbieten. Die McCormicks wohnten im allerobersten Stockwerk einer riesigen alten Mietskaserne, die im Ort als ‚das Puppenhaus' bekannt war.

»'s wird Ihnen schwer und sauer genug ankommen, Gott steh uns bei!« seufzte Doylers Mutter mit tränenreicher Stimme, halb mitleidig und halb vorwurfsvoll. »'s ist nicht leicht, sich an einen Mann zu gewöhnen, wo Sie doch all die Jahre Ihr eigener Herr waren! Männer sind was Grauenhaftes, das weiss der liebe Himmel! Herumwirtschaften und -pfuschen und -klecksen, sooft sie einen Hammer oder einen alten Pinsel in die Finger bekommen, und überall rumschnüffeln und alles schmutzig machen, das können sie! Im Winter kommen sie verregnet und stinkerig vor Nässe ins Haus, und im Sommer, mit Verlaub, Ma'am, mit einem Bocksgestank an Schweiss, dass es einem fast den Magen umkrempelt! Und er wird ja bestimmt auch manchmal einen kippen?«

»Lieber Gott, nein!« rief Babe McCormick mit ihrer allerhochmütigsten Stimme.

»Nun denken Sie mal an! Je – ja, da können Sie aber von Glück sagen!«

»Ich habe noch nie gesehen, dass er auch nur einen Tropfen getrunken hätte!«

»Sie haben ihn überhaupt nicht oft gesehn, Ma'am, soviel ich gehört hab.«

»Oh, meinen eigenen Mann kenne ich doch besser als Sie, sollt ich meinen!«

»Hoff ich auch, Ma'am, ih, gewiss doch! Trotzdem: 's ist schauderhaft, wie ein Mann sich verändern kann. Sind's jetzt sechs Jahre her, seit Sie ihn zuletzt gesehen haben? Da muss ich mich aber wundern, dass Sie's so lange ohne ihn ausgehalten haben!«

»Oh, schliesslich konnte er doch nicht erwarten, dass ich zu ihm gehe, ehe er wieder ein Heim für mich bereit hat!«

»Da haben Sie wahrhaftig recht, Ma'am! Das konnt er nicht. Noch dazu, wo Sie von jeher an was Feines gewöhnt sind!«

Die nächste Besucherin erschien. Diesmal war es Babes älteste Herzensfreundin Bridie Daly, die meistens Dona Nobis genannt wurde, ein sehr frommes Jüngferlein von ziemlich viel mehr als mittlerer Grösse, mager und blass und mit nur einem einzigen Zahn im Mund. Ihre Miene spiegelte ein allumfassendes und rechtschaffenes Verständnis wider, zu dem sich ein Schuss Humor gesellte, und jetzt stand sie selbstgerecht in der Tür und hatte die Hände über der Sacktuch-Schürze gefaltet.

»Wir sprachen gerade davon, Miss Daly«, fuhr Mrs. Doyle voller Respekt fort, »was für'n höllisch Feiner der Babe ihr Mann sein muss.«

Dona Nobis rümpfte die Nase, blickte sich argwöhnisch um und fragte Babe:

»Du willst's also riskieren?«

»O ja, ich tu's«, kicherte Babe.

»Hat er dir etwa die Reisetasche da geschenkt?« fragte Dona Nobis und beugte sich kurzsichtig über Babes funkelnagelneue Reisetasche aus Lackleder.

»Ja.«

»'s ist ne nette Reisetasche«, bemerkte Dona Nobis trübselig.

»Es ist eine wundervolle Reisetasche!« rief Babe

empört, »und sie hat ihn bestimmt ein Vermögen gekostet!«

»Sie ist nicht übel«, sagte Dona Nobis und schnurrte ihren dicklippigen blauroten Mund zu. Sie missbilligte jedes Lob, das ihr eigenes übertraf.

»Ach, 's ist wunderbar, wenn man Geld hat«, seufzte Mrs. Doyle.

»Steckt der Kanonikus Whalen dahinter?« platzte Dona Nobis heraus.

»Kanonikus Whalen?« Babes blitzende Augen warfen ihr einen vernichtenden Blick zu. »Was soll denn Kanonikus Whalen damit zu tun haben?«

»Ach, ich hab ihn eben die Treppe raufgehn sehen, weiter nichts!«

»Seit drei Wochen hab ich Kanonikus Whalen nicht mehr zu Gesicht bekommen!«

»Ich meinte«, begann Mrs. Doyle zaghaft, denn Babe war eine berüchtigte Unheilstifterin, »das Kind hätte gesagt, er wär nach oben gegangen?«

»Das kann ja sein«, erwiderte Babe schroff. »Wenn er tatsächlich kam, hab ich ihn jedenfalls nicht gesehen.« Dann warf sie den Kopf in den Nacken: »'s wäre ja seltsam, wenn kein Priester oder Pfarrer eine Frau besuchen könnte, ohne gleich alle Klatschbasen aus der Nachbarschaft in Gang zu setzen!«

Dona Nobis lachte trocken: ein nettes, mädchenhaftes Lachen war es. Doch ihr Mund war hässlich, und die dicken Lippen liessen den einen gelben Zahn sehen, der wie ein Schiffsbug aus ihrem sonst zahnlosen Oberkiefer vorstiess.

»Ach, mein gutes Kind, glaub mir nur, glaub

mir nur, wenn's nach mir ginge, könntest du das ganze St. Peter-und-Pauls-Pfarrhaus bei dir haben.« Sie nickte mit dem Kopf und lächelte – ein handgreiflicher Sarkasmus.

Babe wurde rot. »Dich hab ich doch nicht gemeint, Bridie!«

»Und überhaupt« – Bridies Stimme wurde noch öliger – »den Lordbischof persönlich und die ganze Diözese von Cork!«

»Du hast mich wirklich falsch verstanden«, protestierte Babe.

Bridies Stimme klang jetzt wunderbar tief und gelassen, und ihre Handflächen deuteten ein priesterliches *Ite, missa est* an.

»Und danach sogar den Heiligen Stuhl und den Papst zu Rom und das ganze Kardinalskollegium!«

Sie warf ihren Graukopf in die Höhe, klatschte leicht in die Hände, wie um einen Schlussstrich zu ziehen, und stolzierte lächelnd aus dem Zimmer. Je näher der für ihre Abreise vorgesehene Tag rückte, um so weniger ging Babe aus, und falls sie überhaupt nach draussen ging, dann nach Anbruch der Dunkelheit. Wie sie zu Dona Nobis sagte, wollte sie sich nicht von den Leuten aufhalten lassen und stundenlang mit ihnen darüber schwatzen. »Natürlich nicht, Babe«, erwiderte Bridie, »mit den Leuten wolltest du ja bloss zu tun haben, als du dir ein Tröpfchen Milch und ein Krümchen Zucker von ihnen leihen musstest!«

Bis an ihr Lebensende würde sich Mary Kate immer am besten an ihre Mutter erinnern können, wie sie an jenen frühen Winterabenden aussah, wenn sie vor dem gesprungenen Spiegel unter der Wandlampe stand und sich Puder auf ihr strahlendes, hübsches Mädchengesicht stäubte. Dann bettelte Mary Kate um einen Kuss – nur deshalb, um sich von den weichen Kleidern und dem himmlischen Duft einhüllen zu lassen, an dem sie ihre stürmische und schlampige Mutter erkannte. Danach nochmals ein Betupfen mit Puder, um sich von jeglichem Kontakt mit Mary Kate wieder ganz freizumachen, ein Röckeheben und Strümpfehochziehen, ein steifes, marionettenhaftes Herumdrehen vor den prüfenden Augen Dinahs – und fort war sie, die Treppe hinunter.

Schliesslich zog sie sich eine leichte Erkältung zu und gab ihre abendlichen Ausgänge völlig auf. Sie blieb zu Hause in der Mansarde und brachte ihren ‚Trousseau' in Ordnung, wie die Nachbarn sagten. Mary Kates Vater war wirklich ein ganz Feiner, das musste jeder zugeben. Nichts war zu gut für ihre Mutter: Koffer und warme Mäntel, Kleider und Schuhe, Schachteln voll Seidenstrümpfe und wunderschöne Garnituren Unterwäsche, vom zartesten Blassrosa und vom hellsten Frühlingshimmelblau.

Aber wie schlimm für die arme Babe! Ihre Erkältung wurde heftiger. Sie bekam Fieberschauer und stechende Rückenschmerzen, die sie ins Bett trieben. Das Zimmer roch nach den starken Salben, mit denen Dinah sie einrieb. Natürlich war es wieder ihr bekanntes Pech, sagte sie verbittert und den Tränen nahe. Sie war weiss Gott ein unglückseliges Geschöpf: hatte sie sich's mal in den Kopf gesetzt, einen kleinen Ausflug nach Crosshaven zu machen, dann regnete es bestimmt eimerweise, und wenn sie nicht ging, dann würde bestimmt, kaum war der letzte günstige Zug abgefahren, die Sonne durch die Wolken brechen.

Der oberste Stock war einmütig dafür, dass sie doch reiste, Erkältung hin oder her. Die Luftveränderung, hiess es allgemein, würde ihr unbedingt gut tun, und ausserdem war ihr Mann ja so nett und würde alle Vorkehrungen für ihre Krankheit treffen und Schwestern bestellen und was sonst noch, falls sie ernstlich erkrankte. Als andere Möglichkeit bot sich nur das grausige Pech, im Puppenhaus krank zu liegen. Und genau das gleiche fand auch Babe. Auf keinen Fall wollte sie hier lange krank liegen. Sie setzte sich also schleunigst im Bett auf, schrieb an ihren Mann und verlegte ihre Abreise auf einen früheren Tag.

Am Abend vor ihrer Abreise kamen die Leute aus dem ganzen Haus, um sich von ihr zu verabschieden. Sie sollte einen Frühzug nehmen, der um viertel vor acht abfuhr. Sie empfing ihre Besucher zwar liegend, sah aber sonst wohl und glücklich aus. Nick hatte veranlasst, dass sie zweiter Klasse reiste, und er wollte sie mit einem Wagen am Bahnhof in Dublin abholen. Ihre Koffer – drei schmucke, nagelneue – standen an der Tür. Sie war nur ein bisschen schwermütig: es war so seltsam, einfach in die Welt hinauszuziehen und alles Vertraute aufzugeben.

Mary Kate war sehr ernst, als Tantchen Dinah sie am Abend mit geistesabwesendem Blick ins

Bett packte. Sie sagte sich dauernd, dass sie die letzte Nacht im gleichen Zimmer mit ihrer Mutter sein würde, die aller-, aller-, allerletzte Nacht! Nie wieder würde sie ihre Mutter da drüben in der Ecke liegen sehen, nie wieder. Doch war es eigentümlich, wie wenig ihr das ausmachte. Sie war entsetzt, dass sie so gefühllos sein konnte. Denn wie bereits gesagt, hielt Mary Kate trotz ihrer frühen Jugend schon sehr auf Anstand.

Tantchen Dinah zog sich aus, schraubte die Lampe niedrig und blies sie aus. Das hohe, schmale Fenster begann in der Dunkelheit geheimnisvoll aufzublühen und zu flackern. Die Sterne waren es, die wie zarte weisse Falter aus ihm hervorflogen. Mary Kate stellte sich vor, wie sie alle auf sie zugeflogen kamen, Hunderte, und wie die feinen weissen Flügel schwirrten. Sie kamen näher und näher, und vor köstlicher Erwartung zog sie schon die Bettücher höher. Doch zu ihrer grössten Enttäuschung blieben sie draussen und klopften gegen die Fensterscheiben. Jetzt musste sie aber wirklich an ihre Mutter denken!

Sie kniff die Augen fest zu, und dadurch gelang es ihr, zwei winzige Tränchen aus den Augenwinkeln hervorzuquetschen. Sie tupfte sie vorsichtig mit dem Saum ihres Nachthemds auf, um sich hinterher, wenn es durch und durch nass war, beweisen zu können, dass sie alles getan hatte, was man von einem kleinen Mädchen verlangen konnte. Doch ein seltsames Pech wollte es, dass ihr gerade, als sie sich mit der sechsten Träne abmühte, ein Mädchen in den Sinn kam, das ihr versprochen hatte, sie zu den Uferdämmen mitzunehmen, wenn ihre Mutter nach Dublin gefahren war, und sofort tauchten die Uferdämme vor ihren Augen auf, wie das Mädchen sie beschrieben hatte, meilenlange, zauberschöne Uferdämme mit Bergen von Stangenholz, hinter dem man Verstecken spielen konnte, und mit ganzen Scharen von Seevögeln und Tauben, die alle wild umherflatterten und verstreute Körner suchten, und riesen-, riesen-, riesengrosse Schiffe (bei jedem leise vor sich hingeflüsterten ‚riesengross' schwoll ihr das Herz noch höher in der Brust), und schwarze Matrosen und bärtige Seeleute, die Tabak kauten – und letzteren, sagten die Mädchen, musste man aus dem Wege gehen, sonst spuckten sie einem ins Auge und erwürgten einen.

Und über diesem hinreissenden Traumbild schlief sie ein.

ZWEITES KAPITEL

Sie wurde durch ein Ächzen geweckt, riss die Augen auf und blickte sich um. Die Lampe war angezündet und stand neben dem Bett, in dem ihre Tante Dinah sass und anscheinend aufgeregte Selbstgespräche hielt. Ihr Gesicht sah so weiss und verzerrt aus, dass Mary Kate glaubte, sie sei die Kranke, doch dann hörte sie die vertraute Stimme ihrer Mutter, die wieder das leise Ächzen ausstiess. Bestürzt fiel ihr ein, dass Tantchen Dinah am letzten Abend nicht wie sonst den Rücken ihrer Mutter eingerieben hatte, und nun musste ihre Mutter sicher sterben, und Tantchen Dinah würde es sich nie verzeihen können.

Jedenfalls reimte sie sich's so zusammen, denn jedesmal, wenn Babe stöhnte, schreckte Tantchen Dinah wie aus flüchtiger Schlaftrunkenheit auf, warf einen von den steifen, schimmernden schwarzen Zöpfen, die ihr Gesicht einrahmten, nach hinten und liess einen wahren Wasserfall von Worten über ihre Lippen sprudeln. Nach einer kleinen Weile merkte Mary Kate, dass der Wortschwall eine sehr dringende Bitte war, die sie an jemand richtete, der direkt hinter ihrem eigenen Kopf zu stehen schien. Das war ausgesprochen unangenehm, fand sie. Eine so leidenschaftliche, einseitige Unterhaltung mit jemand hinter ihrem Haarschopf, wo doch sonst die Wand war, machte ihr eine Gänsehaut.

Noch unheimlicher war die Art, wie der Wortschwall sich schon beim kleinsten Seufzer ihrer Mutter in einem jähen Strudel dämonischer Energie ergoss und allmählich leiser und schwächer wurde, bis er ganz einzutrocknen schien. Und dann flog Tantchen Dinahs heller Vogelkopf jedesmal zu ihrer Schwester herum, die neben ihr auf den Kissen lag; sie blickte sie jedoch nicht an, solange das Ächzen anhielt, sondern heftete die Blicke starr auf die gegenüberliegende Wand, und hoffnungsvoll fragte sie: »Geht's dir jetzt besser, Babe?«

»Nein, 's geht mir nicht besser«, antwortete Babe und knirschte mit den Zähnen.

»Verkneif's dir!« riet ihre Schwester. »Verkneif's dir, egal, was passiert! Beim barmherzigen Gott, verkneif's dir bis morgen früh!«

Und wieder raschelten die Bettücher, und der leise Schmerzensschrei war zu hören, und Tantchen Dinah schleuderte verzweifelt ihre Zöpfe zurück und hob ihre Hände flehend dem unsichtbaren Wesen am Kopfende von Mary Kates Bett entgegen und schnatterte die ganze Zeit.

»Oh, heiligstes Herz Jesu! Gutes, süsses, heiligstes Herz, hab Erbarmen mit mir armer Sünderin jetzt und in der Stunde meines Todes, Amen. Wenn ihr was zustösst, heiligstes Herz, da lass Dich nur warnen, das wär mein Tod! Was dann aus mir werden soll, das weiss ich ebensowenig wie der Mann im Mond. Jetzt fleh ich Dich an, süsses heiligstes Herz Jesu, lass sie nicht nochmal kreischen, denn wenn sie's nochmal tut, dann platzt mir mein elender Kopf, das schwör ich Dir. Innen drin tut er mir so weh, sag ich Dir, als hätt ich ne Mähmaschine drin... Und wo sie doch morgen früh nach Dublin wollte und die Koffer gepackt sind und die Fahrkarte gekauft ist und überhaupt alles... Ich sag's Dir, es ist nicht recht! Sowas kannst Du nicht machen! ...Sechs Kerzen versprech ich Dir, wenn sie wenigstens noch in den Zug kommt. Sechs Kerzen und eine Novene. Ach, bestimmt legt sie jede Minute wieder los! Sie hat's schon im Sinn. Ich weiss es. Ich spür's kommen! Verwehr's ihr! Verwehr's ihr, ich bitte Dich!«

Doch keiner schien geneigt, sich einzumischen, und nach ein paar Sekunden schrie Babe wieder auf, nur noch lauter. Sie lag auf der Seite und hatte den Kopf in den Kissen vergraben.

»Oh! Oh! Oh! Oh!« brach der Wortschwall wieder los, »ich weiss, dass ich eine schlimme Sünderin bin, aber wirklich und wahrhaftig, das Kreuz ist mir zu schwer, das Du mir da aufbürdest! Ist es vielleicht deshalb, weil ich nicht in die Messe gegangen bin? Du weisst doch aber ganz genau, dass ich nicht in die Messe gehen konnte, weil ich nichts anzuziehen hatte, aber trotz alledem, ich verspreche Dir hoch und heilig, ich geh in die Messe, bis ans Ende meiner Lebetage geh ich in die Messe; nicht bloss um zwölf Uhr, auch um acht Uhr, auch in die Frühmesse, um mein sündiges Fleisch abzutöten. Niemals wieder sollst Du's erleben, dass ich zehn Minuten zu spät komme und draussen vor der Türe steh und nach dem letzten Wort schon fortrenne. Und niemals wieder will ich was Böses über die Vincent de Pauls reden, auch nicht über den alten Satansbraten Maggie Counihan, obwohl sogar einer Heiligen der Geduldsfaden reissen würde bei ihrem ewigen Knickern und Knausern und Leuteschinden. Süsses heiligstes Herz – Du auch, heilige Mutter Jesu, ich hab immer soviel für Dich übrig gehabt – ich versprech Euch alles, was Ihr nur haben wollt, wenn Ihr bloss...«

»Och, sei bloss still, sei bloss still!« rief Babe ärgerlich und schlug mit der Faust matt aufs Kissen. Doch auch die geringe Anstrengung war ihr zuviel, denn schon musste sie einen Schrei ausstossen und sich hilflos auf dem Bett winden.

Der Schrei schien wie ein elektrischer Schlag auf Tantchen Dinah zu wirken. Er jagte sie Hals über Kopf mit wehenden Zöpfen und dem fallschirmartig aufgebauschten Nachthemd aus dem warmen Bett, dem Nest aus Federkissen und Matratze, auf den kahlen Bretterfussboden vor Mary Kates Bett. Dem erschreckten Kind kam es so vor, als sei sie mit den Beinen voran über Bett und Bettgeländer durch die Luft geschossen worden und als habe sie nur dank der himmlischen Barmherzigkeit aufrecht auf beiden Füssen landen können. Mary Kate tat so, als schliefe sie, und beobachtete sie aus halbgeschlossenen Augen. Ihr Gesicht war unaufhörlich in Bewegung, der Mund zuckte und bebte, und von all der Aufregung und Anstrengung verschwand das Kinn förmlich und war auf einmal wieder da. Zwei grosse Tränen, die durch den Schock herausgepresst zu sein schienen, tröpfelten ihr langsam über die Wangen und bereiteten den Weg für eine ganze Tränenflut. Sie flog an allen Gliedern, besonders die Arme waren rastlos und vollführten Gesten wie Windmühlenflügel. Mary Kate betrachtete wie gebannt die herumzwirbelnden Finger.

»Ich fle-fle-flehe euch an, ich fle-fle-flehe euch alle an« (sie war schon so durcheinander, dass sie nicht mehr wusste, wen sie anredete), »bloss die eine Nacht! Ein paar Stunden! Ich bin im Grunde meines Herzens kein schlechter Mensch. Bloss dies eine Mal! Ich weiss genau, dass ich durchdrehe! 's ist mir schon öfters gesagt worden. Und-und-und mein Alter, der ist auch verrückt geworden...«

»Geh nach unten und hol mir Maggie Vaughan!« zischte eine verzweifelte Stimme vom Bett her.

»Oh, hört euch das an! Hört euch das bloss mal eine Minute lang an, ja?« Dinah plapperte weiter. »Süsses heiligstes Herz, jetzt kannst Du mal selbst sehn, wie's ihr geht. Sie wird noch verrückt vor lauter Kummer, und Du – Du hast die Verantwortung!«

»Tu, was ich dir gesagt hab, Kamel!« rief Babe in hellem Zorn.

»Verkneif's dir, Babe-Kindchen!« stammelte Dinah nach rückwärts. »Ich rede ja mit ihnen.«

»Wenn du nicht nach unten gehst und sie mir holst, dann steh ich auf und gehe selber. Es nützt nichts, sag ich dir! Es nützt nichts! Ich kann's mir nicht länger verkneifen!«

»Was sagst du da?« Dinah drehte sich betroffen um, und vor lauter Überraschung war sie fast wieder nüchtern. »Bist du verrückt geworden?

Du weisst doch ganz genau, dass du's dir verkneifen musst und dass du morgen früh nach Dublin fährst?«

»Verkneifen soll ich's mir? Ich kreische das ganze Haus wach, wenn du sie nicht in dieser Minute holst!«

Dinah zauderte unentschlossen in der Nähe der Tür und blickte wieder auf ihre im Bett liegende Schwester. Plötzlich riss sie den Mund auf, so breit ihr Gesicht war, und ein trockenes »Ha-ha-ha-ha!« gurgelte ihr aus der Kehle und quetschte sich als langer, dünner Jammerlaut durch die Nase. Die Zähne klapperten ihr. Sie hob ein altes Wolltuch auf und zog es sich fest um die Schultern.

»Dann ist also alles umsonst gewesen?« fragte sie schluchzend und zitternd.

»Tu, was ich dir gesagt hab, dumme Gans!« rief Babe.

»Aber fühlst du dich denn nicht besser?«

Babe antwortete ihr überhaupt nicht. Tantchen Dinah stiess einen leise winselnden Schrei aus, und dann hörte Mary Kate, wie ihre nackten Füsse die Treppe hinuntertrappelten. Sie holte tief Atem. Die Gestalt unter den Bettdecken wälzte und wand sich und liess ein leises Stöhnen hören, das Mary Kate eher wie Weinen vorkam.

Nach fünf oder sechs Minuten erschien Mrs. Vaughan, hinter ihr Dinah. Maggie Vaughan war eine sehr grosse, dicke, blonde und grobknochige Frau vom Lande, die für ihr Alter lächerlich jung und hübsch aussah. Das ganze Zimmer schien unter ihrem Gewicht zu schwanken, und die Gläser und Tassen begannen vor Erleichterung wie verrückt zu tanzen, als sie auf Zehenspitzen nähertrat; mit der einen Hand hielt sie die alte Jacke über ihren Brüsten zusammen; die Augen spähten aufgeregt aus dem dicken, rosigen Fleisch hervor.

»*Wisha**, dass sich der allmächtige Gott erbarm!« flüsterte sie mit ihrem scharfen Ost-Cork-Gelispel. »Du dumme und unvernünftige Frau! Zeig mal her!« Dann richtete sie den Blick himmelwärts und stiess ein freundliches Gekrächze aus. »'s ist wahr! 's ist wahr, so sicher, wie du da vor mir liegst! 's ist wahr! Und ich bin doch eine gottverdammte, himmelschreiende Idiotin, dass ich die ganze Zeit nichts gesehen und vermutet habe! Aber warte, bis ich mir ein bisschen mehr angezogen hab!« Sie stürzte auf die Türe zu, stürmte dann umher und suchte. »Wo ist das unglückliche Kind? Das muss ich mitnehmen! Zünd inzwischen das Feuer an, Dinah, du schieläugiges Ungetüm!«

Sie kicherte gutmütig, und Mary Kate spürte, dass zwei mächtige, warme weiche Arme sie in die Höhe wirbelten und dass sie, wie in eine Sommerwolke gehüllt, an der dicken Brust der jungen Landfrau lag, die sie so leicht und mühelos die Treppe hinuntertrug, als wäre sie ein Stück Butter.

Das Kind erhielt einen erstaunlichen ersten Eindruck von dem Schlafzimmer, in das es befördert wurde. Eine brennende Kerze beleuchtete das rote, rotnasige und rotbehaarte Schnurrbartgesicht Mr. Vaughans, der den linken Arm aus den Bett-

* unübersetzbarer gälischer Ausruf

decken hervorstreckte, um eine zurechtgebastelte Orangenkiste zu schaukeln, in der ein wimmerndes Baby lag, während seine Rechte einen Pfeifenkopf hielt. Ausserhalb des Lichtkreises war noch ein Bett, in dem drei Jungen sassen, und, halb abgeschirmt durch einen alten Sack, stand eine Pritsche, auf der ein junges Mädchen lag.

»Da, verflixt nochmal, hast du was als Ersatz«, kicherte Mrs. Vaughan und schob Mary Kate in die warme Mulde, in der sie bis vor kurzem selbst gelegen hatte.

»Ih, verdammt und zugenäht«, brummelte ihr Mann mit stoischer Ruhe, »hab doch genug an meinen eigenen!«

»Wart nur, bis ich einen alten Rock angezogen hab, und ne Schürze um«, rief seine Frau ausser Atem.

»Die Frauen!« sagte er. »Ja, ja, die machen einem Mann das Leben schwer. Können einen Mann rein umbringen!« rief er und drehte sich um, blies Mary Kate seinen warmen Raucheratem ins Gesicht und fragte: »Hab ich nicht recht, Kleinchen?« Vergnügt begann er gegen die Wiege zu stossen.

»Ist das da noch immer nicht eingeschlafen?« fragte Mrs. Vaughan aufgeregt. Sie versetzte der Wiege zwei, drei Stösse, die ausgereicht hätten, den Insassen zu betäuben. Aber ob betäubt oder nicht, das Baby hörte plötzlich auf zu wimmern. Vaughan nahm die Pfeife in die linke Hand und legte die rechte um Mary Kates schmächtigen, zitternden Körper.

»Mammi, was ist los, Mammi?« fragten vier hartnäckige Stimmen im Chor.

»Schlaft jetzt! Schlaft jetzt!« rief Mrs. Vaughan. »Wenn ihr nicht sofort schlaft, hau ich euch windelweich!«

»Hast du's bequem, Kleinchen?« erkundigte sich Mr. Vaughan und drückte Mary Kate ein bisschen.

»Wunderschön, Sir«, erwiderte sie atemlos.

»Pappi, Pappi«, setzte der Chor von neuem ein, »lass mich auch in dein Bett!«

»Es stimmt also, scheint's?« fragte er seine Frau.

»'s muss mit dem Teufel zugegangen sein, aber es stimmt«, antwortete seine Frau und knurrte befriedigt, als sie ihren schweren, mütterlichen Körper nach unten bog, um die Strümpfe festzumachen.

»Je, je, je, je!« nickte er, »sowas hat die Welt noch nicht erlebt!«

Er nickte dreimal ernsthaft vor sich hin, ohne jemand dabei anzusehen, drehte sich dann um und blickte Mary Kate an, nickte ihr zu und drückte sie nochmals auf seine kräftige Art an sich. Sie bewunderte seine rote Nase und das rote Gesicht und die roten Ohren und den beissenden Raucheratem. Noch nie im Leben war sie so glücklich gewesen wie jetzt neben ihm, und der starke Geruch seines Hemds in der Achselhöhle begeisterte sie. Sie glaubte, so müsse es im Himmel sein, und wenn Gottvater sich mal ausruhen musste, trug er gewiss auch ein graues, schön riechendes Militärhemd. Sie hoffte, dass er dann eine Achselhöhle für sie übrig hatte.

Mrs. Vaughan beugte sich plötzlich über das Bett und zischte ihm heftig ins Ohr: »'s ist Gottes Hand, sag ich dir, und nichts andres!«

Er wusste, dass sie in ihrem Sinn allmählich zu dieser Ansicht gekommen war, und nickte beifällig und zustimmend.

»Das übertrifft alles, was ich je gesehn und gehört habe«, sagte er sachlich und entschieden. Er zog drei- oder viermal ungestüm an seiner Pfeife, um sie besser in Gang zu bringen, und spuckte in hohem Bogen aus, fast bis an die Tür.

»Wenn man's an die Witzspalte von *Jacksons Woche* einsenden würde, bekäme man ne halbe Krone«, meinte er.

»Ich will jetzt lieber raufgehn«, sagte seine Frau entschlossen und fuhr sich mit einer Haarnadel ins Haar.

Nun platzte er los, ein unterdrücktes, vorsichtiges kleines Gekicher war es.

»Weiss der Kuckuck«, erklärte er, »die würden einem zur Antwort geben, man hätte sich's ausgedacht!«

Sie ging hinaus. Ein paar Minuten drauf musste Mr. Vaughan lachen. Es klang wie das warnende Grollen eines noch nicht ausgebrochenen Erdbebens. Dann Totenstille, nur unterbrochen durch das Geplapper von Kindern in der dunklen Aussenwelt, ein Geplapper, dem Mary Kate ebensowenig Aufmerksamkeit gönnte, als wenn es in Timbuktu gewesen wäre. Sie war einzig und allein für ihren neuen Abgott ganz Auge und Ohr. Nun spürte sie, wie die starke Wand seines Brustkastens ins Zittern und Schwanken geriet. Er klopfte seine Pfeife an der Kante der Wiege aus und hustete, um sich die Lunge freizumachen. Er gurgelte. Das Lachen schien aus seinem tiefsten Innern hervorzubrechen. Die Kinder verstummten und stimmten dann wieder ihr Durcheinander von Fragen an.

Sein Kopf und seine Schultern schaukelten hilflos von einer Seite auf die andere und entledigten sich Mary Kates, als wäre sie ein kleines Boot im Kielwasser eines grossen Dampfers. Er fuhr sich mit dem behaarten Handgelenk über die tränenden Augen. »Uuuhuuhuuhuuh«, rumorte es, als müsse er ersticken. Alle Sprungfedern im Bett quietschten fröhliche Antwort. »Uuuhuuhuuh!«, und er fing wieder zu husten an. Er wälzte sich im Bett herum und betrachtete Mary Kate, die es etwas beunruhigend, aber doch bezaubernd fand. »Verflixt noch eins!« lachte er ihr plötzlich ins Gesicht, zog seinen Arm weg und setzte sich aufrecht hin.

»Pappi, Pappi, was ist los, Pappi?« fragte der Chor hartnäckig weiter.

»Dublin!« hustete er hervor. »Morgen früh nach Dublin!«

Auf der Treppe kam es zu einem hastigen Gerenne, dann wurde gerufen, geflüstert und empört aufgeschrien. Jemand klopfte an die Tür. Es war Mrs. Doyle. Sie sah bleich und verärgert aus.

»Was hat das alles zu bedeuten, Mr. Vaughan?« fragte sie und steckte den Kopf durch den Türspalt.

»Kommen Sie rein, kommen Sie rein, Mrs.

Doyle«, rief er fröhlich, sank wieder in die Kissen und herzte Mary Kate. »Meine Frau ist oben und leistet Samariterdienste.«

»Doch nicht bei den McCormicks?« fragte sie, Zoll für Zoll nähertretend.

»Natürlich bei den McCormicks. Sie hat sich nämlich anders besonnen.«

»Wer? Doch nicht Babe?«

»Sie geht überhaupt nicht nach Dublin.« Er nickte und drückte Mary Kate vergnügt an sich.

»Nicht nach Dublin?«

»Machen Sie die Tür zu, Ma'am, und lassen Sie sich's ins Ohr flüstern!« sagte er schliesslich.

Sehr zimperlich tat sie, was er ihr sagte, und zimperlich und mit gehöriger Rücksicht auf ihren Ruf als anständige Witwe näherte sie sich dem Bett. Als sein brandroter Schnurrbart ihr Ohr kitzelte, zuckte sie zurück. Dann schlug sie langsam und feierlich die Hände zusammen. Einen Augenblick fand sie keine Worte. Sie konnte nur den Kopf wie ein Pendel schaukeln und stumm die Lippen bewegen – wie beim Gebet.

»Ich schreib's als Eingesandt für die Zeitung auf«, rief Mr. Vaughan triumphierend und klatschte sich aufs Knie.

Zwei andere Frauen traten ins Zimmer. Er schien sich im Glanze seines unvollständigen Ehelagers zu sonnen und begrüsste alle wie gute alte Freunde. Als letzte erschien Dona Nobis. Mrs. Doyle tuschelte ihr die peinlichen Worte schon an der Türe ins Ohr. Einen Augenblick schien sie wie betäubt. Dann krempelte sie sich die Ärmel ihrer

Jacke auf und stiess sie bis zum Ellbogen zurück.

»Wo ist sie?« rief sie so laut, dass die andern sie sofort zum Leisesein mahnten. »Wo ist das Ungeheuer, damit ich sie abschwarte?«

Ihr Einfall brachte Mr. Vaughan wieder in Schwung.

»Sie durchwalken?« stotterte er. »Sie durchwalken? Grosser Gott, in dem Haus hier geht's schlimmer zu als im Theater. Aber eins weiss ich, und das kann sich jeder gesagt sein lassen: dafür werden sie die Miete raufsetzen, jawohl. Sie werden uns allen die Miete raufsetzen!«

Dona Nobis begann mit furchteinflössend eintöniger Stimme zu intonieren: »Gott der Herr wird die Frau schlagen. ER wird sie schlagen und in eine Salzsäule verwandeln, wie ER auch die Sünderin in der Bibel in eine Salzsäule verwandelt hat. Und dieses Haus wird ER schlagen, wie ER Sodom und Gomorra geschlagen hat. Glaubt mir nur, keinen Stein wird ER auf dem andern lassen! Zerstören wird ER es mit Wasser und Feuer, und jeden, der hier wohnt, wird ER vernichten, vom ältesten bis zum jüngsten Geschöpf!«

Mit drohendem Finger deutete sie auf das Bett, in dem die drei Jungen lagen. Sofort stimmten sie ein Geplärr an.

»Pappi, Pappi, was will die von uns, Pappi?«

Es war schon hellichter Tag, als Mrs. Vaughan endlich wieder nach unten kam. Die kleine Gruppe von Nachbarinnen tuschelte und zitterte in der Morgenkühle. Mr. Vaughan blies die Kerze aus. Mary Kate schlief ein, geborgen und eingehüllt von Duft und Wärme seiner Achselhöhle. Die andern Kinder waren übermüdet und dösten unruhig. Die Frauen gingen eine nach der andern fort. Dann fuhr ein Karren über den Damm und ratterte laut über das Kopfsteinpflaster. Mrs. Vaughan begann sich auszuziehen, schleuderte Jacke und Rock irgendwohin und flüsterte zwischendurch aufgeregt. Im Nachthemd stand sie vor der Weckeruhr, kratzte sich schläfrig und blinzelte kurzsichtig auf das Zifferblatt.

»Als ob man nicht sowieso dauernd auf den Beinen sein müsste«, beklagte sie sich verdrossen. »Aber die Herumtreiberin oben macht sich da ja gar nix draus!«

Er kicherte leise vor sich hin.

Sie kletterte ungeschickt neben ihm ins Bett, und die Sprungfedern ächzten unter ihren weichen, gewaltigen Gliedern. Er tätschelte ihr freundschaftlich den nackten Hintern, so dass sie vor Vergnügen gurgelte und ihm flüsternd drohte. Wollte er etwa Mary Kate aufwecken? Dann legte sie sich mit einem Seufzer der Erleichterung hin und streckte ihre langen Beine aus. Die Füsse stachen durchs Bettgeländer hindurch, als ob sie im Stock steckten. Sie atmete geräuschvoll in tiefen, befriedigten Atemzügen. Er stiess an ihren Fuss.

»Du bist ja eiskalt«, sagte er.

»Ich bin halbtot«, erklärte sie.

Sachte legte er seine Füsse an ihre Waden, um sie zu wärmen.

»Und jetzt hat sie also einen Sohn anstatt nen Mann«, stellte er zusammenfassend fest.

»Ah, die Herumtreiberin«, seufzte sie. Dann beugte sie sich über Marys schlafbefangenen Körper und flüsterte ihrem Mann wild ins Ohr: »Aber merk's dir, Will, es ist so, wie ich schon gesagt hab: die Hand Gottes ist in der Nacht auf sie gefallen.«

Er wusste, dass sie jetzt zufrieden war. Sie hatte den richtigen Ausdruck gefunden, und eine Woche lang würde er nichts anderes zu hören bekommen. Frauen waren nun mal so. Doch er gönnte ihr das kleine Vergnügen. Sie war ein wunderbares Weibsstück, die Gute, und so gross und dick und frisch und gesund wie ein Heuhaufen.

»Die Hand Gottes«, sagte Mrs. Vaughan. »Sodom und Gomorra«, schalt Dona Nobis. Aber am verbreitetsten war die Erläuterung: »Hochmut kommt vor dem Fall.«

Wenn sich Babe McCormick, wie es allgemein im Treppenhaus hiess, damit zufrieden gegeben hätte, wie jede normale Frau ihr Kind auszutragen, dann hätte sie reichlich Anteilnahme gefunden, denn das Treppenhaus hatte noch nie ein Mädchen im Stich gelassen, das in Schwierigkeiten geraten war. Was aber kein rechter Mensch schlucken konnte und wollte, das war Hochnäsigkeit, und Babe, Gott verzeih ihr, war so hochnäsig, dass sogar ein Heiliger Lust bekommen hätte, ihr eins zu versetzen. Daher war es nur die gerechte Strafe, wenn ihr schlimmer Streich – anstatt mit dem Mantel christlicher Nächstenliebe zugedeckt und, falls überhaupt, nur im Flüsterton erwähnt zu werden – zu einem Symbol und Sprichwort wurde. Geriet von nun an ein junges Mädchen auf die schiefe Ebene, dann hiess es von ihr, »sie fährt mit dem Frühzug nach Dublin«.

Mary Kate wuchs im Bewusstsein auf, dass ein greller Scheinwerferstrahl auf ihre Mutter fiel, ein so greller Strahl, dass alle Risse und Flecken ihres armseligen, eitlen, oberflächlichen Charakters deutlich zu sehen waren. Es war grausam, wie gescheit und frühreif sie dadurch wurde. Sie wusste Dinge über ihre Mutter, die sie nie hätte erfahren dürfen, und sie erfuhr sie in einem Alter, in dem sie überhaupt nicht hätte ahnen dürfen, dass es derlei Dinge gibt. Und sie litt schmerzlich unter dem Gedanken, wie sehr ein Vater und seine Anteilnahme und Zärtlichkeit ihr in den schwierigen Wachstumsjahren hätten helfen können.

Nach der Katastrophe mit ihrer Mutter ‚Reise nach Dublin' war sie keine Stunde mehr frei von dieser Sehnsucht nach einem eigenen Vater. Als sie am nächsten Abend von ihrer Tante Dinah zu Bett gebracht wurde, weinte sie bitterlich und untröstlich. Doch weder ihre Mutter noch ihre Tante hatten versucht, sie richtig zu trösten: über ein flüchtiges Staunen und ein langatmiges Schelten waren sie nicht hinausgegangen. Sie glaubten, Mary Kate sei eifersüchtig auf den kleinen Bruder! Doch wenn sie ausgefragt worden wäre, hätte sie ihren Kummer nicht erklären können. Was hätte sie sagen sollen? Dass sie, wie sie sich auch drehen und wenden mochte, stets Mr. Vaughans schützenden Arm verspürte? Dass sie, wenn sie die Augen schloss, sein weinrotes, verpickeltes Gesicht mit der blauroten Nase und den scharlachroten Ohren und dem brandroten Schnurrbart vor sich sah – ein Trugbild, das sie ständig verfolgte und wie ein roter Luftballon vor ihren geschlossenen Augen hin- und hergaukelte? Und was noch schlimmer, noch sehr viel schlimmer war – weil man den Erwachsenen so etwas wirklich nicht klarmachen konnte – dass sie den Geruch, der von seiner Achselhöhle und dem dicken grauen Militärhemd ausströmte, einfach nicht aus der Nase loswerden konnte? Ihre ganze, ungeheuerliche Sehnsucht erklärte sie unter vielen Tränen dem Gott, der über dem Kopfende ihres Bettes hing, und bat ihn, ihr sofort und ohne dass sie noch länger darauf warten musste, einen Vater zu schicken, der Pfeife rauchte und so wie Mr. Vaughan roch – oder, falls das nicht möglich war, die vier kleinen Vaughans wieder zu sich in den Himmel zu nehmen, damit sie an ihrer Statt adoptiert werden könne.

Es besteht jedenfalls kein Zweifel, dass Mary Kate in den folgenden Wochen alle Stadien äusserster Betörung durchlief. Sie dachte bei jedem Atemzug an Mr. Vaughan. Bald folgte sie jedem seiner Schritte, bald ging sie ihm absichtlich aus dem Wege. Wenn er sie auf den Arm nahm und ihr einen Kuss gab, war sie im siebenten Himmel. Wenn er vorbeiging, ohne zu bemerken, dass sie auf der Treppe sass und auf ihn wartete, dann überfiel sie eine Art düsteren Hochmuts ob seiner Gleichgültigkeit, und sie strolchte mit finsterer Miene und hängendem Kopf herum, behandelte die andern Kinder mit überlegener Verachtung und sann ihren eigenen dunklen Gedanken nach: wie er weinen würde, wenn sie plötzlich von Zuhause fortliefe oder mausetot unter einem Wagen hervorgezogen würde. An mehreren Abenden schlenderte sie bis ans Ende der Gasse und wartete in Sheares Street auf ihn, und der Höhepunkt war erreicht, als sie anderthalb Stunden in der Nähe der Fabrik herumlungerte, in der er arbeitete, und ihm dann ganz zufällig begegnete; das führte zu einer heftigen Ermahnung Mrs. Vaughans, sie dürfe sich nie wieder so weit von daheim entfernen, und noch viele Tage erzählte die gute Frau all und jedem, was für eine unnütze Schlafmütze Dinah Matthews sei, und wie sie Gott danke, dass Bill gerade in dem Augenblick von der Arbeit gekommen war und das Kind gesehen hatte, ehe es sich gänzlich verirrte. »Ich schwör's Ihnen, meine Beste«, pflegte sie zu sagen, »als ich hörte, wo er sie aufgegriffen hat, stand mir das Herz still. Hätte er sich eine halbe Minute verspätet, dann wär sie, weiss der liebe Himmel, aus dem Fluss gefischt worden!«

Aus dem Fluss! Wie wenig sie ihre Mary Kate kannte! Vielleicht hätten aber ihre eigenen Kinder sie über Mary Kates Gemütsverfassung aufklären können, denn ihnen gegenüber war Mary Kate in allen Dingen, die Vater Vaughan betrafen, so eifersüchtig wie eine Katze, vor allem aber war sie es auf Maisie, die Älteste. Solange jedoch ein Vaughansches Kind zum Spielen bereit war, konnte ihr die ganze übrige Welt gestohlen bleiben.

Dann kam ein furchtbarer Augenblick, als sie befürchten musste, es sei alles aus. Maisie und Mary Kate hatten erörtert, wen sie heiraten wollten, wenn sie gross wären. Maisie war fest entschlossen, einen Matrosen zu heiraten; allerdings kannte sie gerade keinen Matrosen und konnte deshalb keinen bestimmten nennen, aber Mary Kate wusste ganz genau, wen sie heiraten wollte, und konnte es nicht für sich behalten.

Sofort wurde sie zur Zielscheibe des allgemeinen Hohns. Jedes Kind im Haus erfuhr davon, und

Mary Kate fühlte sich mit jeder Minute stärker in die Enge getrieben und stand Qualen aus und war den Tränen nahe. Denn wer hatte schon jemals sowas gehört? War denn Maisies Vater nicht bereits mit Maisies Mutter verheiratet? Mary Kate wusste darüber nicht genau Bescheid, und überhaupt war es ihr ganz egal. Und dann, trotz ihrer Tränen und Bitten, stürzte Maisie in die elterliche Wohnung, während Mary Kate sich die Hände fest auf die Augen drückte.

»Was?« fragte Mr. Vaughan, und seine Stimme drang aus dem Zimmer wie von Wolkenhöhe zu ihr nach draussen, »sagt Mary Kate, dass sie mich heiraten will? Da hat sie ganz recht! Wen sollte sie denn sonst heiraten?«

Mary Kates Glück kannte keine Grenzen.

»Aber Pappi, du bist doch schon mit meiner Mammi verheiratet!« rief Maisie.

»Ach, das macht deiner Mammi nichts aus! Aber nun spring fort und plage mich nicht länger.«

»Da hast du's«, zischte Mary Kate die niedergeschlagene Maisie an, »da hast du's! Hab ich's dir nicht gleich gesagt?«

Es ist möglicherweise tragisch, dass ihr Idol nicht ahnte, was für Gedanken durch Mary Kates hübsches Köpfchen strudelten (dass sie noch hübscher als ihre Mutter werden würde, konnte bereits jedermann erkennen). Aber wie vermochte er's wohl? Und selbst wenn er es geahnt hätte, wie konnte wohl sein plumper Erwachsenenverstand den verzwickten Pfaden folgen, die Mary Kates heftige Sehnsucht einschlug? Wenn wir älter werden, wird unsre Liebe einfacher, das hat die Natur so eingerichtet; in unserm Geist füllen wir die mächtigen Schluchten aus, die zwischen dem Augenblick der Zärtlichkeit und dem der Gleichgültigkeit klaffen. Doch für das Kind hat die Liebe alle qualvollen Gipfel und Abgründe eines Diagramms; da geht es nicht um Charakter, nicht um Gut oder Böse noch um die Freiheit der Wahl – nur die vielen sind da, die es nicht zu lieben braucht, und der eine, den es lieben muss.

Wenn aber Mary Kate durch ihre leidenschaftliche Zuneigung zu Mr. Vaughan ihrer Mutter gegenüber scharfsichtig wurde, so wurde sie andrerseits ihrer Tante gegenüber duldsamer. Oder vielmehr, mit zunehmendem Alter wurde sie duldsamer. Denn da sie älter wurde, veränderte sich auch die Einstellung der Tante zu ihr unmerklich. Tantchen Dinah gehörte zu den Leuten unbestimmbaren Alters, die nie weniger als fünfzehn und nie mehr als zwanzig Jahre zählen und die es unmöglich finden, jemals richtig unvernünftig zu sein. Infolgedessen war sie von allen überhaupt vorhandenen Frauen wahrscheinlich am wenigsten geeignet, sich mit einem Kind anzufreunden. Man musste sie sofort verstehen – oder sonst gar nicht, denn Geduld kannte sie nicht, und sie versuchte nie, sich verständlich zu machen. Doch als das Kind auch nur den leisesten Schimmer ihres durch und durch zügellosen Redestroms erfasste, da erwachte Tantchen Dinahs Aufmerksamkeit. Das Kind hatte aufgehört, eine Landplage zu sein, und konnte leicht zu einem zukünftigen Publikum werden. Wenn das Verständnis auch nicht rasch kam und nie vollständig sein konnte, und wenn die ältere Frau auch, nachdem sie fünf Minuten lang vernünftig mit Mary Kate gesprochen hatte, unversehens wieder auf die eisigen Meere des Nichtvorhandenseins hinaussteuerte, so bestand doch ein zwar schwaches, aber allmählich stärker werdendes Band zwischen ihnen.

Dinah hatte einen äusserst überspannten Charakter. Sie liebte es, lang und breit zu reden – falls man es zu schätzen wusste. Sie verabscheute jegliche Arbeit – ob man ihre Arbeit schätzte oder nicht. Und es war ihr Pech – ihr Kreuz, wie sie es nannte – dass sie von einer wilden Tatkraft besessen war, die sie stets den Machenschaften von hinterlistigen Hausfrauen auslieferte. Wenn man Dinah einen Besen vor die Nase hielt, dann schauderte sie davor zurück, aber wenn man ihr den Besen mit Gewalt in die Hand drückte und ihr zeigte, was sie damit anstellen konnte, dann wurde sie ein Sturmwind. Wenn sie daher einmal in einem Haushalt gearbeitet hatte, war sie nie mehr vor den Nachstellungen der Hausfrau sicher. Es gab in der Umgebung etwa ein Dutzend dieser Gattung – »Viehbremsen« nannte Tantchen Dinah sie – und vor diesen lästigen Haushaltsbremsen war sie stets auf der Flucht. Doch sie besassen Ausdauer. Die vielen Treppen vermochten sie nicht abzuhalten; sie keuchten und schnauften und schmorten die ganze Dűfteleiter hinauf und standen in der Tür, gross oder klein, dick oder dünn, alle mit dem gleichen betrübten, einschmeichelnden Hausfrauenlächeln, und alle mit der gleichen Geschichte.

»Oh, Miss Matthews, Miss Matthews! Was wir für Ärger gehabt haben, seit Sie das letztemal bei uns waren! Tatsächlich, es sieht ganz so aus, als ob unser Haus nie wieder richtig sauber wird. Unser neues Mädchen – Sie glauben gar nicht, was für ein elender Nichtsnutz und Tunichtgut das Mädchen ist, Miss Matthews!«

Und Tantchen Dinah hob beide Hände hoch, als wollte sie sich vor der Berührung mit soviel Verworfenheit schützen, und rief mit schriller Vogelstimme: »Ach je, M'm! Nein sowas, M'm!« Ihr ganzer Anteil an der Unterhaltung bestand einzig in Ausrufen und Kopfnicken und Ausflüchten. Es war unglaublich, was für eine Unzahl von Ausflüchten sie zusammenbrauen konnte, um einer Arbeit aus dem Wege zu gehen. Und während sie sie vorbrachte, sass sie nicht still, sondern flatterte hilflos umher, wie ein Vogel mit gebrochenem Flügel, oder eine schlampige Geisha auf einer Schmierenbühne, und sie hüpfte und nickte und gestikulierte und fuchtelte mit den Händen. »Ja, M'm! Nein, M'm! Bitte, M'm! Es ist nämlich so, M'm!« Und eine Ausflucht folgte der andern, eine widersprach der andern, und die Schlingen zogen sich immer enger zusammen, und es war, als ob der Kreis, in dem der arme, flügellahme Vogel herumhüpfte, immer kleiner wurde und als ob seine Todesangst immer entsetzlicher wurde, bis er schliesslich festsass, ausser Atem, der Wille gebrochen. Und dann begann Dinah zu lächeln!

Es war tragisch, dieses Lächeln Dinahs, ein letztes trügerisches Fünkchen, das zu sagen schien: das und einzig das hatte sie immer nur begehrt, und wenn das Leben nicht so schwierig wäre für ein armes Mädchen, könnte sie sich nichts Besseres für ihr Erdendasein wünschen, als nur in diesem einen Haushalt zu scheuern und zu fegen und zu putzen. »Es ist so gütig von Ihnen, M'm«, war alles, was sie hervorstossen konnte, und damit steckte sie dem Helm des Eroberers noch selber den Federschmuck der Hochherzigkeit auf.

Unter vielem Nicken und Knicksen und Hüpfen und Lächeln und Seufzen begleitete eine unterwürfige Dinah ihren Gast zur Tür hinaus. Dann – mit der einen Hand auf der Türklinke und der andern an ihrer linken Wange – pflegte sie die Tür langsam etwas mehr als halb zuzumachen; sie heftete den verstörten, verzweifelten Blick auf einen Fleck auf der Türschwelle, der in ihrer Phantasie noch die Spur des Tyrannenfusses trug, und nun raffte sie all ihre Lebensgeister zu einer grossartigen Geste zusammen und spuckte dreimal auf den verfluchten Fleck. Dreimal spuckte sie aus, und dann stampfte sie noch darauf. Ihre Stimme, die nur ein schwaches, kaum hörbares Flüstern war, solange ihre Besucherin zum nächsten Stockwerk hinunterstieg, erreichte ein durchdringendes Fortissimo, sobald sie sie in der Nähe der Haustür vermutete – nicht mehr in Hörweite, aber noch nicht zu weit, um sie zu verwünschen.

»Der Teufel soll dich frikassieren!« begann sie mit heiserem Geflüster. »Brich dir dein dürres Genick, eh du an der Haustür bist! Wenn dir bloss jemand ein Bein stellen wollte, damit du aus dieser Welt abmarschierst und andern Leuten nichts mehr zuleide tust! Du mit deiner Wohltätigkeit, du mit deinem halben Fetzchen Speck zum Frühstück und deiner Grossspurigkeit, wo doch alle Welt weiss, du hast Schulden! Wenn ich's doch bloss mal erleben würde, dass du in deinem eigenen Seifenwasser erstickst, du Kreisch-Eule von Gottweiss-woher, du mitsamt deinem mehlwangigen, fettsteissigen, glubsköpfigen, wackelbeinigen, schieläugigen, stupsnäsigen Klotz von Ehemann! Wenn ich's doch bloss mal erleben würde, dass du auf zwei Krücken herumhumpeln müsstest, aus lauter Angst, eine allein wär nicht genug, um dich vor dem zu bewahren, was deine erbärmliche Vergangenheit war; denn wer hat je ein gutes Wort über deine arme alte Lumpenhändlerin von Mutter gehört mit ihrer Bude auf dem Flohmarkt und ihrem Taugenichts Jackie Rinolds, der sie aus lauter Barmherzigkeit geheiratet hat? Oh, wenn ich dich bloss herumhumpeln und -jammern und an jeder Strassenecke betteln sehen könnte! Wenn du mir doch deine schmutzige Pfote hinhalten würdest, um einen Penny betteln würdest – und ich dann reinspucken könnte!«

Und so weiter, in einem Tempo wie ein lichterloh brennendes Haus. Bis die arme Frau, die solchermassen ‚abgekanzelt' wurde (das war Dinahs Bezeichnung für die Zeremonie), den Bürgersteig erreicht hatte und die Verwünschung an Kraft verlor und Tantchen Dinah einen andern Kurs eingeschlagen hatte. Schritt für Schritt verfolgte sie die

Unterhaltung bis zum Anfang zurück. Sie kramte jedes Wort hervor, das die abwesende Frau geäussert hatte, und äffte es mit erstaunlichem Geschick nach, das halb wahrheitsgetreu und halb possenhaft war. Es war nämlich überraschend genug, dass Tantchen Dinah, deren Gemüt während der Unterredung vor Wut und Furcht um- und umgekrempelt worden war, sich noch an die benutzten Worte erinnern konnte; dass sie aber auch jede kleinste Gewohnheit bis zu dem nervösen Fummeln mit Handschuhen und Ringen oder das entsetzte Naserümpfen ob des Düftegemischs in der Atmosphäre von Dinahs Mansarde in ihren Karikaturen festgehalten hatte, grenzte ans Wunderbare. Zum Ergötzen ihrer Schwester liess Dinah ihre ‚Dienstboten-von-heute'-Rede von Stapel und knabberte dabei zerstreut am kleinen Finger ihrer linken Hand. Dann fiel ihr eine winzige Ungenauigkeit auf, und sie riss sich plötzlich zusammen: »Nein, nein, nein! Was bild ich mir denn da ein? So war es ja gar nicht!«, und begann wieder von vorne. Wenn Babe die Karikatur für gut befand und lachte, fing auch Dinah an zu lachen und sprang vor Freude und Stolz ob ihrer Leistung wie wild im Zimmer herum. Je öfter sie es wiederholte – und wiederholt wurde es ein dutzendmal, ehe sie es endlich leid bekam – um so treffender in Wort und Gebärde wurde es, bis sie schliesslich eine Zehn-Minuten-Parodie vorführen konnte, bei der sich das Treppenhaus krank lachte.

Ausser ihrer Abneigung gegen die Arbeit, für die sie doch so bedauerlich begabt war, vermochte

Reinlichkeit in jeder Form und Gestalt Dinah in Todesängste zu versetzen. Sie konnte heisses Wasser nicht leiden, hasste kaltes Wasser und verabscheute Seife – und vor dem Anblick einer Badebürste konnte sie eine Meile weit ausreissen. Hierin unterschied sie sich beträchtlich von Babe, die wenigstens auf Grussfuss mit Toilette-Angelegenheiten stand, weil sie für einen gelegentlichen Wochenend-Aufenthalt im Hotel unerlässlich waren, und vor der Öffentlichkeit war sie so ordentlich, dass sie – bis auf ihre Faulheit – auch im Privatleben eine ganz gute Hausfrau hätte abgeben können.

Aber morgens lag Babe endlos lange im Bett; vor zwölf oder ein Uhr wälzte sie sich nie aus den Federn, ausgenommen an den sogenannten ‚Arbeitstagen', wenn es notwendig wurde, die Speisekammer wieder aufzufüllen, weil Dinah ohne Unterstützung weiter nichts als einen Suppenknochen oder eine Schweinepfote auf den Tisch bringen konnte. Manchmal plagte sie auch das Gewissen, und sie schrie Dinah an, die mit ihren Füssen behaglich vor der Glut sass, während ihre abgetragenen alten Schuhe schon schwelten und einen ätzenden, aber angenehmen Geruch gen Himmel sandten.

»Di, wasch doch um Gottes willen Mary Kates Gesicht!«

»Lass mich wenigstens erst verschnaufen, ja? Was glaubst du denn, wer ich bin?«

»Es ist aber schon furchtbar spät, und das Kind hat noch ein ungewaschenes Gesicht.«

»Warum zum Kuckuck stehst du dann nicht selber auf und wäschst es ihr? Hab ich nicht schon den ganzen Haushalt zu besorgen? Und überhaupt – sieh mich doch an! Ich habe mich auch nicht gewaschen – und beklage ich mich etwa?«

Doch an manchen Vormittagen konnte es geschehen, dass der verschlafene, gutmütige Kanonikus Whalen ins Zimmer trat und vor all dem Schmutz und Unrat und vor so viel Faulheit in die grösste Wut geriet und den Stock hob und Babe aus dem Bett prügelte, bis sie heulte. Dann kam er eine Woche lang regelmässig, um die Kinder zu inspizieren, und unter endlosen, leise gebrummelten Flüchen wusch Dinah die Kinder und sich selbst – sich zuletzt, weil es der Gipfel ihres Kummers und ihrer Empörung war. Weiss vor Zorn stand sie vor dem zerbrochenen Spiegel, in der Hand einen gut ausgewrungenen Waschlappen, und während sie mitleidig gewisse Stellen ihrer Wangen und ihrer Stirn damit betupfte, war ihr Gesicht vor Abscheu verzerrt und zerknittert, sowohl vor dem Wasser wie vor den Priestern.

»Weiss der Himmel«, sagte sie und schöpfte zischend Atem, weil der Waschlappen eine empfindliche Stelle berührt hatte, »man braucht sich nicht zu wundern, dass die Engländer alle Protestanten sind! Das beweist einem mal wieder was für ne vernünftige Rasse sie sind und dass sie aus ihrem Herzen keine Mördergrube machen. Jeder weiss, dass die Iren sich fürchten, vor den Machenschaften der Priester den Mund aufzureissen, obwohl die ganze Welt weiss, was für eine faule

Bande sie sind, und nichts als Ränkeschmiede und Geizhälse. Aber keiner braucht es von Dinah Matthews zu behaupten – und wenn sie auch bloss ein einfaches armes Mädchen ohne gute Schulbildung ist – dass sie nicht offen und frei heraus sagt, was sie von den Priestern hält; denn jetzt sag ich's, und ich fürcht mich nicht wie andere Leute und glaube, dass die Priester mich in eine Ziege verwandeln. Solln sie's doch versuchen! Das sag ich ihnen ins Gesicht! Sie sollen mir's erst mal zeigen!«

Die letzten Worte waren als Hieb für Babe gedacht, die sonst so fortschrittlich und modern tat, aber im innersten Herzen glaubte, ein Priester könnte sie im Handumdrehen in eine Ziege verwandeln – und in einem unvorsichtigen Augenblick hatte sie es Dinah gestanden. Und doch, wenn Kanonikus Whalen kam, sagte Dinah »Ja, Vater« und »Nein, Vater« und hüpfte und zappelte angstbebend um ihn herum, bis er sie bat, sich doch um Himmels willen nicht die Füsse zu verrenken.

Und so wurde Babe eine ganze Woche lang oder sogar zwei oder drei Wochen hintereinander frommgeprügelt und liess sich tatsächlich beeinflussen. Jeden Morgen stand sie auf und ging in die Acht-Uhr-Messe und sass genau in der Mitte vorne vor dem Hochaltar, damit jeder Priester, der sie kannte, sie auch sah. Doch mit der Zeit ermattete der Eifer des Kanonikus, und Babes Eifer ermattete ebenfalls, und wieder blieb sie bis in den Nachmittag hinein im Bett liegen und ging abends aus – sehr zum Ärger der Frauen und sehr zur hämischen Freude der Männer.

Wenn Mary Kate nicht recht glücklich in ihrer Familie war, so begriff sie bald, dass auch Tantchen Dinah nicht glücklicher war: eine Erkenntnis, die sie in ihrem Entschluss bestärkte, sich die Freiheit zu verschaffen.

Es ging so zu.

Es war nicht ungewöhnlich, dass Babes ‚junge Leute', wie sie, ob alt oder jung, euphemistisch genannt wurden, das Wochenende mit Babe in Glengariff oder Killarney verbrachten oder sie sogar zu einer richtigen ‚Erholungskur' entführten. Ob die Nähe von Berg, See und Meer in Babe leidenschaftlichere und weniger auf Vorteil bedachte Regungen weckte, sei dahingestellt. Jedenfalls berichtete sie Dinah nie von etwas Poetischerem als einem kostspieligen Abendessen, dem Schnitt eines Kleides oder dem Preis eines Wagens.

Für Dinah waren die Abwesenheiten ihrer Schwester unsagbar langweilig. Den ganzen Tag liess sie den Kopf hängen und hüpfte wieder wie ein flügellahmer Vogel herum, mit ungewaschenem Gesicht, ungekämmtem Haar und einem bis zum Hals hinauf zugeknöpften, schmierigen alten Regenmantel, während ihre ungeschickten Füsse von Stockwerk zu Stockwerk und von Gasse zu Gasse latschten, auf der Suche nach Gesellschaft. Sie dachte sich allerlei Vorwände aus, um eingelassen zu werden, denn in mancher Hinsicht war sie sensibel, so auch hierin; daher sammelten sich bei einer Vormittagsrunde unter ihrem Regenmantel ein Dutzend Vorwände für eine kleine Unterhaltung an: ein paar Löffel Tee, ein paar Stückchen Zucker, ein paar Tropfen Milch, etwas Schmalz – lauter Dinge, die sie, sobald sie wieder in ihrer Mansarde war, in heiterer Verschwenderfreude den Flammen überantwortete – nur, um zu entdecken, dass mindestens eine ihrer Opfergaben für ihr Mittagsmahl nötig gewesen wäre. Dann stahl sie sich mit der gleichen kindischen Unvernunft davon, um von neuem zu borgen.

Meistens war sie kein unwillkommener Gast. Sie parodierte Fremde für die Bekannten und die Bekannten für einander, und wenn man sie gehörig bedrängte, zauderte sie nicht, Charakterstudien von Babes ‚jungen Leuten' zum besten zu geben. Da war die Nachfrage natürlich am grössten, denn die Nachbarn hatten nicht mehr als eine boshafte kleine Freude an den Schilderungen von Menschen, die sie kannten; Babes ‚junge Leute' dagegen waren eine fremde Welt – wie die Charaktere, von denen sie in Miss Braddons Romanen oder in den Penny-Heftchen lasen.

»Und denkt euch bloss mal«, berichtete Dinah von einem jungen Oxford-Studenten, der sich mit Babe in Killarney aufhielt, »er findet die Landschaft so ursprünglich und herzerhebend, und die Seen und Boote und das ‚Adlernest', oder wie es heisst, sollen ganz voll von Meerjumfern sein — ich weiss nicht, ob er sie so genannt hat, aber jedenfalls so voll von Meerjumfern und Zeugs, an das die Leute in alten Zeiten geglaubt haben, dass er sagt, meine Beste, vor jedem Brunnen, an dem man vorbeigeht, müsste man niederknien und ein kleines Gebet für das Ungetüm sprechen, das da drin sitzt! Ich rede nicht von heiligen Brunnen, meine Beste, sondern von jedem alten Brunnen, und wenn's bloss eine Höhlung in der Mauer ist! Jetzt bitt ich Sie, würd ich nicht komisch aussehen, wenn ich an jeder Strassenecke in die Knie sacken wollte? Da würden sie mich ja ins Narrenhaus stecken, Gott sei's gepriesen, noch eh ich wieder zu Hause wäre! Und wissen Sie, was er von einem kleinen Mädchen verlangt hat? Sie sollte sich alles ausziehen, was sie auf dem Leibe hatte, damit er ein Bild von ihr machen kann – mit Verlaub, Ma'am – von ihr, wie sie splitterfasernackt ist! Zu unsrer Babe hat er sowas natürlich nicht gesagt« (er hatte es doch getan, nebenbei bemerkt, und das kleine Mädchen war Babes freie Erfindung), »aber er hat's ihr hinterher erzählt. Ist es denn nicht erstaunlich, wenn die Polizei sowas hört, dass sie ihn dann nicht einsperren? Splitterfasernackt! Und bloss, damit er nachher ein Buch drüber schreiben kann und den Leuten weismachen, es wär eine Meerjumfer, die er selber mit seinen leibhaftigen Augen in Killarney gesehen hätte. Und natürlich würde er viele, viele Millionen an dem Buch verdienen, weil jeder sich das splitterfasernackte Mädchen anschauen möchte. Aber ich hab's schon immer gehört, und jetzt weiss ich's: die Engländer sind allesamt übergeschnappt.«

Doch wenn Dinahs Tage durch solche Schandgeschichten angenehm belebt wurden, blieben immer noch die Abende. Ein paarmal sah Mary, wie sich ihre Tante mit Babes abgelegten Kleidern herausputzte; sie wurde dann herbeigerufen, um das Ergebnis zu bewundern, was sie auch begeistert tat. Das ermutigte Dinah, und eines Abends schmückte sie sich schöner denn je und schminkte sich äusserst freigebig die Lippen und die Wangen. Mary Kate war begeistert. Sie hatte ihre Tante noch nie so hübsch gesehen, ja, sie hatte noch nie soviel rote Schminke auf einem Gesicht gesehen. Eine dicke Schicht Puder wurde über der Indianer-Kriegsbemalung aufgetragen und vervollständigte, was in Marys Augen eine Verklärung war.

»Gott weiss«, sagte Dinah ehrfürchtig, während sie sich im Spiegel betrachtete, »wie schlecht ich bin. Wenn vielleicht ein paar von den verdammten schönen Fräulein in meine alten Lumpen gekleidet wären und von räudigen alten Hexen wie Maggie Counihan zu ebensoviel verdammter Drecksarbeit gezwungen würden, dann sähen sie nicht halb so gut aus wie ich.«

»Ich finde, du bist hübscher als alle«, sagte Mary Kate mit redlicher Überzeugung.

»Ja, bestimmt«, erklärte Tantchen Dinah ihrem Spiegelbild.

»Ich finde, du bist sogar hübscher als meine Ma«, fuhr Mary Kate fort, die stets grosszügig war, wenn sie sich erst einmal in Begeisterung geredet hatte.

»Findest du wirklich?« fragte ihre Tante. »Ach, ich möchte doch nicht behaupten, dass ich so hübsch bin wie sie!«

»Ich find's aber, wirklich!« beteuerte Mary Kate.

»Ich glaube tatsächlich auch, es ist kein grosser Unterschied zwischen uns. Schliesslich ist sie meine Schwester, und wer Augen im Kopf hat, der sieht, dass ich ihr ähnlich bin.«

»Gehst du jetzt aus, Tantchen Dinah?« fragte Mary Kate.

Dinah kicherte und zitterte und flatterte hilflos zur Mitte des Zimmers, um mit einem Schirm in der Hand zu posieren, ehe sie wieder vor den Spiegel stürzte.

»Ich möchte mal wissen«, fragte sie atemlos, »ob mein Zifferblatt auch nicht zu rot ist?«

»Du siehst wunderbar gesund aus«, erwiderte Mary Kate.

»Stimmt«, sagte Tantchen Dinah, »stimmt genau. Aber ich hätte nie den Mut, so den Uferdamm entlangzugehen. Ist's nicht traurig, dass ich keinen Menschen habe, mit dem ich ausgehen kann, Mary Kate?«

»Möchtest du nicht mit Mrs. Vaughan gehen?«

»Ach, die alte Scharteke kommt ja doch nicht, und ausserdem ist sie verheiratet.«

»Ist denn sonst kein Mensch da?«

»Die alte verrückte Dona Nobis«, sagte ihre Tante nachdenklich. »Die fällt mir gerade ein. Aber ob die mitkommt? Wenn sie einmal – bloss ein einziges Mal – mitkäme, dann würde ich's bald alleine wagen. Ich brauchte gar nichts weiter zu tun, bloss spazierengehen, und wenn mich einer anlacht, dann könnt ich ihm zublinzeln, und morgen abend könnt ich den gleichen Weg gehen, und er könnt auch den gleichen Weg gehen, und vielleicht bleibt er dann stehen und spricht mit mir.«

»Kannst du nicht nach unten gehen und sie fragen?« schlug Mary Kate vor.

»Gott steh mir bei! Vielleicht wär's das Richtige.«

Sie trippelte zur Tür und wandte sich dann rasch mit einem Gesicht an Mary Kate, das unter all der Lilien- und Rosenhaut grün wurde.

»Geh vor, Mary Kate, sei ein liebes Kind und schau nach, ob mich auch keiner sieht!«

Mary Kate schlich auf Zehenspitzen ans Geländer, beugte sich darüber und machte ihrer Tante ein Zeichen, dass die Luft rein sei. Dinah erwiderte mit aufgeregt stummen Gebärden und schickte sie weiter voraus; auf Zehenspitzen ging Mary Kate die Treppe hinunter, und auf Zehenspitzen folgte ihr Tante; die eine Hand lag auf dem Geländer, die andere zog die breite Krempe von Babes grossem Sommerhut über die geschminkten und gepuderten Wangen, als wäre das eine hinreichende Dekkung. In jedem Zimmer waren Schritte zu vernehmen, und Dinah gebot ihrer kindlichen Vorhut zischend Schweigen. Endlich erreichte Mary Kate die Tür von Dona Nobis' Zimmer, und Dinah gab alle Vorsicht auf, raffte die Röcke des unnötig langen weissen Kleides hoch und polterte die restlichen Stufen hinab. Als sie die Tür aufstiess und ins Zimmer stolperte, sah Mary Kate, dass sie entsetzt die Augen verdreht hatte, und hörte den geflüsterten Schreckensruf: »Jesus, Maria und Josef!«

Dona Nobis las gerade in einem Erbauungsbuch und blickte auf ihre strenge, altjüngferliche Art über den Brillenrand weg. Sie hatte sehr schlechte Augen, und sie musste Dinah eine Zeitlang anschauen, ehe sie begriff, wer vor ihr stand.

»Ich bin's, Bridie«, konnte Dinah endlich hervorstossen und kicherte dabei und wurde furchtbar rot. »Ich bin bloss nach unten gekommen, damit du dir meinen Staat ansehn kannst.«

»Ui je, ui je!« staunte Dona Nobis, und ihre frommen Gedanken verwandelten sich allmählich in ein Interesse für Kleider, das jeder normalen Frau eigen ist. »Ist das etwa Babes Staat, den du dir da gemaust hast? Dreh dich mal um, damit ich dich richtig betrachten kann!«

Dinah kreiselte auf den Absätzen herum und karikierte Babes berühmtes Abschiedskreiseln.

»'s ist ein bisschen zu lang«, sagte Dona Nobis. »Aber du hast eine blühende Farbe. Warst du an der frischen Luft?«

Dinah seufzte ganz erleichtert. Die Schminke war der Kurzsichtigkeit also entgangen.

»Nein«, antwortete sie aalglatt. »Ich hab gewaschen.«

»Gott sei gepriesen!« rief Dona Nobis humorvoll.

»Kommst du ein bisschen spazieren?«

»Ich hab's nicht im Sinn gehabt, aber wenn du gehst, könnte ich ja mit dir gehen.«

»Wir könnten den Mardyke entlanggehen.«

Dona Nobis setzte ihren Hut auf. Es war ihr gelungen, ihren spärlichen grauen Haarwuchs zu einer hohen Pyramide aufzutürmen, und wenn sie anstatt eines Kopftuches ihren Hut trug, dann thronte er in verwegenem Winkel auf dieser ans achtzehnte Jahrhundert erinnernden Frisur. Danach legte sie den Mantel an und nahm einen Schirm aus der Ecke.

»Den Schirm brauchst du nicht«, sagte Dinah.

»Wenn ich mich anziehe, geh ich nie ohne Schirm aus«, erwiderte Dona Nobis streng.

Sie gingen die Treppe hinunter, und Dinah versteckte sich hinter Dona Nobis. An der Haustür packte sie die Alte beim Arm, zog sie die Aussentreppe hinunter und raste dann in einem Tempo mit ihr den Uferdamm entlang, das den Unwillen ihrer Begleiterin erregte; dazu sprach sie ununterbrochen und mit sehr lauter Stimme. Sie hatte ein paar Frauen schwatzend vor der Haustür gesehen. Dona Nobis war erstaunt, denn Dinahs Worte schienen gar keinen Sinn zu ergeben. Und so war es tatsächlich: das Ganze war nur eine Projektion ihrer aufgeregten Nerven.

Schliesslich blieb Dona Nobis stehen und befreite sich von Dinahs Arm.

»Nun hör mal zu, mein Kind«, rief sie ungeduldig, »von keinem Menschen in der Welt lass ich mich mit einer Geschwindigkeit von einer Meile in der Minute über die Uferdämme schleifen! Ich bin eine achtbare Frau in mittleren Jahren und kein fünfzehnjähriger Springinsfeld!«

Dinah stöhnte. Ihr schien es so, als bliebe jeder Vorübergehende stehen und starre sie an. Sie erwartete, dass sich jeden Augenblick ein ganzer

Kinderschwarm an ihr weisses Gewand heften würde.

»Es ist so furchbar kalt, Bridie«, sagte sie verzweifelt.

»Kalt? Hast du kalt gesagt? Und dabei spaltet die Sonne alle Steinplatten! Kalt, du Elefantenküken? Der Schweiss tropft mir ja nur so von der Stirn!«

Doch der Ausflug war ohnehin zum Scheitern verurteilt. Um aus dem Elendsquartier herauszukommen und in vornehmere Viertel zu gelangen, schlug Dinah vor, den Wyse-Hügel hinaufzugehen, anstatt den Mardyke entlangzuwandern. Und sicher hatte es die Nemesis persönlich so eingerichtet, dass ein Kohlenfuhrmann seinem Pferd auf dem Weg bergauf die Peitsche gab. Und zu allem Unglück weigerte sich das Pferd, rascher zu gehen. Nun hatte Dona Nobis aber eine leidenschaftliche Liebe zu Tieren, und wenn die Bewohner ihrer Gasse es auch nicht wussten, waren doch all die Besuche von Mr. Grausamkeit, wie sie den Inspektor nannten, und bei denen es sich um räudige Katzen und Hunde mit Geschwüren und halbverhungerte Hühner drehte, einzig ihr Werk. Dinah aber erkannte jetzt zu ihrem Entsetzen den Zweck des Regenschirms. Er spürte nicht Wasser auf, wie der Stab Mosis, sondern Blut. Er begann schon in Dona Nobis' Hand zu zucken. Sie stand am Rande des Fusswegs und beugte sich über das eiserne Geländer, während Dinah Qualen erduldete und sie mit geflüsterten Schmeichelworten weiterzuziehen versuchte.

»Oho! Oho!« rief Dona Nobis. »Bilden Sie sich bloss nicht ein, ich hätt's nicht gesehen, wie Sie das hilflose Tier geschlagen haben, Sie Grobian! Wenn Sie's nochmal schlagen, geh ich sofort zur Polizei hinunter und zeige Sie an!«

Der Mann blickte flüchtig zu ihr auf, und sein finsteres Gesicht schien eher Zweifel als Zorn auszudrücken; dann hob er die Zügel und versetzte dem Pferd noch einen Hieb, wobei er sich gleichzeitig bemühte, den Karren weiterzustossen.

»Oh, wenn ich Sie bloss dort hätte, wo jetzt das arme Tier ist«, schrie Dona Nobis, »dann würd ich Ihnen die Grausamkeit gegen Tiere schon austreiben!«

Der Fuhrmann blickte wieder auf, doch diesmal, als hätte er einen Hieb bekommen.

»Sprechen Sie etwa mit mir, Sie glotzäugige alte Mähre?« fragte er mit eisiger Würde.

»Wenn ich Sie hier vor mir hätte, würde ich meinen Schirm auf Ihrem Dickschädel kaputtschlagen!« entgegnete Dona Nobis.

Der Mann schob seine Mütze nach hinten, wobei ein schmaler Streifen hellhäutiger Stirn sichtbar wurde; dann spuckte er in die Hände und rieb sich nachdenklich die Handflächen. Warum nicht mal eine erlaubte Ruhepause einschieben, wenn man eine so undankbare Arbeit hat, schien er zu denken. Vor lauter Kohlenstaub war nur sehr wenig von seiner eigentlichen Gesichtsfarbe zu sehen, aber das, was man sah, glühte dunkelrot. Er liess das Pferd stehen und trat auf den Fussweg zu. Dann blickte er finster zu Dona Nobis auf, die sich über das Geländer beugte, hinter ihr die zitternde Dinah.

»Seit wann hast du dich aufs Predigen verlegt, Schwesterchen?« fragte er mit beissendem Spott.

»Feigling!« zischte Dona Nobis hervor. »Feigling! Schmutziger, verächtlicher, nichtswürdiger kleiner Feigling!«

Vier oder fünf Leute hatten sich eingefunden und hielten sich in respektvoller Entfernung, während andere mit bedrohlicher Geschwindigkeit von überallher auftauchten. Der Mann überstürzte nichts, und auch seinen Spott liess er sich durch die Schimpfworte nicht austreiben. Inbrünstig hob er die Augen gen Himmel, zwei unheimliche, rotweiss leuchtende Kugeln, und faltete die Hände wie zum Gebet.

»Bist du jetzt wirklich bei den frommen Schwestern eingetreten, Schwesterchen?« fragte er salbungsvoll. »Dann lass dir's gesagt sein, Frau: du bist das grösste Weltwunder seit dem reuigen Sünder am Kreuz! 's ist ein historischer Tag für das Heilige Irland, wenn Flossie Conway in der Patrick Street Traktätchen verkauft und wenn du und die Mädchen Mr. Grausamkeit helfen!«

Da Flossie Conway eine berüchtigte alte Hurenmutter war, die gegen Ende ihrer Lebenstage eine fanatische Frömmlerin wurde, war die Anspielung unmissverständlich und traf Dona Nobis ins Mark. Sie wurde kreideweiss.

»Du bist meine Zeugin, Dinah Matthews!« kreischte sie; »du bist meine Zeugin und hast gehört, was der Schurke soeben von mir behauptet hat! Merk dir seine Worte, denn du musst sie vor Gericht wiederholen! Schön!« fuhr sie ergrimmt fort und deutete mit ihrer Schirmspitze auf eine Stelle zwischen seinen rollenden Augen, »schön, schön, schön! Dafür müssen Sie sich vor dem Gerichtshof verantworten! Glauben Sie nur nicht, Sie entwischen mir, Sie Barbar, Sie Frauen-Verleumder! Ich identifiziere Sie! Ich finde Ihre Henkersfratze unter einer Million Menschen heraus, und Sie müssen mir Rede stehen für Ihre Worte!«

Die kleine Menschenansammlung rückte näher. Der Kohlenfuhrmann fand offenbar, dass er hier vor einem schlimmeren Kläger stand als in jedem Gerichtshof. Er wieherte los und deutete mit dem Peitschenstiel zuerst auf Dona Nobis und dann auf die von Entsetzen überwältigte Dinah.

»Hört sie euch an, ihr Leute aus Cork!« rief er theatralisch. »Hört sie euch an, und werft dann einen nicht zu knappen Blick auf das Ding aus dem Höllenpfuhl, das sich hinter ihr verkriecht! Seht euch das Ding an und sagt mir, sieht sie aus wie ne Christin oder ist sie angemalt wie'n Eisenbahnsignal? Und die wollen über Grausamkeit zu Tieren reden! Die wollen einen armen Mann ausschimpfen, der bis nachts um neun arbeiten muss! Ich sag's euch«, brüllte er plötzlich mit tierischer Kraft, »solchen wie denen da kehrt sogar ein unglückliches Pferd den Hintern zu!«

Es fiel allen auf, dass bei dem Wort ‚angemalt' eine furchtbare Veränderung mit Dona Nobis vorgegangen war. Schon bei den letzten Worten des

Kohlenfuhrmanns drehte sie sich auf dem Absatz um und ging schnurstracks und mit erhobenem Haupte bergab. Dinah folgte ihr im Laufschritt. Die kichernde Menge wich auseinander, um sie hindurchzulassen. Dona Nobis schien Dinah durch ihr ganzes Gebaren zu verleugnen, aber Dinah liess sich nicht abschütteln. Mit der Ergebenheit eines erschrockenen Hündchens trabte sie hinter Dona Nobis her. Nach wenigen Minuten hatten sie die Brücke überquert und steuerten auf das Puppenhaus zu, während der Kohlenfuhrmann seinen belustigten Zuhörern noch immer über die Sorte Menschen einen Vortrag hielt, die von Grausamkeit reden wollen.

Doch wie unglücklich Tantchen Dinah eigentlich war, merkte Mary Kate erst an dem, was darauf folgte. Dona Nobis' Zorn war nichts, verglichen mit Babes Wut, als ihr von dem Skandal berichtet wurde. In der Mansarde spielten sich aufgeregte Szenen ab. Babe zerrte Dinah bei den Haaren, und Dinah weinte und schrie. ‚Ein gewöhnliches, schmutziges, verächtliches Geschöpf' war nur eins von den vielen Schimpfwörtern, die Babe ihrer Schwester an den Kopf warf. Und damit hatte sich ihre sittliche Entrüstung noch nicht erschöpft: sie rief den Kanonikus Whalen herbei, und nun mischte auch der sich ein. Es nützte Dinah gar nichts, wenn sie beteuerte, sie habe nichts Schlimmes machen wollen, sie hätte nur auch gern einen Freund gehabt. Sie wollte sich gern verheiraten, sagte sie. Sie wollte gern aus der Mansarde ausziehen und ein eigenes Heim haben.

Keiner glaubte ihr. Sie wurde beschimpft, bis sie sich tränennass unterwerfen musste. Nachdem sie ihren Kopf schluchzend vor dem Priester in den Armen versteckt hatte, hob sie ihn plötzlich und sagte ein paar Worte, die im Herzen Mary Kates haften blieben:

»Als die arme Frau in Sunday's Well aus dem Fenster gesprungen ist und tot aufgehoben wurde, hat keiner was gegen sie gesagt!« Sie deutete mit dem Finger auf Babe, die ihr sofort wütend auf den Mund schlug und sie damit wirksam zum Schweigen brachte.

Mary Kate war zwölf, als es geschah, und sie vergass es niemals.

FÜNFTES KAPITEL

Ihre blinde Liebe zu Mr. Vaughan starb eines schweren, aber natürlichen Todes.

Etwa ein Jahr nach ihres Bruders Erscheinen in diesem Jammertal kam Mr. Vaughan nicht rechtzeitig zum Abendbrot nach Hause. Es war an einem Freitag, das heisst, an einem Abend, an dem er sonst stets sehr pünktlich von der Fabrik zurückkehrte und zwischen sieben und acht daheim erwartet werden durfte. Als es vom Shandon acht Uhr läutete, bezog Mrs. Vaughan Stellung in der Haustür: eine grosse, frische, mütterliche Frau mit blondem Haar, aus dem sich bei der leichten, den Uferdamm entlangwehenden Brise vereinzelte Löckchen hervorstahlen. Ihre Kinderschar, darunter auch Mary Kate, drängte sich um ihre Knie. Keiner ging vorüber, ohne mit ihr zu sprechen und die eine oder andere tröstliche Vermutung über sein Zuspätkommen vorzubringen, und jede Vermutung nahm sie mit der gleichen natürlichen Zuversicht entgegen, doch im Grunde ihres Herzens glaubten weder sie noch ihre Tröster an eine dieser Vermutungen.

Als der Shandon die Viertelstunde anzeigte, schickte sie die Kinder in lauter verschiedenen Richtungen aus, um den Herumtreiber zu suchen. Das Schicksal bestimmte Mary dazu, ihn zu finden: er lehnte sich in Sheares Street gegen ein Geländer und musterte das Gras hinter dem Zaun. Offenbar war er stockbetrunken – sie kannte sich da gut aus.

Und weil sie sich auf Betrunkene und ihre Eigenart verstand, lief sie rasch zum Puppenhaus zurück und warnte Mrs. Vaughan.

Die grosse, bäuerliche Frau glich einem scheuenden, verstörten Tier. Sie lief die Gasse hinab, hinter ihr drein Mary Kate. Das blonde Haar hing ihr wild um den Kopf, die Schürze schlug ihr klatschend um die Beine, und laut und bekümmert sprach sie unaufhörlich vor sich hin. Als sie ihren Mann erblickte, stiess sie einen kleinen Schrei aus und rannte auf ihn zu. Er begrüsste sie benommen und ohne sie zu erkennen, duldete es aber, sich von ihr nach Hause schieben zu lassen. Ein- oder zweimal fluchte er mörderisch und blieb stehen, um mit einem unsichtbaren Gegner eine nachträgliche Streitfrage auszufechten, doch sie stiess und zerrte ihn weiter. Trauben von Menschen versammelten sich vor den Haustüren, um sie vorbeiziehen zu sehen; drei oder vier Frauen folgten ihnen und boten Rat und Beistand an, und ihnen erklärte Mrs. Vaughan mit lauter Stimme, dass es komisch sei, wie die Leute glotzten, als ob es nicht jedem mal passieren könnte, eine Flasche Stout zu trinken und dann von der Hitze überwältigt zu werden. Woraufhin sich auch ihr Mann noch einmischte, wild mit den Armen schwenkte und sich erbot, mit dem ersten besten Sauhund zu kämpfen, der ihm hier oder sonstwo über den Weg liefe.

Hilfe musste herbeigerufen werden, um ihn treppauf zu wuchten und längelang aufs Bett zu werfen. Die Kinder kamen alle herbei und begannen zu weinen. Das verdross ihn gewaltig, und er drohte ihnen, sie sollten sich alle aus dem Haus scheren, ehe er ihnen ihre verdammten kleinen Hälse umdrehte, ihnen und ihrer Hure von Mutter. Mrs. Vaughan gelang es, die Zuschauer aus dem Zimmer zu befördern, und dann setzte sie sich auf einen kleinen Schemel ans Feuer und weinte bitterlich. Es sei wegen des Abendbrots, sagte sie zwischen den Schluchzern, wegen des Abendbrots müsse sie weinen.

»Da liegt er«, rief sie dann, »und der Wochenlohn ist ausgegeben, und morgen muss ich in den Strumpf fassen, den ich beiseite gelegt habe, damit wir uns ein eigenes Häuschen zusammensparen können, und jetzt bekomm ich weder Haus noch Garten, sondern muss meine Lebtage in dem stinkenden Loch hier zubringen! Och, Kind, Kind, wenn ich an mein Zuhause in Killeagh denke, an das Stückchen Gartenland und die Hühner und Ferkelchen, dann könnt ich blutige Tränen weinen. Sieben Jahre lang hab ich mich hier abgerackert und bin fast verstickt, und die ganzen sieben Jahre hat er mir versprochen, dass er's nie, nie wieder tun würde.«

So redete sie weiter, während ihr Mann auf dem Bett lag und schlief; und Mary Kate, die ein rasches Auffassungsvermögen hatte, begriff sehr bald, dass hinter aller Liebe der Frauen zu ihren Männern ein geheimer Kummer steckt. Sie grübelte darüber nach, bis die Nacht niedersank, und schmiegte sich dichter an Mrs. Vaughans Röcke, wie um sie zu wärmen, und zitterte, wenn sie an all das Hässliche im Leben dachte. Und dann erwachte der Mann auf dem Bett (irgendwie hatte er aufgehört, Mr. Vaughan zu sein), und erbrach sich furchtbar auf den Fussboden, ohne das Becken zu beachten, das schon für ihn bereitgestellt war. Danach stand er auf und wollte sie wieder alle aus dem Zimmer kommandieren. Als seine Frau ihn bat, stille zu sein, stürzte er sich aufs Rasiermesser und wollte damit auf sie losgehen. Sie kreischte auf und bekam Schreikrämpfe. Dona Nobis und ein paar andere Frauen kamen und schleppten sie hinaus, und mit ihr die Kinder. »Ein Haufen Dreck, aber kein Mann«, beschimpfte ihn Dona Nobis, aber erstaunlicherweise machte es ihm keinerlei Eindruck. Sie schliefen alle zusammen in Dona Nobis' Zimmer auf dem Fussboden.

So büsste Mary Kates Herz seine erste grosse Liebe ein. Nach einem Monat ungefähr war ihr Idol wieder der alte, aber Mary Kate wusste, dass der Strumpf geleert war und dass alles im Haushalt, was man ins Pfandhaus bringen konnte, verpfändet war. Und obwohl Mrs. Vaughan wieder Hoffnung schöpfte und wieder einmal begann, ihre Pennies zu sparen, wusste Mary Kate doch, dass sie sie ebensogut in den Fluss vor ihrem Fenster hätte werfen können. Solange sie lebte, würde sie nie das Häuschen bekommen, von dem sie träumte.

Es wäre lächerlich, wollte man behaupten, dass Mary Kate in die Schule ging. Von innen besah sie sich das Schulhaus ziemlich häufig, doch wurde es ihr dadurch noch lange nicht erträglich, und da sie überaus gescheit war, galt sie als das dümmste Mädchen ihrer Klasse, was ein Grund mehr war, die Schule zu verabscheuen. Wenn sie also durchaus hingehen musste, tat sie es, jedoch nie freiwillig, und in dieser Einstellung wurde sie von ihrer Mutter und ihrer Tante noch bestärkt, denn die beiden waren bisher mit einem Bruchteil an Bücherweisheit ausgekommen. Mary Kates Schule war das Puppenhaus, und dort studierte sie voller Eifer.

Als sie ihr fünfzehntes Lebensjahr noch nicht ganz vollendet hatte, traf sie den jungen Burschen, der in ihrem Herzen Mr. Vaughans Platz einnehmen sollte. Er war etwa acht Monate älter als sie, ein hübscher, gut gebauter Junge, den sie schon oft gesehen hatte, wie er sich am Uferdamm beim Hurley beteiligte – falls nicht gerade ein Polizist in der Nähe war – oder wie er an der Aussenwand des Puppenhauses Handball spielte und die Leute rasend machte, die dahinter wohnten, weil er ihnen den Ball auf den Abendbrottisch schmetterte. Er hiess Phil. Seine Mutter war eine Putzfrau. Sie hatte grosse Pläne mit ihm vor, und mit Hilfe ihrer sechs mühsamen Arbeitstage in jeder Woche gelang es, dass er über den Schulbüchern sitzen konnte, anstatt als Botenjunge ‚zu verdienen'. Sie war sehr zurückhaltend und scheu, ein sehr frommes und tapferes Wesen. Im Puppenhaus und am Uferdamm, wo Uhren eine Seltenheit und ohnehin entbehrlich sind, nannte man sie ‚Von-fünf-bis-neun'.

Obwohl nun – und das ist immerhin erstaunlich – Mary Kate, die bei weitem das schönste Mädchen im Viertel war, und Phil, der zwar nicht der schönste, aber auch nicht der hässlichste Bursch und bestimmt sehr klug war, zusammen in der gleichen stinkenden Mietskaserne wohnten, war ihr die Sonne seines Ruhms doch noch nicht aufgegangen, und er hatte sich noch keine Gedanken wegen ihres guten Aussehens gemacht. Und Phil, das muss man zugeben, hatte damals einen Blick für gutes Aussehen.

Eines Tages dann kam Mary Kate mit ihrem kleinen Bruder von der Schule zurück, wo er die schmerzliche Einweihung in die Mysterien der Kultur hatte über sich ergehen lassen. Ihre Mutter sass vor dem Kamin und las einen Roman, und Tantchen Dinah gab den beiden Kindern ihre Mahlzeit, ein Gericht Kutteln. Es herrschten gute Zeiten in der Familie McCormick. Ein geheimnisvoller Wohltäter war aufgetaucht, auf dessen Alter und Aussehen Dinah hin und wieder mit züchtigem oder ätzendem Humor anspielte.

»Maggie Dinan liegt schon seit drei Tagen im Bett, hab ich gehört«, sagte sie zu ihrer Schwester.

»Ist das Phil Dinans Alte?« fragte Mary Kate.

»Ja. ‚Von-fünf-bis-neun'.«

»Schön dumm, sich so zuschanden zu arbeiten!« bemerkte Babe streng.

»Wenn sie sich's ein bisschen leichter machte, würde sie nicht weniger Dank ernten«, fand Dinah.

Weder Babe noch Dinah ahnten, wie ihre Bemerkungen, die so genau ihre eigene Anschauung widerspiegelten, das Schicksal des jungen Mädchens bestimmen sollten, das jetzt seine Kutteln vertilgte und dabei kein Auge von der Schüssel wandte, die vielleicht noch eine zweite Portion hergab, wenn das Glück günstig war. Ein paar Minuten schwiegen alle, dann legte Mary Kate ihre Gabel hin und sagte: »Das finde ich aber gar nicht!«

Mutter und Tante blickten sie neugierig an. In der letzten Zeit widersprach sie ihnen sehr häufig aus reinster Aufsässigkeit, und wenn sie sich nicht gerade darüber ärgerten, dann machte es ihnen Spass.

»Schön, du Schlaumeier, dann findest du's eben nicht – und damit basta!« sagte Tantchen Dinah.

»Sie muss arbeiten, damit sie Phil in die Schule schicken kann«, fuhr Mary Kate hartnäckig fort.

»Und wer hat von ihr verlangt, Phil in die Schule zu schicken?« fragte Dinah und blickte sie herausfordernd an.

»Hört nur mal das fleissige Schulmädchen!« rief ihre Mutter.

»Bei mir ist es was anderes«, erwiderte Mary Kate ruhig. »Ich bin in der Schule nicht tüchtig, und ich werd's auch niemals sein, und überhaupt nützt mir die Schule so wenig, dass ich ebensogut zu Hause bleiben könnte.«

»Das ist immerhin ein Trost«, spöttelte die Tante.

»Aber wenn ich in der Schule tüchtig wäre«, fuhr sie neunmalklug fort, »dann würde sich's auch für euch lohnen, mich hinzuschicken.«

»Meine Güte nochmal!« rief ihre Mutter.

Doch der Widerspruchsgeist hatte Wurzel gefasst. Gleich nach dem Essen ging Mary Kate die

Treppe hinunter und klopfte behutsam an eine der vielen Türen im ersten Stock. Eine erschrockene Stimme rief »Herein!« Sie ging ins Zimmer. Mrs. Dinan sass aufrecht im Bett und hatte die Augen auf die Tür gerichtet. Sie war offensichtlich nicht an Besucher gewöhnt.

Mary Kate war entsetzt, als sie Mrs. Dinan sah. Letzthin war ihr eigentlich keine besondere Veränderung an der kleinen Putzfrau aufgefallen, und nun schien sie innerhalb von ein, zwei Tagen plötzlich vollkommen abgezehrt. Sie erkannte Mary Kate, und ein halb feindseliger, halb argwöhnischer Blick gemahnte das Mädchen daran, dass sie zu den Leuten gehörte, die das Kind für die Missetaten der Mutter verantwortlich machten. Mary Kate konnte sich's niemals merken, wenn ein fremder Mensch sie so behandelte, und war immer ein wenig bedrückt, wenn sie es von neuem wahrnahm.

»Ich habe gehört, dass Sie krank sind«, platzte es ihr heraus, »und ich wollte fragen, ob ich etwas für Sie besorgen kann?«

»Nein, danke«, erwiderte die Frau kalt, aber mit überraschter Miene, »ich brauche nichts. Trotzdem besten Dank!«

»Ich weiss, dass Phil erst in einer Stunde wiederkommt. Und ich würde Ihnen gern einen kleinen Gefallen tun.«

»Das ist sehr nett von dir«, antwortete Mrs. Dinan, und ihre Kälte schlug in Verwirrung um. »Ich glaube nicht, dass es etwas zu tun gibt.«

»Darf ich ein bisschen aufräumen?« fuhr Mary

Kate beharrlich fort. »Ich könnte die Tasse hier abwaschen, wenn's Ihnen recht ist?« Und hoffnungsvoll ergriff sie eine Tasse, die neben dem Bett stand.

Mrs. Dinan liess sich stöhnend ins Kissen zurückfallen. Die Anstrengung, aufrechtzusitzen, besiegte ihre Abneigung gegen das Kind noch eher als dessen offenes, hübsches Gesicht, denn gleichzeitig mit den Schmerzen wurde es ihr bewusst, dass sie jetzt jemand brauchte, der sie pflegte; und wenn sie auch in Mary Kates Besuch keinen Eingriff der Vorsehung erblicken wollte, so konnte sie doch nicht vergessen, wie sehr sie sich während der letzten drei Tage gewünscht hatte, eine Tochter zu haben. Sie wollte gar nicht, dass die Tasse sofort abgewaschen wurde, doch durch die Beharrlichkeit des Kindes wurde es zu einer lebenswichtigen Angelegenheit. Ausserdem war sie schon so lange allein gewesen, dass ihr jede menschliche Stimme willkommen war.

»Ja, bitte tu's«, sagte sie. »Du bist ein gutes Kind!«

Mary Kate wusch die Tasse und die Untertasse ab. Dann erbot sie sich, das Zimmer aufzuräumen, und unglücklicherweise erhielt sie Erlaubnis, es zu tun. Denn Mary Kate verstand mit einem Besen ebensowenig wie mit einer Schreibfeder umzugehen, nämlich überhaupt nicht, und Mrs. Dinan musste ihr vom Bett aus Anweisungen geben, während Mary Kate sich im Schweisse ihres Angesichts ehrlich abmühte, alles richtig zu machen. Zum Glück war sie nicht empfindlich und liess sich in all ihrem Ungeschick mit einem ansteckenden Lächeln beraten. Als sie fertig war, ging sie nochmals zu der kleinen Kommode, auf der die vorhin abgewaschene Tasse stand. Sie zeigte sie Mrs. Dinan.

»Wahrscheinlich hab ich das auch nicht richtig gemacht?« fragte sie.

Die Kranke betrachtete sie kritisch. Innen war sie wohl sauber, aber aussen war sie so gut wie ungewaschen.

»Ach, es macht ja nichts«, rief sie.

Mary Kate brach in ein helles Lachen aus, das den bläulichen Lippen der armen kleinen Putzfrau beinah ein Lächeln abnötigte.

»Ach, bin ich nicht schrecklich?« rief sie und zuckte verzweifelt die Schultern, stimmte aber gleich wieder ihr fröhliches Lachen an.

Sie trödelte noch herum, wischte ein bisschen Staub und rückte die Sachen zurecht. Als Phil nach Hause kam, war sie noch da, verschwand aber sofort, nachdem sie versprochen hatte, am Abend wieder hereinzuschauen. Sie erzählte ihrer Mutter nichts davon, hatte aber im Herzen ein herrlich zufriedenes Gefühl – nicht so sehr, weil sie Mrs. Dinan geholfen hatte, als vielmehr deshalb, weil sie mit Erfolg einer Autorität Trotz geboten hatte, die sie im Innersten gründlich verachtete.

Am Abend, als es zu dunkeln begann, schaute sie wieder bei den Dinans ein und wünschte, dass sie es nicht getan hätte. Denn sie war furchtbar empfindlich gegen Leiden, und diesmal sah sie, wieviel Schmerzen Mrs. Dinan erdulden musste.

Der Arzt hatte ihr schon vor Wochen gesagt, sie müsse ins Krankenhaus gehen, doch sie hatte sich geweigert, Phil und ihre Arbeit im Stich zu lassen. Als Mary Kate sie fragte, wie lange sie schon in diesem Zustand sei, erhielt sie zur Antwort: »Seit Monaten!«

»Dann sollten Sie sich aber was schämen«, rief Mary derb, »dass Sie nicht schon längst ins Krankenhaus gegangen sind, um sich kurieren zu lassen!«

»Ach, Kind, du weisst nicht, was du redest«, rief die kranke Frau verbittert. »Wovon sollten wir denn leben?«

Darauf wusste Mary Kate nichts zu erwidern. Mrs. Dinan drehte ihr Gesicht zur Wand und äusserte mit gebrochener Stimme ein paar Worte, die Mary Kate niemals vergessen würde, weil sie den Jammer von Millionen ihresgleichen ausdrückten: »Wir halten uns auf den Beinen, solange wir können, denn wenn unsereiner sich niederlegt, kommt er nie wieder hoch.«

»Sprich doch nicht so, Ma!« bat der junge Bursche kläglich. Seine Angst ging Mary Kate zu Herzen.

»In ein paar Tagen wird's Ihnen mit Gottes Hilfe wieder gutgehen!« rief sie.

»Ich weiss, Kind«, fügte die Mutter nach kurzem Schweigen hinzu, »ich hätte es nicht sagen sollen. Wir müssen es dem heiligsten Herz Jesu überlassen.«

Das Zimmer lag fast im Dunkeln – bis auf die schattige Schönheit des Flusses und bis auf die Bäume am andern Ufer, die sich flach und grau wie gepresste Blumen auf der Fensterscheibe abzeichneten. Mary Kate stand auf, und Phil stand auch auf. Sie wollte zum Apotheker gehen und eine Flasche Rizinusöl für die kranke Frau holen (es war bezeichnend für Phils Mutter, dass sie, weil sie seine Scheu kannte, lieber drei Tage litt, anstatt es ihn besorgen zu lassen). Er begleitete Mary Kate. Er war einen Kopf grösser als sie, aber linkisch in seinem Kummer, und suchte in ihrem Schweigen Trost, als wäre sie seine ältere Schwester. Nachdem sie allein in die Apotheke gegangen war und die Medizin gekauft hatte, schlug er vor, dass sie zusammen den Altar des heiligsten Herzens in der Friars-Kirche in der Liberty Street aufsuchen sollten.

Sie knieten nieder und beteten zusammen, er in kaltem Angstschweiss und sie in erwachender kindlicher Angst, was für Sorgen das Leben wohl für sie bereithalten mochte. Die Kirche war nur schwach beleuchtet, aber ein qualmendes Kerzen-Gestirn flackerte vor der Statue des Heiligen Antonius, um die sich die grösste Zahl von Andächtigen versammelt hatte. Es herrschte ein tiefes, drückendes Schweigen, das ein vereinzeltes Tipptapp einer Stiefelsohle nicht zu beeinträchtigen vermochte, und dem jungen Mädchen schien es, dass die ganze Weite der Kirche in ihrem Dämmerschein und ihrer tröstlichen Armut (die sie halb darüber beruhigte, dass dieser Gott tatsächlich der Gott der Armen sei) von dem leisen Raunen der sich bewegenden Lippen erfüllt war – eine Augenblickslänge Kummer, geschöpft aus dem taglangen Kummerstrom, der endlos in diese demütige Kirche der Ausgestossenen, der Verlassenen und der Unterdrückten strömte und dann weiterflutete, meerwärts, in das grenzenlose Gedächtnis Gottes.

Sie fühlte sich geläutert durch das Erlebnis, geläutert und auch erhoben. Als sie aus der dunklen Kirche trat, schien der Himmel strahlender und das Leben in den Strassen und Gassen emsiger und froher, als habe mit dem Anbruch der Nacht ein Festtag in Lüften begonnen. Ein Stern glitzerte geschäftig über den dunklen Dächern. Der staubige alte Baum neben der Tür liess sich vom Wind sauberschütteln, und Sankt Franziskus auf seinem Sockel streckte seine Hand segnend über die beiden Kinder aus. Auch Phil schien hoffnungsvoller. Er meinte, dass die Flasche Rizinusöl seiner Mutter mit Gottes Hilfe guttun könnte, und Mary Kate antwortete, dass es bestimmt so wäre.

Dann schüttete er ihr sein Herz aus. Er erzählte ihr – über jeden Satz stolpernd – von seiner Angst, dass seiner Mutter etwas zustossen könnte, und wieviel er Gott schon dargebracht habe, damit sie ihm erhalten bliebe. Jeden Morgen ging er in die Franziskanerkirche zur Messe und zur Heiligen Kommunion, und es war schwer für ihn, so früh aufzustehen, denn wenn er es auch seine Mutter nicht wissen lassen würde, bekam er doch nachts sehr wenig Schlaf und lag wach und hörte ihr Stöhnen. Sie jammerte nachts mehr als am Tage, sagte er, und wahrscheinlich deshalb, weil sie glaubte, er schliefe.

»Ich würde gerne mit dir gehen, wenn ich aufstehen könnte«, sagte Mary Kate plötzlich.

»Ja, es ist nicht leicht«, gab Phil zu.

»Aber wenn du bei mir anklopfen würdest, könnt ich's.«

»Das wäre fein«, sagte er still.

Am nächsten Morgen, zwanzig Minuten vor acht, klopfte es bei McCormicks an die Tür. Mary Kate hatte schon darauf gewartet; sie antwortete mit einem geflüsterten: »Ich komme!« und lauschte den Schritten, die leise die Treppe hinunterglitten. Dann sprang sie aus dem Bett und begann sich anzukleiden. Ihre Mutter warf sich ärgerlich im Bett herum und blinzelte zu ihr auf.

»Was fehlt denn dir?« fragte sie.

»Ich gehe in die Messe«, antwortete Mary Kate kühn.

Dinah schien schon allein von ihrer Abneigung gegen das Wort ‚Messe' wachzuwerden und warf ihr – über die verblassten roten Buchstaben des Mehlbeutel-Leintuchs hinweg – einen kalten und missbilligenden Blick zu.

»Was erzählst du da?« fragte sie mit gerunzelter Stirn und gähnte.

»Sie will in die Messe gehn«, sagte Babe.

»Nichts als Faxen, glaub's mir!« rief Dinah.

»Ha – Faxen – und noch viel mehr!« sagte ihre Schwester.

Als Mary Kate am Abend zu Mrs. Dinan ging, lag sie flach im Bett und sah müde, aber strahlend aus. Es war überflüssig, ihr unschickliche Fragen zu stellen.

»Ich habe alles eingenommen, was in der Flasche war«, sagte die Kranke triumphierend, und Mary Kate blieb vor Schreck wie angewurzelt stehen. Der Apotheker hatte ihr ausdrücklich gesagt, dass ein Sechstel des Inhalts zum Einnehmen genüge.

»Ich glaube, morgen kann ich schon ein bisschen aufstehen!« erklärte Mrs. Dinan.

»Der Doktor wäre aber bestimmt nicht einverstanden«, warnte Mary.

»Ach, die Doktors!« Aus Mrs. Dinans Stimme klang hochmütige Verachtung. »Die wissen ja meistens selber nicht, was sie sich zusammenreden!«

Mary Kate räumte das Zimmer auf – diesmal schon sehr viel zufriedenstellender als am voraufgegangenen Abend. Jetzt, da Mrs. Dinan beinah wieder gesund war, brauchte sie nicht nochmal wiederzukommen – denn bestimmt würde sie nicht noch eine zweite Flasche verlangen!

Am nächsten Morgen wurde sie durch Phils leises Klopfen gegen die Tür der Mansarde geweckt. Sie sprang nicht ganz so flink wie am voraufgegangenen Tag aus dem Bett, doch weil es ihr plötzlich einfiel, wie verächtlich ihre Mutter und ihre Tante von der Messe gesprochen hatten, seufzte sie und zog sich an. Wiederum warf ihre Mutter ihr einen ärgerlichen, verschlafenen Blick zu. »Wie lange willst du so weitermachen?« fragte sie. Mary Kates Herz verhärtete sich. Oh, sie würde es ihnen schon zeigen!

»Es ist wegen einer Novene«, entgegnete sie.

»Wofür denn?« fragte ihre Mutter gähnend.

Mary Kate blickte auf die Seite und lächelte vor sich hin, während sie den Träger ihres Unterrocks über die Schulter streifte.

»Für einen guten Ehemann!«

Ihre Mutter lachte spöttisch und gab Tantchen Dinah einen Rippenstoss.

»Hast du das gehört, Di? Mary Kate betet – für einen guten Ehemann!«

»Weidmannsheil!« murrte Dinah verschlafen.

»Es wird allmählich Zeit, dass du auch etwas unternimmst, Tantchen Dinah!«

Da hatte sie ihr eins ausgewischt.

»Wer hat eben an die Tür geklopft?« fragte ihre Mutter.

»Ein Junge«, sagte Mary Kate und schien nicht sehr mitteilsam aufgelegt zu sein.

»Was für ein Junge?«

»Phil Dinan.«

Die beiden Frauen kicherten.

»Aha, der gute Ehemann!« rief Tantchen Dinah.

»Den möcht ich nicht geschenkt haben«, erklärte Mary Kate sehr entschieden. Und von der Tür aus liess sie ihren letzten Pfeil fliegen: »Kein Mann, den ich jemals hierherum gesehn habe, ist's wert, dass man ihn heiratet. Deshalb bete ich um was Besseres!«

Sie raste die Treppe hinunter. Sowie sie draussen im Freien war, freute sie sich und war glücklich, aufgestanden zu sein. Die sommerliche Morgenluft war so frisch, so anregend! Sie konnte es jetzt begreifen, dass Menschen, die täglich in die Frühmesse gingen, ein so ausgeglichenes Wesen bekamen und Gott wohlgefällig wurden. Es lag etwas wie Frömmigkeit in der Luft, und die Stille in den Gassen war wie eine geistige Schauung, voller Ruhe und Unberührtheit. Sie versuchte, ihre Gedanken in ein Lied zu fassen, und summte es vor sich hin. »Alle jungen Mädchen sollten des Morgens früh aufstehn, denn der Morgen ist wie ein junges Mädchen, der Abend dagegen ist wie eine alte Frau. Ich liebe das junge Mädchen, und die alte Frau finde ich scheusslich. Die Seele des jungen Mädchens ist sauber, doch die Seele der alten Frau ist schmutzig und voller Sprünge, wie altes Geschirr. Der Abend ist kalt von gruseliger Kühle, wie eine Leiche, doch der Morgen ist kalt von gesunder Kühle, wie meine Füsse, meine Stirn, wie der Wind in meinem Haar, ja, wie der Wind in meinem Haar.«

Es war weder Reim noch Rhythmus in ihrem Lied, und auch keine eigentliche Melodie, aber das machte Mary Kate keine Sorgen. Sie war kein Wunderkind, das jedes selbstgeschriebene Wörtchen aufhob, sondern eine echte Dichterin, der die Gedichte so rasch entströmten, dass es auch in zwanzig Lebzeiten völlig unmöglich war, sie alle in ein richtiges Versmass zu bringen und druckreif zu machen. Sie hatte schon Hunderte von diesen Gedichten erdacht, und noch immer kamen ihr neue in den Sinn.

Ein anderes meldete sich bereits, als sie auf Zehenspitzen das Kirchenschiff betrat. Die Messe hatte gerade begonnen, und in der vordersten Reihe konnte sie Phils Kopf erkennen. Sie versuchte, die Gebete aus ihrem Gebetbuch zu sprechen, doch ihre Gedanken fanden immer wieder zu ihrem Gedicht zurück. Sie hatte nicht alles gesagt, was sie hatte ausdrücken wollen – daher kam es. Sie hätte sagen sollen, dass sie sich wünschte, in ihrem Herzen wäre es stets Morgen, ohne Mutter, ohne Tante, ohne Bruder (ohne jenen Bruder, den sie mit all dem anmassenden Anstandsgefühl ihres Wesens missbilligte); sie hätte sagen wollen, dass sie alle einer besudelten Abendwelt angehörten. Und das stimmte auch! Sie wusste, dass sie nicht zu ihnen gehörte, und nichts machte sie glücklicher als ihr Traum, dass sie – vor vielen Jahren, noch als Baby – gestohlen wurde, und dass eines Tages ihre wirklichen Eltern kommen und sie zurückverlangen würden, und dann würde es sich herausstellen, dass ihr wirkliches Heim ein Fürstenhof oder ein hohes Schloss im Wald gewesen war. Sie empfand keine Bitterkeit gegen die Leute, die sie gestohlen hatten; sie wollte es ihrem Vater auch nicht erzählen, was sie ihr angetan hatten, sondern sie rühmen und mit Gold und Edelsteinen wegschicken oder ihnen vielleicht ein Häuschen schenken, zu dem sie dann öfters hingehen konnte, um sie zu besuchen und ihnen Geschenke zu bringen.

Sie erwachte aus ihren Träumereien und merkte, dass sie meilenfern gewesen war. Da kniff sie sich derb ins Bein und versuchte, die Stelle im Gebetbuch wiederzufinden.

Im Grunde war Mary Kate eben gar nicht fromm und andächtig. Sie hatte sehr innig gebetet, dass es Mrs. Dinan besser gehen möge, und ihre Gebete waren erhört worden. Sobald sie selbst oder jemand, an dem ihr lag, in Schwierigkeiten geraten sollte, wollte sie sich wieder an Gott um Hilfe wenden, aber auf das, was sie ‚die Zwischenstrecken' der Frömmigkeit nannte, konnte sie sich beim besten Willen nicht konzentrieren. Sie nahm sich vor, auch weiterhin in die Frühmesse zu gehen, aber welchen Grund dafür sie sich auch selbst angeben mochte, eigentlich war es nur ihr Wunsch, in die Morgenwelt ihrer Träume hinauszugelangen, die so lebendig in ihr war. Abermals schweiften ihre Gedanken vom Gebetbuch ab, und schon wurde ihr die Kirche zu einem Bild: zu einer kleinen goldenen Insel mit Kerzen, mit dunkeln Umschlagtüchern und Jacken, mit roten und blauen Kleidern und glatten Knabengesichtern, die in einem Meer aus Morgenlicht hingen – und draussen zu beiden Seiten saubere, hohe, besinnliche Häuser, kalt unter der warmen Hand, und hohe, sahneweiss und blau gestreifte Himmel. So war sie glücklich; obwohl sie sich Vorwürfe machte und obwohl sie fand, dass sie Gott beleidige, pries sie ihn wie jeder frische Wind, der um die Ecke blies, oder wie irgendein kleiner Lichtstrahl, den die Wolken hindurchschlüpfen liessen.

Sie wartete draussen vor der Kirche auf Phil; die Andächtigen strömten hinaus, und noch immer war von Phil nichts zu erblicken. Da lief sie auf Zehenspitzen zurück und tippte ihn auf die Schulter, schon von vornherein lächelnd, wie er zusammenzucken würde. Aber als sie das bleiche Gesicht bemerkte, das zu ihr aufsah, regte sich ihr schlechtes Gewissen. Sie hatte sich vorgestellt, es sei dankerfüllt, und statt dessen war es so traurig und so abgehärmt vom innigen Beten. Er bekreuzte sich und folgte ihr. Und jetzt erschien ihr alles unglaubhaft: der Teich strahlenden Sommerlichts vor dem Kirchenportal, die Schatten der tanzenden Blätter und der verträumte, schokoladenbraune Sankt Franziskus.

»Wie geht es ihr?« fragte sie, als sie in die Wärme traten (sie zitterte und fürchtete sich fast, die Frage zu stellen).

»Sie stirbt, Mary Kate!« sagte er und schnupfte die Tränen auf. »Ich hab Angst, sie könnte sterben«, verbesserte er sich rasch, um das Unheil noch abzuwehren.

Er sah nicht, wie schwer es sie traf. »Es ist alles meine Schuld«, dachte sie. »Ich habe Gott eine Novene für sie versprochen, und meine zweite Messe war schlecht. Ich hab nicht ein einziges Mal an sie gedacht, und ich habe nicht an Gott gedacht. Und nun hat er sie kränker werden lassen, um mir zu zeigen, was für ein eitles, schlimmes Kind ich bin!« – »Aber sie war doch schon vorher krank?« kam eine Stimme aus einem andern Winkel ihrer

Seele. Doch darauf erhielt sie die unbarmherzige Antwort, dass Gott schon vorher in ihr eitles Herz geschaut und darin keine Dankbarkeit für seine Wohltaten und kein Versprechen einer Besserung entdeckt habe. Es war ein Glück, dass Phil nicht wie Gott jetzt in diesem Augenblick in ihr Herz schauen konnte.

»Mary Kate…« fuhr er fort. Sie hörte, wie er sie zum erstenmal bei ihrem vollen Namen nannte, und blickte dankbar zu ihm auf – sah jedoch, wie sehr er weinte.

»Ich wollte«, sagte er und war nun völlig verzweifelt, »ich wollte, dass sie solange lebt, bis ich eine gute Stelle habe und ihr alles vergelten könnte, und jetzt muss sie sterben – doch, ich weiss, dass sie sterben muss –, sie muss sterben, und danach will ich überhaupt nichts tun. O Mary Kate, wenn du nur wüsstest, was sie alles tun wollte, sobald ich erwachsen war und viel Geld verdiente! Wir wollten ein grosses Haus an der South Mall nehmen, mit drei Dienstboten und noch einer Frau, die jede Woche kommt und die Wäsche besorgt, und Mary Kate, sie war so gut, sie dachte sogar an all die schönen Sachen, die sie der armen Waschfrau schenken wollte, und wieviel sie ihr zahlen würde – viel mehr, als sie selbst je für ihre Arbeit bekommen hat; und sie wollte ihr all meine Anzüge und Hemden geben, wenn sie ein bisschen abgetragen waren, weil sie immer gern eine Waschfrau haben wollte, die auch einen einzigen Sohn hat, damit sie zusammen über ihn sprechen konnten. Davon konnte sie stundenlang träumen und erzählen, Mary Kate, und wenn ich in der Schule sass, dann kam es mir auf einmal in den Sinn, dass sie ja in einem fremden Haus putzte – für einen Schilling oder für einen Schilling und drei Pence, und dann hab ich geschuftet und geschuftet wie kein zweiter, Mary Kate!«

Mary Kate machte in ihrem Herzen eine solche Reue-Anwandlung durch, wie sie sie noch nie erlebt hatte. Während Phil sprach, dachte sie an Mrs. Vaughan und das kleine Häuschen auf dem Land, das sie niemals bekommen würde, und sie meinte, die ganze Welt müsse wohl voll solcher Träume sein. Und nun zu denken, dass Mrs. Dinan niemals, nicht in alle Ewigkeit (sie verstand jetzt die Bedeutung des furchtbaren Worts) ihr herrliches Haus auf der South Mall mit den drei Dienstboten und der Waschfrau besitzen würde – nur wegen ihrer eigenen Unfrömmigkeit! Es wäre schrecklich, wenn Phil wüsste, was für Gewissensbisse sie jetzt plagten!

Der helle Sommermorgen lag in Stücke geschlagen um sie her. Die Schönheit der Bäume und des Flusses schien sie zu verhöhnen, und der Eingang zum Puppenhaus mit seiner zerbröckelnden Steintreppe und dem schönen, halb zerfallenen Portiko sah wie der Eingang zu einer Unterwelt aus, durch den man manchmal im Traum schreiten muss. Der Gestank, der ihr aus der Kälte und Feuchtigkeit seines Schlundes entgegenwehte, war der Gestank der Lasterhaftigkeit.

Phil weinte noch immer leise vor sich hin und hatte immer mehr Angst, je näher sie dem Zimmer kamen, in dem seine Mutter im Sterben lag. Sie hatte verlangt, dass er in die Schule gehen solle, erzählte er Mary Kate, aber er konnte es nicht – obwohl er nicht ungehorsam sein wollte. Der gestrige Schultag war eine Qual gewesen; zwischen der Buchseite und seinen Augen hatte ständig das Bild seiner Mutter geschwommen, und zweimal hatte ihn der Lehrer dabei ertappt, wie er über die zerstörte Maske weinte, die ihm seine Phantasie vorhielt. Und er hatte es nicht erklären können. Er hatte das Klassenzimmer verlassen müssen. Auch seine Mutter würde es nicht verstehen. Sie wollte, er solle die ganze Zeit über seinen Büchern sitzen, sogar zu Hause, sogar, wenn sie Schmerzen litt. Alles, was sie sich je ersehnt hatte, schien ihr in den abgegriffenen alten Büchern zu stecken, die sie selbst nicht lesen konnte.

Mary Kate konnte es nicht länger mitanhören. »Ich komme nach der Schule vorbei und frage, was ich helfen kann«, murmelte sie und lief die Treppe hinauf.

Dinah regte sich gerade, und das dunkle, unglückliche Gesicht des Kindes fiel ihr auf. Beim Frühstück war die Tränenflut nicht länger zu halten. Weder Mutter noch Tante konnten den Ausbruch verstehen, und beide klopften ihr kräftig auf Rücken und Schultern, um sie zur Besinnung zu bringen. Dann begann auch Billy, ihr jüngerer Bruder, loszubrüllen, aus Protest, weil ihm keiner seine Aufmerksamkeit zuwandte, und sie gab das Weinen auf. Sie hatte noch lange nicht all ihre Tränen geweint, nein, bei weitem nicht.

»Wenn das der Segen ist, den du von der Frühmesse hast«, erklärte ihre Mutter gefühllos, »dann wäre es besser, du würdest zu Hause bleiben.«

»Sie ist weiss Gott ungeduldig«, kicherte Dinah und versetzte Billy einen gehässigen Knuff, »wenn sie geglaubt hat, schon nach der zweiten Messe 'n Mann zu bekommen!«

Den ganzen Tag lag es wie eine drückende Wolke auf Mary Kates Herz. Als sie ihr Mittagessen beendet hatte, stand sie widerstrebend auf, um zu den Dinans zu gehen. Selbst innerhalb der vierundzwanzig Stunden war eine auffallende Veränderung mit der kleinen Putzfrau vor sich gegangen. Ihre Augen schienen sich blank und glitzernd aus dem Kopf vorzuwölben, die Schläfen und die Wangen waren eingefallen, die Nasenflügel wirkten wie eingeschrumpft, und das Kinn war noch spitziger. Es war erstaunlich zu sehen, wie die Krankheit alles Leben aus ihrem Gesicht gebleicht hatte. Mary Kate hielt ihr eigenes Gesicht abgewandt, so schämte sie sich. Sie sprach kaum ein Wort mit Phil, der stumm am Fenster sass und halb auf den funkelnden Fluss und die sommerschweren Bäume blickte, aber doch ganz in Anspruch genommen war, seiner Mutter Gesicht zu beobachten. Er war den Vormittag über herumgewandert und hatte die Schule geschwänzt und es ihr nicht gesagt; als er jedoch den Fuss über die Schwelle gesetzt hatte, spürte er sofort, dass sie es wusste, wo er gewesen war.

Als Mary Kate mit Mrs. Dinans Tasse nach

draussen ging, um sie abzuwaschen, wandte sie sich an Phil.

»Hast du noch nicht Mittag gegessen?« fragte sie ihn.

Er schüttelte abwehrend den Kopf.

»Ich mache mir bald eine Tasse Tee«, sagte er.

»Ich kann sie aufbrühen«, erbot sie sich.

Wenn sie sich im Augenblick, da sie es sagte, hätte sehen können, wäre sie verblüfft gewesen. In dem kleinen Zimmer waren zwei Bildhauer an der Arbeit, Tod und Leben, und das Leben hatte mit einem winzigen Meisselhieb die schreckliche Verantwortung des Frauentums in ihr schönes Mädchengesicht eingegraben. Es war nicht mehr als ein leiser Anflug, doch veränderte er ihr Äusseres vollständig.

Während sie das Teegeschirr auf den Tisch stellte, drehte sie sich wieder zu ihm um.

»Ist denn keine Butter da?« fragte sie.

»Ich hole später welche«, sagte er. »Es macht nichts.«

»Ich hol sie euch!«

Er machte eine unmerkliche, ohnmächtige Handbewegung, und in der gleichen Sekunde brach die Frau auf dem Krankenlager in ein schrilles, verzweifeltes Gejammer aus: es war seelische und nicht etwa körperliche Qual. Ihr Gesicht war schmerzverzerrt. Es war das erstemal in ihrem Leben, dass ihr Junge etwas brauchte, was sie ihm nicht geben konnte, weil sie zu krank war. Phil trat der Schweiss in schimmernden Tropfen auf die Stirn, und er ballte krampfhaft die Fäuste. Mary

Kate hängte den Wasserkessel an den Kaminhaken.

»Lass ihn da hängen«, rief sie. »Ich bin im Nu wieder hier!«

Sie stürzte die Treppe hinauf, und ihr ganzer Körper war wie angespannt vor Entschlusskraft. Dinah fuhr heftig herum, als sie ins Zimmer platzte.

»Gib mir ein bisschen Butter für Mrs. Dinan!« rief sie ausser Atem.

»Wofür?« fragte Dinah.

»Sie haben keine mehr, und Geld haben sie auch nicht!«

»Das wäre mir ja noch schöner!« rief ihre Tante grob. »Ich hab nicht mal genug für unsern eigenen Tee.«

Das junge Mädchen liess sich auf keinen Wortwechsel mit ihr ein. Sie stürzte genauso rasch wie vorher nach unten und platzte bei Mrs. Vaughan ins Zimmer.

»Mrs. Vaughan! Mrs. Vaughan! Mrs. Vaughan!« rief sie. »Geben Sie mir um Gottes willen ein bisschen Butter! Mrs. Dinan ist so krank, und sie haben keinen Penny mehr im Haus.«

Mrs. Vaughan blickte sie an, und in ihrem runden, roten, hübschen Gesicht malte sich Bestürzung.

»Lieber Himmel, Kind«, sagte sie, »was du mir für einen Schreck eingejagt hast! Butter willst du haben?« Sie hantierte in ihrem improvisierten Speiseschränkchen herum und hatte die Brauen sorgenvoll zusammengezogen. »Wieviel soll ich dir denn geben?«

»Geben Sie mir alles, was Sie nicht brauchen«, rief Mary Kate kühn. »Vielleicht kann ich's Ihnen zurückzahlen! Ich weiss nicht, wo sie was zu essen herbekommen sollen! Sie müssen verhungern, wenn sie nicht bis morgen etwas Geld auftreiben können.«

»Ach du lieber Himmel, du lieber Himmel!« rief Mrs. Vaughan und schnitzelte an der Butter herum. »Und die arme kleine Frau ist so krank? Denk nur dran, Peg Vaughan«, warnte sie sich selbst und fuhr energisch in ihren kleinen Vorrat, »morgen kann's dir ebenso ergehen!«

Mary Kate gab die Butter Phil, der nun erst zu essen begann. Keiner sagte ein Wort. Phils Gesicht war sehr rot, und nachdem Mary Kate ihm den Tee eingeschenkt hatte, liess sie ihn mit seiner Mutter allein. Sie blieb auf dem Treppenabsatz stehen und dachte nach. Sie war schon etwas glücklicher. Die schreckliche Last war von ihrer Seele genommen, denn sie war erfüllt von heimlicher Verantwortung.

Sie musste etwas in Erfahrung bringen, und sie konnte weder ihre Mutter noch ihre Tante danach fragen. Sie überlegte, bei wem sie sich erkundigen könnte. Mrs. Vaughan kam nicht in Betracht; Mrs. Vaughans Hilfsquellen lagen nicht in der Richtung, die Mary Kate im Sinn hatte. Dann fiel ihr Dona Nobis ein. Ja, sie war die Geeignete.

Die arme Dona Nobis, deren grosses Wissen auf theologischem Gebiet und im Kirchenlatein in den praktischen Lebensfragen wertlos war, geriet immer in Geldschwierigkeiten, und obwohl sie eine winzige Pension bezog, mit der sie halbwegs die Miete bezahlen konnte, musste sie doch ständig ins Pfandhaus oder zu Wohltätigkeitsvereinen laufen und um ein oder zwei Schilling bitten, um auszukommen.

Mary Kate klopfte an ihre Tür und hörte ein freundliches: »Nur hereinspaziert, wenn's ein liebes Gesicht ist!«

In ihrem Zimmer war nichts zu sehen als ein Bett, ein Tisch, ein Stuhl, ein Schemel und eine Menge Heiligenbilder und Erbauungsbücher – und ausserdem ein Stoss gelber Schundromänchen. Bridie schwärmte für solche Romane und tauschte die ihren gegen die von Mary Kates Mutter. Auf dem Küchentisch standen drei Heiligenfiguren, und Bridie sass davor und hatte den einen Ellbogen aufgestützt. Sie las gerade; die billige, mit Wollfaden ausgebesserte Brille stiess bedrohlich in ihr aschgraues Haar. Ihre Stirn war – vielleicht wegen überanstrengter Augen, vielleicht auch auf Grund einer schaurigen anatomischen Missbildung – nur ein Wulst über den Augenbrauen, der sich im Haar zu verlieren schien. Ihre Kinnbacken, die schon seit vielen Jahren zahnlos waren, drückten auf ihre eingefallenen Wangen.

Wie eine sehr blasse, würdige alte Klosterfrau blickte sie Mary Kate über die Brille hinweg nachdenklich an. Sie atmete strenge, altjüngferliche Frömmigkeit, wie ihr Zimmer altjüngferliche Sauberkeit atmete. Die Wäsche, die sie besorgte, war abgeliefert worden, und bis zum Anbruch der Nacht konnte sie es leichter nehmen.

»Ich muss dich was fragen, liebste, beste Bridie!« sagte Mary Kate schmeichelnd, spürte hinter sich die Tischkante und rutschte hinauf.

»Was denn, Kind?«

»Wo bekommt man Wohltätigkeits-Unterstützung?«

»Glaubst du nicht«, sagte Bridie gutgelaunt und setzte die Brille ab, »dass ich dir aushelfen könnte? Ich bin gern bereit, dir ein paar Pfund zu leihen – wenn ich sie habe.«

»Ach, lass doch die Witze, Bridie! Phils Mutter liegt im Sterben, und sie haben nicht mal soviel Geld im Haus, dass sie sich einen Laib Brot kaufen könnten.«

»Meinst du den jungen Dinan?«

»Ja.«

»Und ihr geht's so schlecht?«

»Ach Gott, du würdest sie nicht mehr kennen, Bridie!«

»Du meinst wohl, sie würde mich nicht kennen, Kind! Ich hab immer gefunden, dass sie sehr zurückhaltend zu mir war.«

»Ja, das ist ja das Schlimme!« seufzte Mary Kate. »Es würde dir ans Herz greifen, wie sie daliegt und keine Menschenseele hat, die ihr einen Gefallen tut. Und sie ist so einfältig wie ein Kind und weiss nicht, an wen sie sich wenden soll. Wenn's meine Tante Dinah wäre, die...«

»Ja, Mary Kate, ohne dir eine freche Antwort zu geben: deine Tante Dinah versteht sich grossartig aufs Borgen, und die Schüssel, die sie sich von mir ausgeliehen hat, ist auch noch nicht wieder hier eingetroffen!«

»Ich weiss. Ich bring sie dir selber.«

»Ich will dich aber nicht hindern, jemand anders einen Liebesdienst zu erweisen.«

»Wen könnte ich fragen, Bridie?« erkundigte sich Mary Kate voller Eifer.

»Du könntest zu einem von den Priestern gehen, obwohl ich selbst eigentlich nie bei denen etwas hab holen können. Wenn ich an deiner Stelle wäre, würde ich zu Mr. Etchingham in Montenotte gehen. Er ist jedenfalls ein richtiger Herr und weiss, wie man mit einer Dame sprechen muss, auch wenn sich sein Vater zu Tode getrunken hat.«

»Und du sagst es nicht meiner Ma weiter?«

»Warum sollt ich's wohl deiner Ma weitererzählen?«

Mary Kate wurde allmählich gerissen.

»Sie ist mir böse, weil ich jeden Morgen in die Frühmesse gehe.«

Der Hebel wirkte Wunder.

»Da tust du ganz recht dran, mein Kind! Geh du nur zur Messe und kümmere dich nicht drum, was deine Mutter meint, sondern höre auf dein eigenes Gewissen. Ich hab's schon immer gesagt: die Leute, die nur sonntags in die Kirche gehen und ihren Gott an den übrigen sechs Tagen der Woche nicht besuchen, würden überhaupt nie hingehen, wenn sie sich's getrauten.«

Mary Kate verabschiedete sich und war nun überzeugt, dass Dona Nobis nichts ausplaudern würde. Als sie die Tür hinter sich schliessen wollte, hörte sie plötzlich, wie Bridie ihren Namen rief. Sie steckte den Kopf wieder zur Tür herein.

»Oh, Mary Kate«, sagte Dona Nobis mit gespielter Gleichgültigkeit und ohne von ihrem Buch aufzusehen, »du kannst der Mrs. Dinan, oder wie sie nun heissen mag, von mir ausrichten, wenn sie irgend etwas besorgt haben will, dann würde ich es sehr gern für sie tun.«

SIEBENTES KAPITEL

Am Abend, nach der Schule, fragte sich Mary Kate durch, bis sie den langen Weg zu Mr. Etchinghams Haus in Montenotte gefunden hatte. Doch von dort wurde sie wieder in sein Büro unten in der Stadt geschickt. Sie war furchtbar erschrocken und ängstlich, als der lange, schlaksige junge Mann mit dem fatzkenhaften Schnurrbart auf sie zutrat. Aus der Whiskywolke, die ihn einhüllte, schloss sie, dass er nicht der letzte in seiner Familie sein würde, der sich zu Tode trank.

Sie stotterte grauenhaft. Doch er war freundlich und sprach laut und gassenjungenhaft, um sie zu beruhigen. Er kannte ihre Mutter und ihr Tantchen: die beiden hatten einen Haufen Geld von ihm bekommen, und sie konnte ihnen bestellen, dass sie keinen Penny mehr bekämen. Doch Mary erklärte ihm zitternd, dass sie nichts bestellen könnte, weil ihre Mutter und ihre Tante nicht wissen dürften, dass sie bei ihm gewesen sei.

»Ich wäre überhaupt nicht gekommen«, schloss sie verdriesslich, »aber der Junge hat rein gar nichts mehr zu essen.«

»Aha – du interessierst dich also für den Jungen?«

»Wenn Sie mir nicht glauben, was ich Ihnen erzähle, brauchen Sie nur hingehn und sich's anschaun!« erwiderte sie.

»Wie heisst du?«

»Mary – Mary Kate!«

»Schön, Mary Kate! Ich glaube dir jedes Wort, und um's dir zu beweisen, schenk ich dir hier fünf Schilling für dich selber. Du bist das einzige hübsche Mädchen, das je in eurem Viertel gewohnt hat, denn das kannst du ihnen bestellen: von allen hässlichen, krummbeinigen Frauen, die der liebe Gott erschaffen hat, sind die Frauen aus euerm Viertel die allerschlimmsten. Hast du's verstanden?«

»Ja, wie greulich sie sind!« sagte Mary Kate hochmütig. »Ich hab's nie begriffen, warum sich die jungen Burschen die Hälse nach ihnen verrenken!«

Als sie wieder nach Hause kam, sass Phil am Bett seiner Mutter und beobachtete ihr Gesicht. Sie war in eine Art Koma gesunken: ihr Mund stand weit offen, und in den Mundwinkeln sammelten sich Schaumbläschen. Ihr Atem ging laut und unregelmässig.

»Ich hab dir das mitgebracht«, sagte Mary Kate und hielt ihm das Geldstück hin. Er betrachtete es stumpf und verständnislos.

»Hat sie was zu essen bekommen?« fragte sie ungeduldig.

»Nichts seit heute früh – es ist nichts mehr da«, fügte er hinzu.

»Ich bitte Dona Nobis, etwas einzukaufen«, sagte sie und ging über den Korridor zu Bridies Zimmer. Bridie bügelte und sang im Takt mit dem hin- und hergleitenden Bügeleisen mit dünner Stimme Choräle. Sie nahm das Fünfschillingstück und legte sich ein Tuch um die Schultern.

»Ich besorge einen Suppenknochen und koche ihr eine Brühe«, erklärte sie. »Haben sie Brot im Haus?«

»Nein. Sie haben kein Krümchen zu essen.«

»Grosser Gott!« Sie machte ein betroffenes Gesicht. Ihr Gewissen meldete sich und beschuldigte sie, nicht gut nachbarlich gehandelt zu haben. »Ist es nicht eine seltsame Frau«, fragte sie trocken, »die sich nie von einem etwas borgen will?«

Mary Kate kehrte zu Phil zurück. Er war eingeschlafen und hatte die beiden Arme verschränkt vor sich aufs Bett gelegt; sein Gesicht lag seitwärts darauf. Sie weckte ihn nicht, sondern hängte den Kessel zum Kochen übers Feuer. Dona Nobis kam, und sie bereiteten flüsternd alles vor. Als der Tee bereit war, schüttelte sie ihn sanft. Er erwachte, stöhnte schläfrig und blickte dann erschrocken zu Dona Nobis auf, die ihm mit überschwänglicher Zärtlichkeit zulächelte, so dass ihr grosser gelber Zahn wie ein Schiffsbug vorstiess. Er ass voller Gier.

»Jetzt will ich euch mal was sagen«, erklärte Dona Nobis schliesslich, »ihr beide macht mir einen netten kleinen Spaziergang, und ich gebe auf deine Mutter acht, solange ihr weg seid. Und heute nacht kannst du in meinem Zimmer schlafen, Phil, und ich bleib ein bisschen bei ihr. ’s ist nicht recht, dass du dauernd wachst, wo du doch soviel arbeiten musst!«

»Das lässt sie sich nicht gefallen«, widersetzte sich Phil.

»Sie wird sich’s schon gefallen lassen, wenn sie

weiss, dass du nebenan bist«, erwiderte Dona Nobis tröstend.

Er und Mary Kate unternahmen also zusammen einen Spaziergang. Als sie fortgingen, war seine Mutter noch ohne Bewusstsein, und Dona Nobis versprach, sie nicht zu wecken, bis sie die Brühe für sie gekocht hatte. Die beiden Kinder sprachen kaum miteinander, während sie zusammen durch die langen Baumalleen des Mardyke Walks gingen, hinaus zu den Uferwiesen am Lee und dann das Ufer des breiten Flusses entlang, dort, wo es am flachsten war.

»Das ist eine liebe Frau«, sagte Phil plötzlich, als habe er die ganze Zeit gebraucht, um zu dieser Feststellung zu gelangen.

»Ja, das ist sie.«

»Warum wird sie Dona Nobis genannt?«

»Nach einem Choral, den sie dauernd singt – ich glaube, das *Agnus Dei* ist's.«

»Ach, ich weiss«, unterbrach er sie, »*Agnus Dei qui tollis peccata mundi.* Daher hat sie also ihren Namen, vom *Dona nobis pacem?*«

»Ja, daher.«

»Merkwürdig, wenn eine Frau wie sie so einen Choral singt«, fand er.

»Ach, sie ist ein bisschen durchgedreht«, erklärte Mary Kate leichthin.

»Oh, so meine ich's nicht!« widersprach er. »Aber es ist so merkwürdig!«

Sie hatte den Eindruck, dass er ihr etwas klarzumachen versuchte, weil er die Worte so langsam hervorpresste, aber was er ihr eigentlich sagen wollte, blieb ihr unverständlich. Sie war überrascht, dass Dona Nobis nach nur fünf oder sechs Minuten stillschweigender Anwesenheit im Zimmer seine Gedanken schon so sehr beschäftigte.

Der Fluss strömte schneckengleich zwischen seinen flachen Ufern dahin. Ulmen tauchten ihre Zweige in sein Wasser. Um die alten Erlen rankten sich weisse Winden. Schwalben glitten über die dunkle, krause Wasseroberfläche. Das Tal mit der Stadt lag weit hinter ihnen. Unter einem Baldachin weissen, schimmernden Nebels kehrten sie zurück.

Auf dem Rückweg versuchte er ihr auf seine scheue, selbstquälerische Art für das Geld zu danken. Er redete so töricht einher – glaubte er etwa, dass die fünf Schilling ihr selbst gehört hatten, dachte Mary Kate. Jedenfalls schien er von Geld keine Ahnung zu haben.

Er wollte arbeiten und Geld verdienen. Seine Mutter war sehr dagegen, doch einer von ihnen musste schliesslich Geld verdienen, fand er. Er befürchtete, dass er zu nichts anderem als zu einem Austräger taugte, obwohl seine Sehnsucht dahin ging, ein Zimmermann zu werden. Mary Kate fand, dass sei ein sehr komischer Wunsch, da er ja soviel gelernt hatte, doch sie sagte es nicht, denn in ihrem Viertel hegte man allgemeine Hochachtung vor einem Mann, der ‚ein Gewerbe' hatte und, wie man sich ausdrückte, ‚es zu etwas bringen' konnte.

Dona Nobis hatte sich in Dinans Zimmer eingerichtet, wie sie bei ihrer Rückkehr bemerkten. Phil verzog sich widerwillig in ihr Zimmer und nahm auf Wunsch seiner Mutter auch den Schulranzen mit, obwohl er weder die Absicht noch die Kraft hatte, etwas zu lernen. Er war müde, aber er wusste, dass er nicht würde schlafen können. Ein- oder zweimal ging er auf Strümpfen über den Korridor und lauschte an seiner Mutter Tür. Er konnte nichts hören. Bridies Zimmer war ihm zu fremd, um darin zu schlafen, daher zündete er eine Kerze an und sass lange Zeit vor dem Küchentisch, den Blick auf die kleine Gruppe von Heiligenfiguren geheftet, indes die fremde Umgebung in sein Denken sank.

Es war seltsam, dass er den Fluss nicht sah; er stand auf und blickte aus dem Fenster; der Fluss war nicht da, nur eine kahle, schmutzige graue Wand und darüber die dunkelroten Dächer. Unter ihm war der Hof; er schaute zu, wie die Männer und Frauen ihren abendlichen Besorgungen nachgingen. Die Möwen vom Fluss segelten grau und auf reglosen Schwingen in das geometrische Stück Himmel hinein, das die Dächer freiliessen, und flatterten wie aus einem Käfig wieder heraus. Sterne schmückten ihn. Die Dielen unter Phils Füssen knarrten. Katzen miauten. Im wunderlichen Gehäuse der Mietskaserne schienen die Stimmen wie Wellen in einer Meeresmuschel zu erwachen und zu verhallen. Über seinem Kopf wurde eine Wiege hin- und hergeschaukelt. Jenseits des Flusses liess der Shandon sein Glockenspiel ablaufen. Der Tod war so seltsam, so furchtbar. Der Tod war all dies um ihn her und noch vieles mehr: der Tod zerrte einen fort von allem, vom nächtlichen

Hin und Her, von den knarrenden Dielen, dem Kinderwiegen, den Seemöwen, dem Fluss und den Shandon-Glocken; der Tod sammelte die einzelnen Stückchen von einem, die in all diesen Dingen steckten, und wenn er sie beisammen hatte, wenn kein einziges Teilchen von einem in Leben oder Zeit blieb, dann zerstörte er alles in einem Augenblick.

Für einen Sterbenden muss jede Sekunde wie das Sammeln von Kleinholz für ein Feuer sein; wenn die Glocken auf dem Shandon läuteten, hörte man eine schreckliche Stimme »Hier bringe ich den letzten Glockenton« sagen oder, wenn eine Möwe am nächtlichen Himmel auftauchte, »Hier bringe ich den letzten Seevogel« oder, wenn ein Stern am Himmel aufblitzte, »Hier bringe ich den letzten Stern«; und der Sterbende erkannte dann, dass sie allesamt Teile von ihm selber waren, die in der endgültigen Zerstörung zerstört wurden, wenn der Tod das Zündholz ans Feuer hielt. Phil erschauerte bei dem Gedanken. Das Zimmer war kalt. Es lockte ihn, sich ins Bett zu legen und zu versuchen, ob er eine Stunde Schlaf erhaschen könnte, doch er wusste, dass er nicht würde schlafen können, wenn ihm all dies vor den Augen vorbeizog, vor der Seele vorbeizog.

Beinahe unbewusst schlug er ein Buch auf, das vor ihm lag. »Die Werbung um Angelina« las er; auf dem Bild sah er einen Mann und eine Frau, die sich küssten. Er erschauerte wieder, doch diesmal hielt das Zittern an, und es überlief ihn von Kopf bis Fuss. Er holte sich ein Gebetbuch aus Bridies

Sammlung herunter, die säuberlich getrennt von den Romanheftchen dastand. Er versuchte sich darin zu verlieren. Fast unwillkürlich öffneten seine Finger die Seiten mit den Gebeten für Sterbende. Er las sie zuerst auf Englisch und dann auf Lateinisch, las das prachtvolle:

»Zieh hinaus, o Christenseele, aus dieser Welt, zu Gott dem Vater, der dich erschaffen, zu Gott dem Sohn, der dich erlöst, zu Gott dem Heiligen Geist, der dich heiligt...« und las den Psalm *De Profundis.* Dann las er die Gebete, die am Grabe gesprochen werden, und zum erstenmal ergriff ihn das Entsetzen vor dem drohenden Tod, nicht nur dem seiner Mutter, sondern dem allen Lebens. Er wäre am liebsten vor ihm geflohen, aus dem Haus, fort durch die Felder, über die er heute abend gegangen war, durch den Tau, durch die Morgenfrühe, über den Rand der Welt hinaus, fort, nur fort. Er begriff, dass seine Gedanken über den heutigen Tag die einzig wahren gewesen; auf nichts kam es an, ausser auf die entscheidende Begegnung der Seele mit Gott von Angesicht zu Angesicht. Ein von Schmerzen zerrissenes Leben führen, ein mit Demütigungen beladenes Dasein haben, von der ganzen Welt verlassen – es war alles nichts, verglichen mit der Verantwortung, Gott im Tode zu begegnen, einer Verantwortung, die er und andere so leicht genommen hatten und wofür er sich bald würde rechtfertigen müssen. Das Dahinkriechen der Zeit, als seine Mutter gelitten hatte, und das jede Stunde zu einer ganzen Woche verlängert zu haben schien, war jetzt ins Gegenteil verkehrt, so dass er sich hinausgeschleudert sah in die Zeit und die Ewigkeit: hinter seiner Mutter Tod lag sein eigener. Um seinen Mund hatte der Bildhauer LEBEN eine Linie geritzt, die ihn augenblicks verhärtete, so dass sein Gesicht wie das eines erwachsenen Mannes erschien.

Er holte sich ein anderes Buch aus Bridies Sammlung vom Bücherbord herunter, ein Buch mit Meditationen über das Leiden Christi, und er begann darin zu lesen, doch das Gebetbuch lag noch aufgeschlagen vor ihm, und hin und wieder blickte er hinein, wie um sich eines Worts oder Ausdrucks zu vergewissern, die in seinem Gemüt haften geblieben waren. Die Kerze vor ihm brannte herunter und verlosch, das Zimmer sank in Dunkelheit, das Morgengrauen stahl sich zum Fenster herein und erhellte das geometrische Stückchen Himmel. Alles schien in jenen tieferen Schlaf versunken, der sich mit dem Nahen des Tages einstellt; nur ein paar Vögel, die auf den Dächern der Uferdämme hausten, zwitscherten und flatterten vor der bleichen Fensterscheibe und störten ihn nicht.

Dann plötzlich verblasste auch der Zyklus des kirchlichen Lebens, der ihn seit dem voraufgegangenen Morgen verfolgt hatte. Es war wie ein Einstürzen von Mauerwerk rings um sein Denken. Der Körper seiner Mutter, der von Schmerzen zerrissene, sterbende Körper, der die ‚Christenseele' gewesen, der ‚treue Diener', der ‚in Seinen Frieden' hatte eingehen sollen, er war jetzt nur der Körper einer armen Putzfrau, übervorteilt und ausgebeutet von andern ‚treuen Dienern' und nun dahingekommen, in eine Kiste gesteckt und irgendwohin gelegt zu werden, wo er verfaulen würde. Er erschien ihm in all seiner zarten Dürftigkeit. »O Gott«, schrie er auf, »sie hat nie eine Glücksmöglichkeit gehabt, nie!« und begann bitterlich zu weinen. Er warf sich auf das Bett, als die ersten Karren über das Kopfpflaster vor dem Haus rumpelten, und weinend schlief er ein.

Er wurde von Dona Nobis geweckt, die ihn wachrüttelte und ihm eine Tasse Tee hinhielt. Sein Geist kehrte zu seinen letzten Gedanken zurück, wie die Bogensehne zum Bogen. »O Jesus, Jesus!« rief er und weinte wieder.

»Aber, aber, Kind«, schalt ihn Dona Nobis ungeduldig, »führ dich doch um Gottes willen nicht so auf!« Und sofort war er stille.

»Wir müssen uns in den Willen Gottes schikken«, fuhr sie fort und stellte den Heiligen Antonius auf den Kaminsims, um auf dem Tisch Platz fürs Frühstück zu schaffen.

Er trank den heissen Tee, und allmählich verliess ihn die seelische Schwäche. Sein Geist lief den vollen Kreis zurück und war halb überrascht, dass er Frieden finden konnte. Mit heimlicher Bewunderung blickte er auf Dona Nobis, die vor ihrer Mahlzeit sass und ihm ihr Profil zugewandt hatte. Wenn sie die Augen abkehrte, blickte sie nicht zur Seite, sondern empor. Es war, als schäme sie sich heftig, in seiner Gegenwart zu essen. Sie ass langsam und zermalmte das Butterbrot, nachdem sie es in den Tee getaucht hatte, in der zahnlosen Mundhöhle. Sie sah todmüde aus.

»Sie sollten sich jetzt zu Bett legen, Miss Daly«, sagte er plötzlich.

»Ach je, Kind, ich hab auch meine täglichen Pflichten«, erwiderte sie und blickte zur Decke auf.

»Brauchen Sie – darf ich ein paar von den Gebetbüchern zum Lesen mit nach drüben nehmen?« fragte er.

»Natürlich!« Wenn er einen Weg zu ihrem Herzen hätte suchen wollen, er hätte keinen besseren einschlagen können.

»Sie sind sehr trostreich«, sagte er, weil ihm keine andere Antwort einfiel, und verwunderte sich sehr über ihre Erwiderung.

»Ich frage mich oft, ob die Leute, die sie geschrieben haben, wohl wissen, wie trostreich sie sind?«

»Warum sagen Sie das?«

»Ach, nur so. Ich muss es oft denken.«

Er begriff, dass er, solange sie ass, nicht richtig mit ihr sprechen konnte. Sie war zu verlegen.

Als sie die Krümel, die auf dem Tisch lagen, sorgfältig in ihre Schürze wischte und in die Flammen warf, sagte sie: »Du wirst heute den Priester zu deiner Mutter holen müssen.«

Er fuhr zusammen. »Geht es ihr so schlecht?« fragte er.

»Ach, nicht deshalb. Sie ist aber sehr schwach, und falls sie wieder die Besinnung verliert...«

»Ich verstehe«, sagte er bedrückt, »... sie könnte das Bewusstsein nicht wiedererlangen.«

»So ist es, Kind.«

Er kleidete sich an und ging fort, um den Priester zu holen. Als er zurückkehrte und es seiner Mutter erzählte, schalt er sich einen Dummkopf, weil er sie nicht darauf vorbereitet hatte. Es war, als habe ihr jemand mit einem Pinsel voll grauer Farbe leicht über das ganze Gesicht bis zum Hals gestrichen. Er wusste, was sie dachte, und sie wusste, dass er es wusste. Er wusste auch, dass sie es wusste. Die Strähnen ihrer Gemüter schienen sich miteinander zu verflechten, so dass eins dem andern in die Augen blickte und darin die eigenen Gedanken widergespiegelt sah, und darüber hinaus und durch sie wiederum die Gedanken des andern. Die Tränen, die unaufhaltsam in seinen Augen aufstiegen, spiegelten sich sofort in ihren Augen. Matt streckte sie die Hand aus und streichelte ihm die Stirn. Da setzte er sich auf den Rand ihres Bettes und küsste sie viele Male. Es war ein Segen, dass die grausamen Schmerzen nachgelassen hatten, doch ihre Kräfte nahmen sichtlich ab, und es war, wie Bridie sagte, nur noch eine Frage der Zeit, bis sie wieder bewusstlos daliegen würde. Sie wussten beide, dass es leicht das letztemal sein konnte.

Gegen Abend kam Mary Kate, richtete ihm sein Abendbrot an und ging wieder. Kurz darauf erkannte er am flatternden Puls seiner Mutter, dass etwas geschah. Das Herz flatterte, als wollte es entfliehen. Ihm war, als hörte er es pochen. Er verriegelte die Tür. Dann ging er zur Kommode, in der die geweihte Kerze aufbewahrt wurde, die alte gelbe Kerze, die schon seines Vaters sterbende Hand gehalten hatte; er zündete sie mit zitternden

Händen an und legte die armen, kalten Finger seiner Mutter um die Kerze. Seine Linke hielt ihre Hand und stützte die Kerze; mit der Rechten öffnete er das Gebetbuch und begann die Gebete für Sterbende vorzulesen – auf Lateinisch, weil er wusste, dass sie es so gewünscht hätte. Als ihr Atem schwerer ging, wurde seine Stimme härter; das Keuchen übertönte die lateinischen Worte; er hob die Stimme und sprach immer lauter, bis es ihm so vorkam, als schnattere und schreie er. Er blickte vom Buch auf und sah sie an; sie hatte die Augen auf ihn geheftet, und sie hatten einen seltsam überraschten Ausdruck. Das Kerzenlicht spiegelte sich in ihnen. Ihre Hände wurden kälter und lebloser, und er umklammerte sie noch fester und hob die Stimme noch mehr. *Requiem eternam dona ei, Domine.* Es wurde leise an die Tür geklopft. Der Laut schien aus sehr weiter Ferne zu kommen. *Et lux perpetuat luceat ei.* Dicht vor ihm klang das unheilvolle Todesröcheln. Das war es: das Auseinanderreissen von Seele und Körper. Seine Stimme übertönte es, und dann hörte er Rufe und Schreie auf dem Korridor draussen. Mary war's, die rief. Seine Fingernägel gruben sich in das sterbende Fleisch. Und nun schwand alles Erkennen aus den glasigen Augen, die ihn in der letzten tiefsten Erniedrigung anstarrten. Er war mitten in einem Satz, als er es bemerkte...

Da schleuderte er das Gebetbuch weit von sich fort in eine Ecke, schluchzte krampfhaft und warf sich über das tote Ding, das eine Mutter gewesen.

ACHTES KAPITEL

Mrs. Dinan erhielt ein so prächtiges Begräbnis, wie sie es sich nicht besser hätte wünschen können und wie sie es auch erhofft hatte. Es ist eine Ironie des Schicksals, dass die Ersparnisse, die arme Leute wie sie machen können, sie nur vor posthumer Unwürdigkeit bewahren. Vier Pferde zu haben, die ihren Leichenwagen ziehen sollten, das war der einzige ihrer Wünsche gewesen, den Phil ihr hatte erfüllen können, und sie sahen auch wirklich prachtvoll aus, von einer tragischen, dunkleren Schönheit als nur zwei. Doch wer erfreute sich daran? Wer wusste, dass sie einzigartig und passend waren? Sicherlich nicht sie selber. Auch Phil nicht, denn es ist fraglich, ob von jenem Tag etwas anderes in seiner Erinnerung haften blieb als das ungeschickte Schwanken und Stossen des Sarges, den vier schwitzende und verärgerte Männer die enge Treppe hinabtrugen, während oben und unten die Nachbarn standen und Rat erteilten und sich stritten und dadurch die vier Männer nur noch mehr erbitterten, so dass Phil, der es von oben beobachtete, eine Miene machte, als wollte er sich jeden Augenblick durch die Menge drängen und sie alle beiseitefegen. Mary Kate hielt ihn jedoch am Arm fest.

Dann stiegen sie, ihre Mutter, Dinah, Dona Nobis und ihr kleiner Bruder Willie in den ersten Wagen. Wie üblich gab es wegen der einzelnen Wagen böses Blut, berichtete Dona Nobis, und sicher würde alles in einem Handgemenge enden, ehe der Abend vorbei war. Wer weiss wie oft hatte sie mitangesehen, dass es schon auf dem Friedhof begann und mit zerbrochenen Schädeln endete.

Bei der blossen Vorstellung schauderte Babe damenhaft zusammen.

»Ist es nicht schändlich, wie die Leute in unserm Viertel sich benehmen?« rief sie.

»Wir sind ebenso schlimm«, erwiderte Dona Nobis schroff. »Warum bleiben wir denn nicht zu Hause, sag mir mal? Wenn man tot ist, ist man tot, und fertig.«

»Oh, aber man will doch den Toten das letzte Geleit geben und ihnen eine Ehre erweisen!« widersprach Tantchen Dinah.

»Das sollte man lieber bei den Lebenden tun!«

»Und dabei wolltest du ihr nicht mal das bisschen Butter geben, als ich dich drum gebeten habe«, warf ihr Mary Kate vor. »Vielleicht bedauerst du's jetzt?«

Aber ihre Tante lachte nur dümmlich.

Die Wagen setzten sich in Bewegung. Mary Kate heftete ihre ganze Aufmerksamkeit auf ihre Mutter, die sie mit der Dreistigkeit eines Wachthundes beobachtete. Als sie aus dem Wagen stiegen, zog sie Dona Nobis beiseite und schlenderte allein mit ihr weiter, half ihr über die hohen Grabhügel alter Gräber und las ihr die Namen und Daten auf den Steinen vor. Dass schon jemand vor Bridies eigenem Geburtsdatum existiert hatte, bereitete der guten Seele das grösste Vergnügen, und je älter das Grab, um so grösser war ihr Vergnügen.

»Bridie, bekommt meine Ma wieder ein Baby?« fragte Mary Kate plötzlich.

»Um Gottes willen, Kind, nimm Vernunft an! Wie kommst du denn auf solche Gedanken?«

»Ich hab gehört, wie sie von Wegreisen sprach. Und sie sieht auch so aus, Bridie, wenn du sie mal von der Seite ansiehst. Schau sie dir mal richtig an!«

»Da hätte der Teufel die Hand im Spiel«, rief Dona Nobis und liess sich auf einen Grabstein fallen, um auszuruhen. »Wenn das stimmt, schlag ich ihr eins um die Ohren. So wahr ich lebe! Glaube mir, ich pack sie bei ihrem Zottelkopf, Mary Kate! Diesmal soll sie mich nicht so zum Narren halten wie das letzte Mal, die alte Herumtreiberin!«

»Ich bleib nämlich nicht bei ihr, Bridie, wenn's wirklich stimmt«, sagte Mary Kate mit erstickter Stimme. »Das versprech ich dir. Ich kann mir mein Brot auch selber verdienen, und sowas lasse ich mir nicht gefallen.«

»Pst, sei still, Kind, und warte wenigstens, bis wir's genau wissen!« sagte Dona Nobis und kratzte mit Hilfe ihrer Hutnadel das Moos von einem Grabstein. Dann musterte sie mit ihren kurzsichtigen Augen die Inschrift. »Nun sieh dir nur mal das an«, rief sie aufgeregt, »hier liegt jemand aus meiner eigenen Familie, der im Jahre 1854 gestorben ist, da sieh mal! Nein, sowas! Dass sie schon die ganze Zeit da gelegen hat!«

Ihre Genugtuung glich der eines Geologen, der ein Fossil entdeckt hat und daraufhin den Beginn des Lebens auf der Erde um ein paar hunderttausend Jahre vordatieren kann.

»Ich geh zu Phil und stelle mich neben ihn«, sagte Mary Kate, die keinen Zusammenhang zwischen sich und einem Grab sehen konnte, und wenn es auch noch so alt war. »Und vergiss nicht, was ich dir erzählt habe!«

»Meiner Seel, bestimmt nicht«, rief Dona Nobis aus. Sie blieb noch auf dem Grabstein sitzen, um ihren hoch oben auf der Frisur thronenden Hut zurechtzurücken, weil er beim Aussteigen aus dem Wagen auf die Seite gerutscht war.

Mary Kate erlebte die Empfindungen während der Beerdigung dadurch, dass sie Phil beobachtete. Obwohl er sich verhärtet oder vielmehr zum Stillesein gezwungen hatte, konnte er es doch nicht verhindern, dass er die ganze Brutalität der morschen und halb zerbrochenen Bretter empfand, die an den Wänden der Grube zum Vorschein kamen, noch voll weissen Staubes, der einst gelebt und geatmet hatte, Geschöpf gleich denen, die jetzt nach unten schauten. Ein Gefühl, das er jedoch nicht auf Mary Kate übertragen konnte, war die fast überwältigende Erregung beim Anhören gewisser Worte, die der Priester sprach. Es war die Geschichte von Lazarus, und je länger er sprach, um so weiter wurde Phil ums Herz, bis es ihm fast die Brust zu sprengen drohte.

Der Priester besprengte den Sarg mit Weihwasser, und Phil hörte, wie die Tropfen auf den polierten Holzdeckel aufschlugen, der so wacker in der Sonne blinkte. Doch er behielt sich in der

Gewalt, presste die Lippen aufeinander und betete sich wieder und immer wieder vor: »Stille, das Herz Jesu ist bei mir!« Es war das Ende. Der Strick schurrte durch die Messinggriffe, und der Sarg wurde in die Grube hinuntergelassen. Die schwitzenden Totengräber schrien sich wütend an. Die erste Handvoll Erde fiel nach unten und lag auf den Worten des Schildes: »Katherine Dinan, die aus diesem Leben schied am...« Die Männer hoben die Schaufeln, und die ewige Erde fiel Ladung um Ladung nach unten, bis der Klang allmählich dumpfer und immer dumpfer wurde. Alle sanken in die Knie. Nur Phil blieb stehen, doch Mary Kate zog ihn neben sich nach unten. Selbst dann konnte er nicht beten. Er blickte auf und sah weit in der Ferne das Tal des Lee. Dort war er mit Mary spazieren gegangen, an einem Abend, als seine Mutter...

Mit unerträglicher Deutlichkeit erinnerte er sich an ein Spielchen, das sie ihm immer vorgemacht hatte, als er noch klein war: da hatte sie das Fleisch um die Augen auf die Seite gezogen und dazu gesungen: »Chin-Chin-Chinesen-Mann!« Und so schön war sie ihm erschienen, wenn sie sich all die Runzeln aus dem Gesicht gezogen hatte, dass er sie immer wieder darum bat. Sein Atem ging rascher. Er zitterte an allen Gliedern. »Stille, das Herz Jesu ist bei mir«, wiederholte er mechanisch.

Mary Kates Anwesenheit trug dazu bei, die allgemeine Aufregung etwas zu dämpfen, aber auch sie konnte es nicht verhindern, dass drei verschiedene Parteien aus dem Puppenhaus den

Totengräbern ein paar Schilling gaben, »damit sie sich die Kehle anfeuchten konnten«, während die Totengräber herumlungerten und sich mit dem Handrücken kräftig über die Lippen fuhren, um ihre ausgedörrten Kehlen zu christlicher Geduld zu ermahnen. Es blieben noch die Männer auf dem Leichenwagen und die Kutscher, aber mit denen konnte Mary Kate fertigwerden.

Sie sah den Kutschwagen nach, die in einer Staubwolke davonrollten, und ergötzte sich am Anblick der übrigen Leute, denen der kurze Rückweg zu Fuss bevorstand. Da schwelte bereits der Zündstoff für eine Rauferei, dachte sie. Wenn sie wieder in der Stadt waren, bedurfte es nur noch eines Wortes, und das ganze Puppenhaus lag sich in den Haaren. Alle sahen erhitzt aus, einige humpelten, und fast jeder stellte eine übertriebene Müdigkeit zur Schau.

Phil stand noch vor dem Grab, als sie wieder zu ihm zurückkehrte, doch liess er sich ohne einen Klagelaut wegführen. Sie wollte nicht auf der grossen Strasse mit ihm nach Hause gehen, sondern schlug den Fussweg durch die Wiesen ein, wo der Fluss mit seinen weiten Windungen im flachen Flusstal wie eine gebändigte Schlange glänzte. Sie stiegen bergab. Am Montag sollte Phil mit seiner Arbeit als Lehrling bei einem alten Schreiner am Uferdamm beginnen. Er wollte so bald wie möglich anfangen, erzählte er ihr, um seine Niedergeschlagenheit abzuschütteln. Ausserdem wollte er das Zimmer im Puppenhaus behalten, und das konnte er nur, wenn er Geld verdiente.

»Meine Güte«, rief Mary Kate betroffen, aber doch erfreut, »wird das denn nicht furchtbar einsam für dich sein?«

Er fürchtete sich nicht vor der Einsamkeit, und er wollte alles genau so lassen, wie es zu *ihren* Lebzeiten gewesen war; wenn ihre Gegenwart um ihn war, konnte er sich unmöglich einsam fühlen, meinte er. Mary Kate fand es unheimlich.

»Und ich hatte gedacht, du trauerst so sehr um sie, dass du froh bist, wenn du ausziehen kannst!« rief sie.

Er schüttelte den Kopf.

»Von heute an«, sagte er, »möchte ich ein neues Leben beginnen!«

Mary Kate fand, ein neues Leben sei etwas, das am Aschermittwoch begann (wenn man wegen der Fastenzeit auf Süssigkeiten verzichtete) und vor dem darauffolgenden Sonntag endigte, und es hing in keiner Weise mit dem Beibehalten eines Zimmers zusammen, das man gar nicht brauchte.

»Wahrscheinlich ist's irgendwie ein neues Leben für dich«, gab sie unsicher zu, »wenn du anfängst zu arbeiten und Geld zu verdienen. Ich möchte es selber gern ebenso machen, wenn ich nur eine gute Stelle bekommen könnte, wo ich abends manchmal frei wäre.«

»Oh, mit der Arbeit hat es überhaupt nichts zu tun«, entgegnete Phil. »Ich möchte einfach anders leben als vorher!«

Sie nahm an, dass sie seine Absichten vermutlich besser verstehen könnte, wenn sie erst einmal in die Praxis umgesetzt würden. Jetzt aber wollte sie ihm ihre Befürchtungen wegen der Zukunft ihrer Mutter anvertrauen, und in Gedanken stolperte sie von einem Satz zum andern, ohne zu wissen, wie sie ihm das Geheimnis mitteilen könnte. Aber zu guter Letzt schien ihr der schlichte Tatsachenbericht noch das beste zu sein, und sie platzte ebenso damit heraus, wie sie es bei Dona Nobis getan hatte.

Sofort bedauerte sie es, gesprochen zu haben. Phil nahm es furchtbar schwer, sogar jetzt schon. Sie verbesserte sich hastig und sagte, es sei nur eine Vermutung, doch der Schaden war bereits angerichtet. Er liess sich nicht näher darüber aus, sondern machte nur die ziemlich überflüssige Bemerkung: »Das ist eine schreckliche Sünde, Mary Kate!« – wie wenn sie sich um irgend etwas anderes Sorgen machte als die grobe Beleidigung, die ihrem eigenen frühreifen Frauentum zugefügt wurde. Doch das schien er nicht zu erfassen. Und ausserdem – obwohl sie das für sich behielt – empfand sie Erbitterung darüber, dass der Verkehr mit dem Teufel so kläglichen Lohn eintrug. Sie liess sich unter furchtbaren Schwüren von ihm versprechen, zu keinem Menschen ein Wort darüber zu sagen, und danach war ihr leichter ums Herz. Was immer mit dem neuen Phil los sein mochte oder wie lange er bei der Stange bleiben würde – auf jeden Fall konnte man sich auf ihn verlassen.

Erst jetzt begann Phil für sie ein Wesen zu verkörpern, das anders als alle übrigen Menschen war, und erst jetzt begann sie sich rein sachlich für ihn zu interessieren. Dass sie ihn auch gern hatte, gestand sie sich selbst erst dann, als sie im Schatten der überhängenden Kastanien und Buchen die schöne Uferstrasse entlangwanderten und er sie mit seinem ewigen Gerede über Dona Nobis ärgerte. Der Einfluss der alten Frau auf ihn war ganz aussergewöhnlich, fand sie. Und sie wäre keine echte Frau gewesen, wenn sie sich das Loblied auf eine andere Frau ewig hätte anhören können. Mary Kate war eine echte Frau, und seine Reden erbitterten sie. Ausserdem war es undankbar von ihm. Es war undankbar, einem Mädchen, das soviel für ihn getan hatte, ins Gesicht zu sagen, dass Dona Nobis sein einziger Trost gewesen sei und dass er es ohne sie nicht hätte ertragen können und bestimmt wahnsinnig geworden wäre. Mary Kate war den Tränen nahe. Zwei Nächte lang hatte sie seinetwegen aufgesessen und ihm Tee gekocht, und vor Müdigkeit fielen ihr fast die Augen zu.

Phil rühmte Dona Nobis bis in den siebenten Himmel und sprach von ihrer Charakterstärke und ihrer Güte und von ihrem erhabenen Entschluss, in dieser Welt weiterzuleben. (Wo zum Kuckuck sollte sie denn sonst leben, fragte sich das Mädchen.) Phil hatte auch einen schweren Entschluss gefasst, und im Verlauf der Zeit wurde es ihm nicht etwa leichter. Er wollte sich also ihr Leben als Vorbild nehmen, und deshalb verbot er sich alle Gedanken an andere Dinge. Und darüber erwachte nun in Mary Kate ein wilder kleiner Eifersuchtsteufel.

Sie wurde immer schweigsamer, je mehr sie sich

der Stadt näherten. Phil stiftete die Strassenbahnfahrt, und während sie oben sassen und warteten, dass sie abfahren sollte, liess sie ihre Augen über den breiten, flachen Fluss schweifen und betrachtete aufmerksam die Schwäne und den Schwanenflaum, der ziellos im Wind und auf dem Wasser trieb, als sei er lebendig geworden, und beobachtete die Männer, die auf der Brücke oben angelten, und blickte auf die Sträucher, die über die niedrigen Gartenmauern hingen und beinahe ihr Gesicht streiften: das alles blickte sie an, nur nicht den jungen Mann neben sich. Sie riss Blatt um Blatt von den Zweigen, rollte sie zu einer festen Kugel zusammen und pfefferte sie auf den Fussweg. Sie musste es sich gestehen, dass sie viel mehr an ihm hing, als sie geglaubt hatte, und der Gedanke, dass er Dona Nobis lieber hatte, die keinen einzigen Zahn mehr besass, trieb ihr die Tränen in die Augen. Er war eben hart, stellte sie fest und tadelte ihn innerlich, weil er nicht mehr Kummer zeigte, sondern so kühl und tränenlos neben ihr sass.

Und als er dann sagte, er wolle sich eine Uhr kaufen, war sie von seiner Hartherzigkeit und Gefühllosigkeit überzeugt. Sie flog fast auf ihrem Sitzplatz herum. War es nicht eine Schande, dachte sie verbittert, am gleichen Tage, an dem er seine Mutter begraben hatte, auf den Gedanken zu kommen, sich eine Uhr zu kaufen – als ob ihm das Sterbegeld schon ein Loch in die Tasche brannte? Und da hiess es immer, nur Frauen interessierten sich für Äusserlichkeiten! Alles mögliche kam ihr in den Sinn, Dinge, die er gesagt oder getan hatte und die sich im Lichte seiner letzten Äusserung als krasse Selbstsucht erwiesen. Sie versuchte ihm ihre Missbilligung zu zeigen und blieb kühl und zurückhaltend, und weil er sogar das nicht zu bemerken schien, wurde sie wütend. Jede Bewegung, die er machte, fand sie abscheulich. Ihre Gedanken überschlugen sich, und sie versank immer tiefer in das, was man im Puppenhaus ‚anschwärzen' nannte. Ja, sie schwärzte Phil an!

Es war viertel vor sechs, als sie wieder in der Stadt waren. Zum Auswählen blieb ihnen nicht mehr viel Zeit, aber Phil war leicht zufriedenzustellen. Er kaufte eine Uhr, die fünf Schilling kostete. Sogar darüber ärgerte sie sich. Jeder alte Dreck genügte ihm! Sie ging schon wieder auf die Ladentür zu, blieb dort stehen und beobachtete die von der Arbeit heimkehrende Menschenmenge.

Aber sie zuckte zusammen, als er noch eine Damenuhr zu sehen verlangte. Sie blickte ihn zweifelnd an. Der Mann brachte einen Kasten an, winzige Ührchen mit Lederriemen. Marys Herz begann vor Angst zu flattern. Sie wollte ihm sagen, er dürfe ihr keine Uhr kaufen, doch sie konnte es nicht, denn er sagte ihr überhaupt nicht: »Die soll für dich sein!« Er fragte ganz obenhin, welche die hübscheste sei, und Mary konnte nur hilflos herumdeuten und sagen, die oder jene oder die da seien wunderschön. Denn die ganze Zeit über bestand ja noch die Möglichkeit, dass die Uhr für Dona Nobis bestimmt war.

Als daher der Verkäufer ihre Hand nahm und ihr das Uhrarmband anlegte, fand sie, dass sie sich schändlich benommen habe. Phil holte einen Geldschein hervor und reichte ihn über den Ladentisch, und mit einer Uhr, die ihr so bedrückend wie ein Zifferblatt vom Shandon vorkam, glitt Mary Kate aus dem Geschäft. Phil sagte nichts, und sie sagte nichts. Anscheinend hatten sie sich nichts zu sagen. Sie gingen den Uferdamm entlang, und als sie an die Brücke kamen und das Puppenhaus sahen, begann ihr Gesicht zu zucken und zu zerknittern. Phil gab vor, es nicht zu bemerken. Als sie im ersten Stock anlangten und er sie gleichgültig fragte: »Soll ich dich morgen früh für die Messe wecken, Mary Kate?«, da sank sie unversehens auf die oberste Stufe und bohrte sich die Fäuste in die Augen. Was hätte sie auch sonst tun können? Nach all ihren Zweifeln von ihrem eigenen Gewissen angeklagt zu werden, sie sei kleinlich und eifersüchtig und gar nicht eines Jungen wert, den sie vor kurzem noch zu ihrem Herzensfreund erkoren hatte – das war ein grausames Los für ein junges Mädchen von nicht ganz sechzehn Jahren.

Glücklicherweise trat Dona Nobis, die schon auf Phils Heimkehr gewartet hatte, aus ihrem Zimmer und zog Mary Kates Verhalten ins Scherzhafte. Die beiden Kinder assen Abendbrot bei ihr, und ob Mary Kates schöner Uhr geriet sie in Begeisterung und sagte, die habe sie wirklich verdient. Daraufhin fing auch Mary Kate an, etwas von dem in ihr zu sehen, was Phil in ihr zu sehen behauptete. Bridie war tatsächlich eine prachtvolle kleine Frau.

Als Mary Kate sich verabschiedete, flüsterte ihr Dona Nobis sehr bewegt zu: »Es tut mir furchtbar leid, Kind, aber ich muss dir sagen, dass deine Vermutung stimmt.«

Phil machte sich mit dem Vorsatz an die Arbeit, Gutes zu leisten. Sein Grund, ein Zimmermann zu werden, mochte vielleicht anderen nicht so einleuchtend sein wie ihm selber. Für ihn gab es einfach keine andere Wahl. Der heilige Joseph war ein Zimmermann gewesen.

Die guten Mönche in der Klosterschule waren nicht sehr zufrieden mit diesem Grund. Sie hätten ihm gern ein Stipendium an einem Priesterseminar oder einen kleinen Posten im Kirchendienst verschafft, aber Phil hatte sich bereits entschieden und seine Wahl getroffen. Der heilige Joseph war ein Zimmermann gewesen, und er wollte auch ein Zimmermann werden. Sogar die Nachbarn hatten die Veränderung in seinem Wesen gespürt, denn seit dem Nachmittag, an dem seine Mutter beerdigt worden war, hörte man sie nicht selten von ihm als dem ‚Heiligen' sprechen.

Eine kleine Gasse zweigte vom Uferdamm ab und führte zu Gregory (sprich Groggery*) Mahons Werkstatt. Wenn man vor der Türe stand, erhob sich linkerhand Shandons grauer Rüssel, und rechts lag die Peter-und-Pauls-Kirche. Shandon schlug neun, als er anklopfte. Seine Pünktlichkeit war unnötig, denn der alte Mahon, der ihm aufmachte, steckte noch im Nachthemd. »Setz dich hin und warte auf mich«, sagte der Boss. Phil setzte sich in die Werkstatt, einen doppelten

* Nebensinn: Schnapskneipe

Raum mit hoher Decke und kahlen Wänden, an denen allerlei zurechtgeschnittene und auch ungehobelte Bretter sowie Kommoden, Schränke und Garderoben standen; zum Teil waren sie schokoladebraun oder grün angepinselt. Er sass lange Zeit wartend da, bis ihm jedes Möbelstück ganz vertraut war. Er blickte immer wieder besorgt auf die Uhr. Eine Stunde verstrich, und dann noch eine Viertelstunde, und sein Eifer flaute allmählich ab. Um halb elf kam der Boss nach unten und rieb sich den Schlaf aus den Augen. Er trug jetzt ein Hemd und eine Hose.

»Bin wieder eingeschlafen«, erklärte er gähnend. »Bin ins Bett gekrochen, um mich vor dem Anziehen nochmal durchzuwärmen, und da bin ich fest eingeschlafen. Komm mit in die Küche und setz dich!«

Phil folgte ihm in die Küche und schaute zu, wie er ein Streichholz an den Gasring hielt.

»Wie ich sehe, bist du pünktlich«, stellte der Boss fest und gähnte wieder erschrecklich laut. »Bin früher mal ein ganz verteufelt pünktlicher Kerl gewesen. Aber als Junggeselle gewöhnt man sich sowas ab.«

Er war ein kleiner Mann mit ziegelrotem Gesicht und wirrem grauem Haar. Er schien keine Wimpern zu haben, und seine roten Augenlider flatterten so ungeduldig wie seine Hände, die immer in Bewegung waren. Phil fiel es auf, dass die Küche fast ohne Möbel war. Auch Bilder hingen keine da, nicht einmal Heiligenbilder.

»Mein ehemaliger Hausdrachen war so faul«,

fuhr der Boss fort und schnitt sich einen dicken Brotkanten ab, »dass sie nie vor zwölf oder ein Uhr aufstand, und jeden Morgen um neun« – er schwenkte sein Messer, um damit seine Aussage zu unterstreichen –, »jeden Morgen um neun hab ich ihr aus dieser Küche hier eine Tasse Tee und ein Stück Röstbrot geholt.« Er schwieg ein Weilchen und fragte dann düster: »Und wer hat ihr die Wärmflasche ins Bett gelegt, möcht ich mal wissen?«

»Ist sie – ist Mrs. Mahon – schon lange tot, Sir?« fragte Phil.

»Tot? Wer hat denn gesagt, dass sie tot ist?«

»Oh, ich dachte bloss so...«

»Der Teufel soll sie holen, aber tot ist sie nicht!« erklärte Mr. Mahon tiefsinnig. »Sie ist mir durch die Lappen.«

»Wie bitte, Sir?« fragte Phil überrascht.

»Ich sagte, sie ist mir durch die Lappen gegangen, mein Junge. Durchgebrannt, ausgerissen, aus dem Staub gemacht, losgezittert, getürmt, abgedampft.« Er plätscherte Tee in eine Schale, die er Phil anbot.

Mit jähem Ernst und Eifer rief er ungeduldig: »Jetzt mal hurtig, jetzt mal hurtig, um Gotteswillen! Der halbe Morgen ist rum, und noch kein Hammer hat nen Nagel zu sehen bekommen!«

Er schluckte seinen Tee so hastig wie ein Arbeiter, der ein Glas Bier hinunterkippt, und, noch an einem Stück trocken Brot knabbernd, führte er Phil wieder in die Werkstatt. Dann stürzte er sich mit einer Tatkraft auf die tägliche Arbeit, dass Phil ganz verdutzt war, denn sein Wunsch, etwas zu lernen, konnte nicht Schritt halten mit dem Drang des alten Gregory, Brett an Brett zu fügen. Allerdings hatte er ein oder zweimal den Eindruck, dass die Arbeit eher mit Kraft verrichtet wurde als gut und recht, doch glaubte er, sein eigenes Müssigstehen mache ihn kritisch.

Am Nachmittag liess der Eifer des alten Mannes nach; er erlaubte Phil, eine Säge in die Hand zu nehmen, und gab ihm sogar ein paar Ratschläge. Um vier oder halb fünf kamen einige Leute – meistens Arme –, um sich die Möbel anzusehen, und als sie erschienen, fuhr der alte Gregory hastig in seine zerlumpte Jacke, und während ihm das Hemd hinten aus der Hose zipfelte und seine weisse Mähne ihm wild um die Ohren stand, steuerte er die Kunden von Schrank zu Garderobe und sprach aalglatt und hörte nicht auf, seine Arme zu schwenken. Es hatte den Anschein, als ob er zwar seine Kunden nicht selber kannte, dafür aber jeden aus ihrer Familie.

»*Wisha,* der arme Peter!« rief er zum Beispiel. »Peter war's doch, nicht wahr? Nein? Nicht? Ach so, James, natürlich, der James, Jumbo hab ich ihn immer genannt. Der arme James – all die Jahre schon in Amerika? Wirklich? Tatsächlich? Herrjemine, können Sie sich vorstellen, dass wir in Blackpool in der gleichen Klasse waren? Ja, stimmt! Und wissen Sie, wer noch da war? Der Vetter vom Bischof. Fragen Sie ihn nur, wenn Sie ihm mal wieder schreiben! Was wir oft zusammen Handball gespielt haben!«

Dann drehte er sich zu Phil um und schrie ihn an:

»Heh, Junge, heh, Junge! Hast du gar nix zu tun, dass du hier so rumstehst?« Er stürzte sich auf ihn: »Zeig's mal her, zeig's mal her! Na, mach doch so weiter, warum machst du denn nicht so weiter? Säge, säge, säge, säge, du Dummerjahn! Steh nicht so herum mit den Händen in der Tasche!«

Jedesmal, wenn er Phil so anfuhr, wäre Phil vor Beschämung am liebsten im Erdboden versunken.

Als es am Abend vom Shandon sechs Uhr schlug, sagte Phil unglücklich: »Tut mir sehr leid, Sir, dass Sie nicht zufrieden mit mir sind.«

»Nicht zufrieden?« Der alte Mann war ehrlich überrascht. »Wer sagt, dass ich nicht zufrieden mit dir wäre?«

»Ich dachte, nach dem, was Sie gesagt haben...«

»Uhhh – das?« krähte der Alte. »Ach je, daraus musst du dir doch nix machen, mein Junge! Das sag ich doch bloss, damit die Leute sehen, bei uns geht's flott zu! Das ist Reklame! Das hören sie gern! Und wenn's dir ein Trost ist: ich finde, du bist ein grossartiger Junge – ganz verschieden von all den andern jungen Dachsen, die ich schon gehabt hab und die mir immer Widerworte geben! Ich sag dir eins, Junge: mach so weiter, und du kommst voran in der Welt! Du wirst ein berühmter Mann, ein Rothschild wirst du! Und zum Beweis will ich dir sofort den Lohn erhöhen! Einen Schilling mehr die Woche!«

»O nein, Sir!« bat Phil verblüfft, aber erleichtert.

»O doch, mein Junge... also meinetwegen, dann jedenfalls einen halben Schilling? Schön, sagen wir einen halben Schilling! Um dir zu beweisen, dass ich einen guten Arbeiter zu schätzen weiss!«

So verstrichen ein, zwei Wochen, und der alte Mann gewöhnte sich – sehr zu seinem eigenen Vorteil – an Phils Pünktlichkeit, und Phil gewöhnte sich an seine Verschrobenheiten. Doch dauerte es nicht lange, bis Phil merkte, dass das Bild noch nicht vollständig war.

Es geschah an einem Morgen, als Mr. Mahon, nachdem er fürchterlich über der Mahlzeit getrödelt hatte, die er als Frühstück bezeichnete und an der Phil unweigerlich teilnehmen musste, in die Werkstatt steuerte und sich so widerwillig an die Arbeit machte, wie Phil es noch nie beobachtet hatte. Er war schweigsam und bedrückt; der weisse Kopf baumelte von den Schultern, und die kleinen grauen Augen huschten verstohlen und mit einem solchen Verschwörerblick in der Werkstatt umher, dass Phil es unwillkürlich komisch fand. Endlich hob er den Kopf, warf sich in die Brust und stiess einen schweren Seufzer aus.

»Ist dir nichts aufgefallen?« fragte er. Phil tappte völlig im dunkeln und musste zugeben, dass er nichts bemerkt habe.

»Der Tisch war gestern noch nicht so!«

Sein Gehilfe widersprach ihm nicht. Der alte Mann seufzte und machte sich wieder an die Arbeit. Zitternd streckte er die Hand nach der Säge aus, die neben ihm auf der Bank lag. Er fasste sie so ungeschickt an, dass sie polternd zu Boden fiel.

»Da haben wir's!« Er stiess einen langen, unheimlichen Klagelaut aus.

Phil hob die Säge auf und reichte sie ihm. Er nahm sie zimperlich in Empfang. Dann begann er zu sägen, aber die Säge packte nicht gut zu und rutschte ab. Er begann von vorn und seufzte und schnatterte wirr vor sich hin. Diesmal schnitt die Säge gut ein, aber zu Phils grösster Verwunderung sägte sie immer weiter von der Bleistiftlinie fort. Der alte Mann blieb jedoch dabei und zitterte und lief von der ungewohnten Anstrengung rot an. Dann richtete er sich auf und hob die grauen Augen zur Decke auf.

»'s ist Selim!« rief er, und wenn er gesagt hätte: »Es ist ein Herzfehler!« oder »Die Welt geht unter!«, hätte er nicht aufgewühlter sein können. Phil war entsetzt. »Lassen Sie mich mal versuchen, Sir!« bat er. Er nahm die Säge und sägte das Brett so tadellos durch, dass auch ein besserer Schreiner als Gregory Mahon damit zufrieden gewesen wäre.

»'s ist recht! 's ist recht!« sagte sein Boss zerstreut. Er nahm seine Arbeit wieder auf.

Aber sein Ausdruck und sein Verhalten wurde immer niedergeschlagener. Wenn er jetzt nach einem Hobel greifen wollte, der dicht neben seiner Hand auf einer Bank lag, dann näherte er sich ihm behutsam von hinten her, wie ein schüchternes Kind, das ein ahnungsloses, aber vielleicht bissiges Hündchen beschleicht. Seine Bewegungen wurden langsamer und vorsichtiger, jedoch, wie es Phil schien, auch ungeschickter. Trotz all seiner Vorsicht, einen Meissel zu erwischen, der allem Anschein nach ganz zahm dalag, rollte der Meissel herum und verletzte ihn am Finger. Der Hobel flog ihm aus der Hand und fiel krachend auf den Fussboden. Die Säge weigerte sich rundweg, etwas anderes als ihn selbst zu zersägen. Phil, der ihm auf seine linkische Art immer wieder helfen musste, sah schliesslich die ganze Werkstatt in einem ungewöhnlich frostigen und unheimlichen Licht, und die Werkzeuge und Bretter kamen ihm wie eine versteinerte Menagerie vor, die für ein paar Stunden zu ihrem alten Leben und Treiben wiedererwacht war. Endlich sagte der alte Mann düster: »'s ist ganz klar, über dich hat er keine Macht!«

»Wer, Sir?« fragte Phil.

»Selim.«

»Wer ist Selim?«

Gregory schüttelte den Kopf und dämpfte die Stimme, während seine Blicke durch alle Ecken der Werkstatt huschten.

»Das ist das drittemal in diesem Monat«, sagte er schwermütig. »Er wird dreister... und weisst du was?« rief er und sprach auf einmal ganz feurig: »Wenn er nicht wäre, hätt ich's weiss Gott wie im Paradies!« Dann liess er die Stimme wieder sinken und flüsterte nur noch. »Ich hab's schon gewusst, als ich zur Tür hereingeschaut hab! Dass der Tisch verschoben war, hab ich dir ja gleich gesagt, und ein Blick auf die Säge...« Er blickte die scheinbar harmlose Säge an, als könnte sie sich plötzlich von der Bank erheben und ihn beissen.

»Ich dachte, alles wäre genauso, wie wir's gestern abend gelassen haben«, sagte Phil nüchtern.

»Nein, nein, nein«, entgegnete Gregory, »ich hab's dir doch gezeigt! Felim war jetzt vierzehn Tage lang hier, und ich möcht nur mal wissen, was aus dem geworden ist!«

»Wer ist Felim?« fragte Phil und dachte, dass entweder bei ihm oder bei dem alten Mann eine Schraube locker geworden sein müsse.

»Felim? Felim ist einer von den Sullivans. Die Sullivans und die Mahons sind verwandt. Felim ist ein Sullivan.«

»Und Selim nicht?«

Gregory Mahon lachte. Die Ironie eines leidvollen Lebens kreischte schrill aus dem Lachen; aber es brach unvermittelt ab.

»Mit so einem Namen?« fragte er, und riss seine Augen vor Aufregung weit auf. »Hast du schon jemals von einem Selim gehört, der aus Irland stammte? He? Nein!«

»Nein«, gab Phil zu. »Ist es vielleicht ein türkischer Name?«

»Sssssst!« brachte ihn der alte Zimmermann zum Schweigen und schaute sich furchtsam um.

»Und weil er kein Ire ist, tut er Ihnen wohl sowas an?« fuhr Phil störrisch fort, weil er entschlossen war, dem Geheimnis auf den Grund zu gehen. Doch die Frage schien den alten Mann zu erschrecken, denn er wurde sofort munter und packte ihn beim Arm.

»O nein! O je, nein! Oh, ganz bestimmt nicht! Das hab ich nie gesagt! O nein, nie! Ich hätte vielleicht sagen können – aber Thedd ist nicht irisch, und ich sage kein Wort gegen ihn, verstehst du? Kein Wort!«

»Ted?« fragte Phil wie vom Donner gerührt.

»Nicht Ted«, zischte Mahon wütend. »Thedd, Thedd, Thedd! Ich sage kein Wort gegen Felim oder Selim, kein Wort! Aber mit Thedd allein könnte ich wohl glücklich sein. Selbst wenn er kein Ire ist.«

Dann verstummte er, und Phil konnte kein einziges Wort mehr über Felim, Selim oder Thedd aus ihm herausbringen.

Er war eigentlich froh über die Störung. Es gab ihm Gelegenheit, sein Handwerk zu erlernen, denn eine halbe Stunde hatte genügt, um Gregory Mahon zu überzeugen, dass der böse Geist anwesend war, und für den Rest des Tages musste Phil die Arbeit verrichten, so gut er es eben konnte. Es war zum erstenmal, dass ihm alles nur mündlich erklärt wurde, und er arbeitete mit echtem Stolz und Eifer.

Er war ein gelehriger Schüler, das musste selbst der alte Schreiner zugeben, und in mancher Hinsicht arbeitete er sogar besser als sein Boss. Er konnte zum Beispiel ein Brett gerade sägen, und das war mehr, als Mahon je erlernt hatte. Der alte Mann fand einen Tisch oder Stuhl oder eine Kommode schon tadellos in Ordnung, wenn sie zusammenhielt und stehen konnte, nachdem er ein ‚Keilchen' unter das Bein geschoben hatte. Es wäre ihm auch nie in den Sinn gekommen, dass ein Tisch, der an dem einen Ende etwas breiter als am andern Ende war, deshalb nichts taugte. Ebensowenig konnte er begreifen, dass die vier Tischbeine (wenn auch aus keinem andern Grund als einem unvernünftigen Gefühl für Proportionen) entweder gleich lang oder gleich breit oder gleich hoch sein sollten. Sein Leben lang hatte er gute, starke Tische gezimmert, die vielleicht ein ganz bisschen schief gewesen waren, und er hatte sie zu billigen Preisen verkauft, und die Ärmsten der Armen (die seine einzigen Kunden waren), hatten sich nie beklagt. Warum sollten sie auch? Es waren gute Tische. Es waren, wie Gregory stolz erklärte, derbe und redliche Tische, die länger hielten, als die Sorte, die man in Geschäften kaufte, und die weniger kosteten.

Und bis die Kunden zu erscheinen begannen, übte sich Phil fleissig in seinem Handwerk und lernte nicht nur, wie man Fugen macht, sondern er lernte sie so zu machen, dass sie später nicht ‚ein kleines Keilchen' oder ‚ein Krümchen Leim' brauchten.

Glücklicherweise wurde Mahons Verkaufstalent nur in geringem Masse durch Selim beeinträchtigt, und in seinem zerlumpten alten Rock, mit dem hinten aus der Hose hängenden Hemdzipfel, spielte er den Cicerone, fuchtelte mit den Armen und verfolgte die wirkliche oder erfundene Familiengeschichte seiner Kunden bis auf das Jahr zurück, als er und der Vetter des Bischofs die gleiche kleine Schule in Blackpool besuchten.

»John, Michael, Willie – ach ja, natürlich, Willie! Was Sie nicht sagen – Willie ist in Dublin?

Nein, wirklich? Willie? Und mit fünf Kindern? Denken Sie mal an, nein, denken Sie bloss mal an! Grüssen Sie ihn doch bitte von mir, wenn Sie ihm schreiben; er wird sich schon an Gregory erinnern – an den alten Greg, der mit ihm nach Blarney spaziert ist, zu den Kurkonzerten im Schlossgarten. Getanzt? Da können Sie sich drauf verlassen, dass wir getanzt haben! Ach ja, die Jugend, die Jugend! Der Willie war ein richtiger Herzensbrecher, eh er sich von den Schürzenbändern einfangen liess! Ja, ein richtiger Herzensbrecher, das können Sie ihm gerne von mir bestellen, dem alten Gauner!«

Und zu Phil: »Bist du noch nicht fertig damit, Junge? Mein Gott, willst du denn den ganzen Nachmittag an dem bisschen Arbeit herumtrödeln? Spuck dir in die Hände, Junge! Spuck dir in die Hände!«

Und im Vorbeigehen – das Gesicht erhitzt vor lauter Geschrei und Aufregung – blinzelte er Phil kurz und verständnisinnig zu.

ZEHNTES KAPITEL

In jenem Winter ereignete sich der schändliche Vorfall mit dem Kätzchen.

Mary Kates Vermutung wegen des Zustandes ihrer Mutter hatte sich als zutreffend erwiesen. Babe war verführt worden (denn wie bei manchen Zaubertränken die Kraft, so erneuerte sich Babes Jungfräulichkeit ganz von selbst). Als es soweit war, bekam Mary Kate einen zweiten Bruder, den sie noch mehr verabscheute als den ersten. Doch selbst wenn sie ihn hätte lieben wollen, wäre es ihr verwehrt worden. Tantchen Dinah machte fortwährend Anspielungen, und sie und Babe führten lange Gespräche, die in Gelächter und Andeutungen endeten, sobald Mary erschien. Zehn volle Tage ging Mary Kate herum und schmollte, ja, sie trieb es so weit, dass sie nicht darauf achtete, wenn ihre Mutter etwas zu ihr sagte. Ihrer Tante gegenüber bekam sie Wutanfälle, und als Dinah ihr drohte, sie zu schlagen, ballte sie sogar die Fäuste. Aber das hielt nicht an. In ihrem Alter hatte es keinen Zweck, gegen Erwachsene anzugehen.

In diesem Zustand steckte sie noch, als ein Bote mit einem Korb erschien, in dem ein Angora-Kätzchen steckte. Mary Kate konnte nicht gut fragen, woher das Kätzchen kam und auch nicht, weshalb Tante Dinah so boshaft darüber lachte. Aus ironischen Reden, die besonders an das Kätzchen gerichtet waren, konnte sie entnehmen, dass der freundliche Geber männlichen Geschlechts war, dass er sich das Haar färbte, einen Bauch hatte und an Magenverstimmung litt. Auch das Kätzchen verabscheute sie und trat mit dem Fuss nach ihm.

Eines Abends dann sass sie am Tisch und beobachtete ein paar Männer, die sich mit einem schiefen Schornstein abmühten. Es war selten, dass sich in dem Dächermeer, das man vom Mansardenfenster aus überblickte, etwas Lebendiges regte. Ihre Mutter ruhte sich von einem schweren Mittagessen aus, und Dinah steckte irgendwo im unteren Stock. Das Baby schlief. Plötzlich hörte sie, dass eine schrille Stimme mit einer, wie ihr schien, gezierten Aussprache den Namen ihrer Mutter rief. »Mrs. McCormick! Ja, Mrs. McCormick!« Die Stimme war ihr unbekannt. Es war nicht die Stimme eines Wohltäters, denn die waren alle wohlbekannt, und keiner von ihnen hätte die Treppe hinaufgelangen können, ohne dass vorher ein Warnruf nach oben drang. Babe richtete sich auf und lauschte.

Dann brauste Tantchen Dinah mit zitternden Händen und weichen Knien ins Zimmer.

»Jemineh, Babe, gib rasch das Balg her! 's ist eine Fremde. Vielleicht will sie dir was bringen, vielleicht will... Mach doch rasch Ordnung, du kleine Gans!« (das war für Mary Kate bestimmt). »Und du, Willie, unterstehst dich und bettelst sie um einen Penny an, sonst schlag ich dich windelweich! Das Balg her, Babe, das Balg her!«

Sie riss das Baby an sich und wirbelte aus dem

Zimmer; Mary Kate hörte, wie sie, drei Stufen auf einmal nehmend, die Treppe hinuntersprang. Die fremde Stimme war unterdessen immer kräftiger zu vernehmen; ausgenommen an einem Samstagabend, hörte man sonst nie so laute Stimmen.

»Eine Bekannte meines Mannes«, klang es, und als eine Art Schnörkel, wie sie Mozart gern seinen Melodien mitgab, ertönte ganz *piano* Mrs. Doyles Stimme: »Ja, M'm. Im obersten Stock, M'm!«

Mary Kate hörte, wie verschiedene Türen sich öffneten, und stahl sich ans Geländer vor, um nach unten zu schauen. Das ganze Haus schien erwacht zu sein: Frauen standen da und trockneten sich die Hände an der Schürze ab, und Kinder klammerten sich an ihre Röcke. Und dann erkannte Mary Kate, dass die Frau lahmte. Sie stampfte von Stufe zu Stufe und machte lange Pausen, um den Zuhörern ober- und unterhalb von ihr etwas zu erzählen. Es war zum Verrücktwerden, wie langsam sie vorankam. Als sie den Kopf hob, um wieder ihre schrille Stimme erschallen zu lassen, sah Mary Kate ein breites, entschlossenes, blasses Gesicht mit falschen Zähnen und blassgrauen Augen.

»Ja, eine Bekannte meines Mannes!«

»Nein, sowas!« rief eine Frauenstimme, und Mary Kate ärgerte sich über den Hohn, der mitschwang.

»Deshalb fragte ich meinen Mann nach ihr, und er hat mir erzählt, wer sie ist – so eine traurige Geschichte, nicht wahr? Und was für eine gute Frau! Deshalb hab ich es durchgesetzt, dass mein

Mann ihr das kleine Kätzchen schickt, damit sie ein bisschen Unterhaltung hat. Ein kleines Angora-Kätzchen. Sie haben es sicher schon gesehen – ein süsses Ding – ein graues Angora-Kätzchen. Natürlich, nicht wahr? Und wahrscheinlich hat es Heimweh nach seiner Mutter. Ich hätte sie am liebsten in einem Korb mitgebracht, aber sie ist riesengross. Und sie würde auch nicht im Korb bleiben, wenn sie den Strassenlärm hörte – Angora-Katzen sind so empfindlich.«

Bums. Bums. Bums. Sie stützte sich schwerfällig auf den Stock.

Mittlerweile hatte sich jeder im Puppenhaus irgendwo aufgepflanzt, wo die Besucherin vorbeikommen musste. Sogar Dinah stand vor der Tür von Mrs. Vaughans Zimmer, neben sich die grosse, hübsche Landfrau; beide unterhielten sich, und Dinah beobachtete alles. Mary Kate wusste, dass der Vorfall ihnen für einen ganzen Abend Gesprächsstoff lieferte.

»O je, o je!« seufzte die Fremde und blickte zu Mary Kate auf. »Muss ich noch die ganze Treppe raufsteigen? Aber was für ein hübsches Mädchen! Und was für schönes Haar! Sehn Sie nur mal hin«, forderte sie Dinah auf, »ist sie nicht ein Bild?«

Das Bild verschwand umgehend und hätte sich am liebsten irgendwo verkrochen, aber eine Flucht war jetzt unmöglich.

»Ist das Ihr Baby?« fragte die Fremde plötzlich Tantchen Dinah.

»Nein, M'm«, antwortete Dinah verwirrt.

»Oh, es ist ein hübsches Baby! Da gibt's nichts zu schämen!« Sie wandte sich an Mrs. Vaughan. »Eine Bekannte meines Mannes will ich besuchen. Er hat ihr ein Kätzchen geschenkt.«

»Ja, M'm«, erwiderte Mrs. Vaughan gutgelaunt.

»Wer ist das junge Mädchen? Gehört es Mrs. McCormick?«

»Ja. Es ist Mary Kate.«

»Nein, so etwas!« Die Fremde hob ihren Stock. »Und ich hab geglaubt, Mrs. McCormick ist selber noch das reinste Kind. Solche grosse Tochter! Und solche hübsche Tochter, muss ich sagen! So, so!«

Bums. Bums. Bums. Babe sass aufrecht im Bett und machte in rasender Eile, sich kritisch in einem Spiegel musternd, ihr Gesicht zurecht, wobei sie dauernd Flüche und Heiligennamen in einem Atemzug gen Himmel schickte. Dann legte sie sich aufs Kissen zurück und sah hübscher und puppenhafter denn je aus. Die schrecklichen Schritte näherten sich der Tür, und auf ein Zeichen ihrer Mutter öffnete Mary Kate.

»So, so, du bist also das hübsche junge Mädchen, das gerade vor mir ausgerissen ist. Weisst du auch, dass du eine Schönheit bist? Hat's dir noch keiner gesagt? Hat dich noch kein junger Schafskopf gefragt, ob du ihn heiraten willst? Möchtest du nicht mit mir kommen und mich besuchen? Das würde dir bestimmt gefallen!«

Mary Kate wich scheu zurück. Sie zeigte durchaus keine Neigung, mit der grossen, hinkenden Frau irgendwohin zu gehen.

»Ich bin Mary Verschoyle«, rief die Besucherin

fröhlich und beugte sich über Babe, als wäre sie taub. Sie streckte ihr die Hand entgegen. »Mein Mann hat mir von Ihnen erzählt.«

»Wie freundlich von Ihnen, mich zu besuchen«, säuselte Babe. »Das hätte ich bestimmt nie erwartet!«

»Oh, mein Mann hat mich auch nicht geschickt. Sicher wird er wütend, wenn ich's ihm erzähle. Darf ich mich setzen? Die Treppen, nicht wahr? Aber wie gesagt, ich hatte schon soviel von Ihnen gehört, und als er mir sagte, dass es Ihnen nicht gut geht, flog Ihnen mein ganzes Herz entgegen.«

»Ach ja, Mrs. Verschoyle«, erwiderte Babe und gab sich mit ihrer Aussprache ebensoviel Mühe wie mit ihrem Äusseren – und das war ziemlich matt und blass, jungfräulich und schüchtern. »Seit einiger Zeit geht es mir gar nicht gut.«

»Und darum hab ich mir gesagt, ich muss Sie unbedingt besuchen. Ich hab mir dauernd vorgestellt, wie Sie aussehen. Und ich hab's getroffen, das muss ich schon sagen, ich hab's getroffen. Nur auf eine so grosse, stramme Tochter war ich nicht gefasst. Das schönste Mädchen, das ich seit Monaten zu Gesicht bekommen habe! Warum spricht sie nicht mit mir? Mary Kate – so heisst sie doch wohl? – warum kommst du nicht her und unterhältst dich mit mir, heh?«

»Komm her und sprich mit der Dame, Mary Kate!« befahl Babe.

Mary Kate stand auf und stellte sich scheu, mit abgewandten Augen und von Röte übergossen, vor Mrs. Verschoyle auf.

»Wie alt bist du, Mary Kate?«

»Sechzehn«, erwiderte Mary Kate, ohne aufzublicken.

»Sie ist scheu, das ist es!« rief Mrs. Verschoyle mit echter Entdeckerfreude. »Ach, wie sie rot wird! Mein liebes Kind, wenn ich noch so erröten könnte wie du, gäbe ich zehn Jahre meines Lebens her! Hier sind ein paar Pralinés, Mrs. McCormick! Komm, nimm dir ein Praliné, Mary Kate! Ach, nimm doch gleich ein paar! In deinem Alter hätte ich mir die ganze Schachtel genommen! Aber wissen Sie, meine Beste, ihr Name gefällt mir nicht sehr. Warum nennen Sie sie nicht einfach Marie? Das ist ein so hübscher Name, und wie gut passt er für Kinder Ihres Glaubens! ... Und das ist Ihr Sohn? Was für ein süsser kleiner Mann! Oh!« Sie lachte mit einer Lautstärke, die bis auf die Strasse hinaus zu hören war. »Grrr! Wie er zupackt! Wie heisst er? Willie? Oh – ich persönlich – ich kann mich natürlich täuschen, aber ich hätte ihn Alec genannt. Alec oder Stephen, das sind meine Lieblingsnamen.«

»O ja, es sind reizende Namen«, murmelte Babe, die von diesem Ansturm an Unterhaltung ganz benommen war.

»Und finden Sie – entschuldigen Sie, dass ich es erwähne – finden Sie, dass Mary Kate sich richtig frisiert? Wäre es nicht richtiger, wenn sie einen Zopf trüge? Dunkles Haar wirkt so ungepflegt, wenn man es offen trägt. Für Blondinen ist es allerdings sehr günstig. Sie sagen ihr doch, dass sie es regelmässig waschen muss? Vergiss es nicht,

Mary Kate, hörst du? Wie schade, dass ich nichts von dir gewusst habe. Ich hätte dir etwas Schönes mitbringen können. Aber einerlei, bestimmt ein andermal!«

»Ach bitte, das ist doch nicht nötig«, entgegnete Babe mit schmachtendem Lächeln.

»Aber warum denn nicht? Da wir ja selbst keine Kinder haben! Mary Kate muss mich besuchen und bei mir Tee trinken. Ich bin ein Kindernarr – Sie auch? Und mein Mann würde sich so freuen, Mary Kate kennenzulernen. Er hat Kinder auch so furchtbar gern, aber wir sehen sie nur selten, höchstens hin und wieder meine Nichten, wenn die vom Lande hereinkommen. Es ist so tragisch, finden Sie nicht? Ich meine, dass wir keine Kinder haben? Ein Glück nur, dass Gilbert so viel anderes hat, womit er sich beschäftigen kann. Und Sie ahnen gar nicht, wie sehr er sich für Sie interessiert!«

»Ach, Mr. Verschoyle ist so nett!« hauchte Babe schmelzend hervor.

»Nicht wahr? Nicht wahr? Dann finden Sie ihn also auch reizend? So interessant, dass es so etwas heutzutage noch gibt! Er erinnert mich immer an meinen Vater. Seine Schrullen sind's, die ihn so charmant altfränkisch machen. Heutzutage haben die Leute keine Schrullen mehr. Zu meiner Zeit liebte man es, ein bisschen wunderlich zu sein. Alt-Cork! All die verschrobenen Käuze! Sogar die Parnells – was für Originale, und wie man für sie schwärmte! Aber heute sind die Parnells ausgestorben. Ich freue mich so, dass Gilbert Ihnen gefällt. Wenn ich's ihm erzähle, ist er mir bestimmt nicht böse, dass ich bei Ihnen war.«

»Oh, er braucht Ihnen doch nicht böse zu sein!«

»Und da ist ja Pussy«, fuhr die ältere Frau unermüdlich fort und beachtete Babes bleierne Höflichkeit gar nicht, sondern beugte sich in ihrem Stuhl nach unten. »Pussy-Kätzchen! Hast du mich schon vergessen? Ich glaube fast, sie hat mich vergessen! Puss-puss-puss-puss-puss! Ach du Süsses, ach, du Schätzchen! Kennt Pussy seine alte Mammi gar nicht wieder? Wissen Sie auch, dass ich Gilbert geradezu beschimpfen musste, damit er Ihnen endlich das Kätzchen schickte? Nicht, dass er's Ihnen nicht gegönnt hat, aber er meinte, es schicke sich nicht! Solche Idee! Es schicke sich nicht! Er stammt eben aus dem vorigen Jahrhundert. Wussten Sie auch, dass er über fünfzig ist?«

»Gott im Himmel, nein!« rief Babe und bot ein Bild echtesten Erstaunens. »Und noch so gut erhalten!«

»M – m«, machte die andere wohlgefällig. »Sehr gut erhalten! Nicht wie ich, obwohl ich zehn Jahre jünger bin! Das Rheuma... ein befreundeter Arzt hat mir eine Kur empfohlen. Diät – alles aufgeben. Allmählich, das ist klar! Zuerst Eier und Milch, dann nur noch ein Glas Wasser. Man muss regelrecht verhungern. Und dabei bin ich so blutrünstig. Und ich werde älter. Aber schliesslich sind wir beide im gefährlichen Alter. Ich brauche mich nicht mehr vor Nebenbuhlerinnen zu fürchten. Nehmen Sie noch ein Praliné, ja? Finden Sie es nicht grauenhaft, dass Sie in so einem Haus leben müssen?«

»Tja...« Babe zog ein Gesicht.

»Ich verstehe, meine Beste! Das sagte ich auch zu Gilbert. Aber schliesslich lassen sich Wege finden. Ein kleines Häuschen auf dem Land und – falls möglich, meine ich – einen netten Hühnerhof...«

»Aber sehen Sie, all meine Bekannten leben in der Stadt«, sagte Babe, und ihre Stimme verhärtete sich merklich.

»Ja, o ja, natürlich. Und die Kinder müssen in die Schule geschickt werden. – Liest du gern Bücher, Mary Kate?«

»Leider macht sie sich gar nichts aus Büchern. Sie geht nicht mehr in die Schule, obwohl ich sie gern ein Jahr zu den Nonnen geschickt hätte. Aber Willie wird ein Gelehrter!«

»Oh, hast du die Schule schon verlassen? Und was willst du jetzt unternehmen?«

»Arbeiten«, antwortete Mary Kate verdriesslich.

»Was willst du denn arbeiten?«

»Mir einerlei.«

»Nun, das ist doch nicht unmöglich. Du könntest leicht eine Stelle in einem Geschäft bekommen. Würdest du gern in ein Geschäft gehen und Verkäuferin werden?«

»Ja.«

»Mary Kate! Wie sagt man?« fuhr ihre Mutter ärgerlich auf sie los.

»Ja, M'm!« fügte Mary Kate hinzu.

Sie wusste, dass sie sich nicht von der besten

Seite zeigte, aber diese Heimsuchung war einfach zuviel für sie. Im Treppenhaus, das wusste sie, spitzten sie alle die Ohren und lauschten auf jedes Wort und bauten eine ganze Komödie aus den Bemerkungen dieser lächerlichen Frau auf.

»Ich bin überzeugt, sehr viele Geschäfte wären nur zu froh, wenn sie ein so schönes Mädchen bekommen könnten«, fuhr Mrs. Verschoyle fort. »Aber man muss sich's genau überlegen, wohin man dich schickt. Denk nur an die Gefahren, wenn ein junges Mädchen der Anziehungspunkt eines erbärmlichen kleinen Tabaklädchens wird und gar noch einen Arbeitslosen heiratet, der Zeit genug hat, ihr den Hof zu machen! Dagegen ein Juwelier oder ein wirklich vornehmes Damenkleidergeschäft – das wäre eine erstklassige Gelegenheit, mit den feinsten Leuten zusammenzutreffen und gewisse Manieren von ihnen zu erlernen. Ja, komm nur zu mir, mein Kind! Dann können wir alles besprechen!«

»Alte Gans!« dachte Mary Kate verbittert.

Doch die alte Gans schnatterte weiter und weiter, als wäre sie aufgezogen. Mary Kate kehrte auf ihren Fensterplatz zurück. Sie überlegte, dass Mrs. Verschoyle vielleicht doch genügend Einfluss haben könnte, um ihr eine gute Stelle zu beschaffen. Der Gedanke, als Dienstmädchen zu arbeiten, war ihr widerwärtig. Wenn sie eine gute Stelle bekäme, könnte sie hier ausziehen. Ma Verschoyle war gerade die richtige, die ihren Stolz darein setzen würde, ihr weiterzuhelfen. Mary Kate seufzte.

Das Leben war nicht so einfach. Man hatte seine Träume, und die Träume liessen sich nicht verwirklichen, und dann geschah irgend etwas, und man wusste nicht, was sich daraus entwickeln konnte. Ihre Träume hatten sich um Phil gedreht, und wenn er sich als zuverlässig erwiesen hätte, wäre alles gut ausgegangen. Doch da hatte er seine ‚Anwandlungen‘ bekommen, und die waren jetzt schlimmer denn je. Manchmal traf sie ihn abends, und dann schlenderten sie zusammen irgendwohin. Er war etwas ruhiger geworden, und dauernd wollte er sie in eine Kirche lotsen, »um schnell ein kleines Gebet zu sprechen«.

Ein paar von seinen ‚Anwandlungen‘ beunruhigten sie ziemlich. Er hatte sich einen besonderen Rundgang ausgedacht, den er meistens alleine ablief. Er begann bei der Peter-und-Pauls-Kirche und ging dann zur Augustinerkirche an der Western Road; nach einem Gebet dort ging er weiter zu den Franziskanern, dann den Mardyke hinauf und um Sunday's Well herum (Gebete); die Shandon Street entlang bis zur Kathedrale (Gebete); bergab zum Pope's Quay (Gebete); von dort die King Street entlang bis nach Mayfield (Gebete); die Lower Road hinunter und in die Saint-Patrick-Kirche hinein (noch mehr Gebete); über die Eisenbahnbrücke und den Süd-Quai entlang bis zur Kapuzinerkirche (wieder Gebete). Manchmal änderte er seine Route ein wenig, liess Mayfield aus und wählte statt dessen Blackpool, den Lough oder irgendeine andere abseits liegende Kirche, ja er ging sogar bis nach Clogheen, doch immer gelang es ihm, die gleiche Anzahl Kirchen zu besuchen. Er nannte es seinen Rosenkranz und rühmte ihn als gute Übung für Körper und Geist. Eines Abends hatte sie ihn begleitet, und sie hatte sich die Absätze schief gelaufen und die Geduld verloren. Wichtig sei es, hatte er ihr gesagt, dass man die Route nicht kreuzte und auch nicht die gleiche Strasse zweimal ging. Sie fand es alles ein bisschen verrückt.

Doch während sie jetzt ihrer Mutter und der alten Närrin, Mrs. Verschoyle, zuhörte, noch in Gedanken bei Phils ‚Anwandlungen', da wurde sie zornig – nicht über ihn, sondern über die beiden Frauen. Es war alles gut und recht, wenn man eine schöne Stelle haben wollte, aber dann nett zu sein, bedeutete auch nicht viel anderes, als so zu sein wie ihre Mutter, und die, das wusste sie, war nicht viel besser als das hässliche Wort, das Mary Kate nur zu gut kannte. Lieber wollte sie in Haushaltungen gehen und den Fussboden waschen, wie es Mrs. Dinan getan hatte, als von der alten Mrs. Verschoyle abhängig sein. Und dieser fromme Gedanke liess sie plötzlich jede Abhängigkeit verabscheuen. Wohltätigkeit erniedrigte den Geber und den Empfänger, dachte sie. Jetzt glaubte sie zu wissen, was Phil von alledem hielt. Gut, sie würde es ihnen schon zeigen! Mrs. Verschoyle mochte sich zum Teufel scheren, mitsamt ihrer schönen Stelle!

Eine blumenreiche und verschnörkelte Schlussrede schwenkte Mrs. Verschoyle vom Bett zur Tür: dass sie bald wiederkommen und Mrs. McCormick besuchen würde, wenn es ihr gut ginge, und ob die liebe Mary Kate sie nicht besuchen wolle, und ihr Haar würde wirklich so viel hübscher aussehen, und vielleicht dürfte sie die paar Weintrauben – sie wisse zwar nicht, ob die liebe Kranke sich etwas daraus mache, sie persönlich fände sie widerlich, aber viele Leute liebten sie, scheint's –, und könnte Willie nicht zu ihr kommen und sich einen Korb Äpfel holen, und fände Mrs. McCormick nicht auch, dass eine sahnefarbene Tapete viel mehr Licht ins Zimmer bringen würde als die schaurigen Blumen – sie hoffte, dass man es ihr nicht übelnähme, wenn sie so etwas sagte – und es habe ihr alles eine solche Freude gemacht, es sei ganz reizend gewesen.

Und dann stampfte sie bums, bums, bums die Treppe hinunter, und jeder kam hervor, um sie nochmals zu sehen, und Fragen und Bemerkungen und Seufzer hallten in jedem Stockwerk wider, und Marys Mutter sass aufrecht im Bett und streckte jedesmal die Zunge heraus, wenn ihr Name fiel. Dinah stürzte ins Zimmer, das Baby auf dem Arm, und war vor Begeisterung ganz ausser sich.

»Oh, heilige Mutter Maria, hast du das gehört?« würgte sie kichernd hervor. »Bums, bums, bums!« (Mit grausamem Realismus äffte sie Mrs. Verschoyles rheumatisches Hinken nach, das immer noch im Treppenhaus zu hören war.) »Hier Babe, halte mal das Baby, damit ich sie besser nachmachen kann!«

Sie stellte sich auf die Zehenspitzen und blickte

auf Babes Kopf herunter, während ein Besen den Stock der Besucherin ersetzen musste.

»Ist das Ihr eigenes Baby oder haben Sie sich's geliehen?« fragte sie hartnäckig. »Wieviel die Woche? Sieh her und antworte mir deutlich, Kind! Verheiratet oder ledig? Ja oder nein? Warum kämmst du dir dein Haar nicht anders? Wer ist das Kind mit den drei Schielaugen, das mich übers Geländer weg angeschaut hat? Verwandt? Nicht verwandt! Oh, lieber Himmel. Mein Mann – er hat dem armen Kind ein Pussy-pussy-Kätzchen geschenkt – hat den schönen Namen Gilbert! Eine charmante Frau! Mein Mann wird sich so freuen, dass ich sie kennengelernt habe!«

»Oh, hör bloss auf!« schrie Mary Kate wütend. Sie ging aus dem Zimmer und schmetterte die Tür hinter sich zu. Dinahs Stimme wurde lauter, weil der Stock schon die letzte Treppe hinunterbumste, und Babe brach in gurgelndes Gelächter aus. »Er erinnert sie an ihren Vater!« kreischte sie. Mary Kates Absätze hämmerten über die Dielen. Dann drückte sie sich langsam die Treppe hinunter. Im zweiten Stock waren mehrere Frauen um Doylers Mutter versammelt. Sie lachten. Mary Kates Wangen wurden dunkler, und sie versuchte, rascher an ihnen vorbeizukommen, indem sie das Geländer hinabrutschte. Aber jemand hielt sie fest, und nun wurde sie ausgelacht.

»Mary Kate, pass gut auf, dass sie dich nicht entführen, wenn du erst bei dem Juwelier arbeitest!«

»Haben die Angora-Katzen schon gejungt, Mary Kate?«

»Oh, Gilbert hat ihr eine feine, zweibeinige Pussy-Katze geschenkt«, sagte eine Frau trocken, und alle schüttelten sich vor Lachen.

Das war zuviel für Mary Kate. Sie stürmte die Treppe hinunter und lief zum Quay. Auf halbem Wege kam ihr ein anderer Einfall, und sie kehrte wieder um und lief durch die North Main Street, wobei sie Leute anstiess und hin und wieder ein paar Jungen über den Haufen rennen musste, die ihr ein Bein stellen wollten. Endlich hatte sie Mrs. Verschoyle eingeholt und zupfte sie trotzig am Ärmel. Die grosse Frau fuhr erschrocken herum.

»Ach, du bist's, Mary Kate!« rief sie erstaunt, und erst später erinnerte sich das Mädchen, wie anders ihre Stimme geklungen hatte.

»Ja, ich...« zischte Mary Kate zwischen Keuchen und Schluchzen hervor. »Warum wollen Sie nicht nochmal mit mir umkehren und sich anhören, was sie im Treppenhaus über Sie reden? Meine Mutter und alle! Kommen Sie doch mit! Hören Sie sich's an!«

»Aber Kind, was fehlt dir denn nur?« fragte Mrs. Verschoyle und bemerkte die furchtbare Aufregung in Mary Kates Stimme.

»Alle machen sich lustig über Sie, über Sie und Ihr dummes Gerede!« rief Mary Kate und wusste, dass sie mit jedem weiteren Wort einen Sargnagel in ihre schöne Stelle hämmerte; doch liess sie an ihrer Gegnerin endlich einmal ihre Wut über alle Demütigungen aus, die sie von all den wohltätigen Frauen hatte einstecken müssen. »Meine Tante

Dinah äfft Sie nach, und die Nachbarinnen äffen Sie alle nach – Sie und Ihre alte räudige Katze und Ihren alten Schafskopf von Mann!«

»Mein gutes Kind« – Mrs. Verschoyles Gesicht lief rötlich an, aber sie versuchte zu lachen –, »mach mir hier keine Szene! Bedenke, dass Leute da sind, die zuhören!«

»Ist mir einerlei, wer zuhört«, rief Mary Kate, und aus ihrem feinen Gesichtchen stieg ein Zankteufel auf, wie sich ein Sturm aus einem heiteren Bergsee erhebt. »Die ganze Welt soll es wissen. Sie mit Ihrem alten Dickbauch von Gilbert! Und so mit meiner Ma über ihn zu reden! Wir kennen die kleine Pussy-Katze alle ganz genau, die er ihr gegeben hat.«

»Sei still, du kleine Kratzbürste!« schnaufte Mrs. Verschoyle.

»Ich denke nicht dran«, fauchte Mary Kate. Aber ihre Stimme wurde unheimlich ruhig, als sie hinzufügte: »Und wissen Sie, was ich mit Ihrem Mann mache, wenn Sie ihn nicht von meiner Ma fernhalten? Dann kratz ich ihm seine verdammten Augen aus!«

»Du weisst nicht, was du sagst«, erwiderte Mrs. Verschoyle gefasst. Mary Kate beschlich eine peinliche Ahnung, als töne so etwas wie Mitleid aus der sanften Stimme, die im Puppenhaus so trompetet hatte. Deshalb schoss sie ihren letzten Pfeil ab und duckte sich dann wie vor einem Schlag.

»Und auf der Treppe haben Sie doch das Baby bewundert, das meine Tante Dinah auf dem Arm hatte! Wissen Sie, wer das war? Das war der Bastard von Ihrem Mann!«

Als das hässliche Wort über ihre Lippen geglitten war, wurde sie von solcher Scham erfasst, dass ihr die Tränen in die Augen sprangen, hilflose Tränen, die sie ganz ihrer Feindin auslieferten. Ihre Gegnerin vervollständigte den Zusammenbruch, indem sie ganz trocken »tz, tz« machte und sie ins Schlepptau nahm, wie ein grosser Ozeandampfer einen kleinen Tender, und dabei machte sie ihr leise Vorwürfe und kicherte mitleidig.

»Aber Mary Kate, so etwas darfst du nie wieder sagen, hörst du? Niemals wieder! Es ist mir einerlei, was du über andre sagst – aber du musst an deine Mutter denken. Einerlei, was sie ist und was sie tut – und ich nehme sie nicht in Schutz – sie ist und bleibt deine Mutter, und du musst die erste sein, die für sie eintritt. Wenn du so schlimme Sachen sagst, was werden dann erst die andern Leute sagen? Trotzdem, es gefällt mir auch, was du getan hast, Mary Kate! Wirklich! Aber, aber, aber, du darfst doch nicht weinen! Ich würde dich gern aus dem grässlichen Haus holen und zu mir nehmen, aber siehst du – versteh mich recht – sogar *mein* Haus ist nicht der richtige Platz für ein junges Mädchen. Ja, ja, ich bin nicht ganz so dumm, wie du glaubst, Mary Kate… Aber findest du wirklich, du solltest Blau tragen? Lieber etwas Helleres: grau oder grün, ein lichtes Grün? Nein, etwas Matteres. Aber wahrscheinlich musst du nehmen, was du bekommst. Nun, wir werden sehen. Denke nur daran, dass du mich besuchst! Wann wollen wir etwas abmachen? Nächste Woche? Am Freitag? Ja, Freitag wäre nett. Ich möchte dir gern meinen Garten zeigen. Und denke an eins, Mary Kate, mein liebes Kind: nie, nie und unter keinen Umständen, einerlei, wie sehr du gereizt wirst, *niemals* darfst du wieder so die Beherrschung verlieren. Du siehst ausgesprochen scheusslich aus!«

Es wäre zuviel verlangt, wollte man von Mary Kate erwarten, dass sie mehr als ein Viertel von dem schrillen Geplapper behalten hätte, mit dem Ma Verschoyle sie unterhielt, bis sie die Strassenbahnhaltestelle an der Grand Parade erreichten. Doch immerhin blieb einiges haften und verursachte ihr eine schreckliche, schlaflose Nacht und eine Lektion über menschliche Sympathie, wie sie ihr seit dem fernen Abend nicht mehr zuteil geworden war, an dem Mr. Vaughan sich so sternhagelvollgesoffen hatte. Mindestens zwanzigmal verschwor sie sich, dass sie nie wieder in Mrs. Verschoyles Nähe gehen würde, und neunzehnmal hielt sie es für notwendig, einen Rückzieher zu machen. Und dass sie schliesslich so verblieb, muss dem Schlaf angekreidet werden, der die Debatte zu einem unerbetenen Abschluss brachte.

Phil, dessen Frömmigkeit um mehr als die Hälfte dafür verantwortlich gemacht werden muss, dass Mary Kate so die Beherrschung verlor (er war mittlerweile der Hüter ihres Gewissens geworden), Phil missbilligte es sehr.

Er erklärte Mary, dass wir beständig vor unserem Temperament auf der Hut sein müssen, vor allem vor unsern Leidenschaften; denn ihre Unhöflichkeit gegenüber Mrs. Verschoyle schrieb er aufs Konto ihrer Leidenschaften. Mary begriff nicht, was für Leidenschaften das gewesen sein könnten. Sie hatte einfach die Geduld verloren. Aber Phil erklärte ihr, dass es gerade die Geduld sei, die wir niemals verlieren dürften. Sie hörte ihm mit halb offenem Munde zu. Was wäre das denn für ein Leben, in dem man nicht manchmal die Geduld verlöre, fragte sie sich im stillen. Sie zog die Brauen zusammen und stellte sich einen Wettstreit in Geduld vor, bei dem keine Partei ermüdete. Es war ihr alles ein wenig zu hoch, und wo immer er die Idee aufgelesen haben mochte, jedenfalls nicht von seinem Ideal Dona Nobis, dessen war sie sicher.

Wenn sie so in sein Zimmer schlenderte, auf der Kante seines Tisches sass und sich bemühte, Welt und Leben mit ihm zu erörtern, dann war Mary Kate, die sowohl geistig wie körperlich ihren Jahren weit voraus war, bereits der Typ der Ewigen Frau, die sich über den Typ des Ewigen Jünglings verwundert. Sie lächelte, wenn sie sah, dass der Spiegel zur Wand gekehrt war, damit Phil nicht durch das Spiegelbild seiner eigenen Gesichtszüge gestört werden konnte, wenn er sich auf etwas anderes konzentrieren wollte. Mit fünfzig Jahren würde ihr Phils Verhalten wahrscheinlich ebensoviel Stoff zum Lächeln liefern, denn ein Mann entwächst niemals abstrakten Interessen, genau wie eine Frau niemals hineinwachsen kann. Dass er darauf bestand, zweimal in der Woche seinen ‚Rosenkranz' abzulaufen, dienstags und freitags, ob das Wetter gut oder schlecht war, und jedesmal nicht mehr und nicht weniger als neun Kirchen besuchte, war spassig. Dass er jedoch ein ganzes Ritual befolgte, das nach den gleichen Zahlenprinzipien angeordnet war, verwunderte sie, ja, wenn sie es lange genug bedachte, erschreckte es sie sogar. Diese seltsame methodische Frömmigkeit war denn auch der Grund, weshalb sie sich einmal fast überworfen hätten.

Eines Morgens, als er sie geweckt hatte, war sie im Bett geblieben und hatte weitergeträumt, und als sie sich dann am Abend sahen, war er nicht nur kalt zu ihr gewesen, sondern er missbilligte ihr Verhalten ganz offen und weigerte sich, sie noch länger zu wecken. Sie wurde von geradezu panischem Entsetzen erfasst. Die Frühmesse war nämlich zu einem wichtigen Bestandteil ihres Lebens geworden, und dass Phil sie jeden Morgen rief, war das engste Band, das zwischen ihnen bestand. Und es war ein so zartes Band!

»Aber Phil«, wehrte sie sich, »es ist doch nur ein einziges Mal gewesen!«

»Gerade dies eine Mal zählt«, erwiderte er entschlossen. »Denn es war der Morgen, an dem dir das Aufstehen besonders schwer fiel, und das war der Morgen, an dem deine Willenskraft dich im Stich liess. Wie willst du jemals im Leben etwas erreichen, wenn du dich von einer solchen Kleinigkeit umwerfen lässt?«

»Ich hab mich doch nicht umwerfen lassen«, rief sie verzweifelt. »Ich war einfach müde. Es ist wohl nicht meine Schuld, wenn ich müde bin?«

Er zuckte die Achseln und setzte dabei jene merkwürdig gefühllose Miene auf, die er sich angewöhnt hatte, seit er seinen ‚Anwandlungen' nachging.

»Von jetzt an muss ich dich jedenfalls dir selbst überlassen. Wenn ich dich nach dem, was du getan hast, noch länger wecken würde, könnte es deine Willenskraft nur noch mehr schwächen.«

»Ich finde, du bist widerlich gemein!« brauste sie auf.

Er zuckte wieder mit den Achseln und gab ihr keine Antwort.

»Willst du oder willst du nicht?« fragte sie entschlossen.

»Ob ich was will?«

»Willst du mich morgen rufen?«

»Nein!«

»Phil!«

Sein hübsches Gesicht wurde verwirrt und eigensinnig. Er dachte lange Zeit nach, ehe er antwortete.

»Also ja, meinetwegen. Aber unter einer Bedingung.«

»Nämlich?«

»Jeden Abend, ehe du zu Bett gehst, musst du einen Zettel mit einer Nachricht für mich an die Tür heften und mich bitten, wann ich dich rufen soll und zu welcher Zeit. ‚Ruf mich viertel vor acht!' oder so ähnlich. Wenn das an der Tür hängt, will ich dich rufen. Und wenn's nicht da ist, lass ich dich weiterschlafen.«

»Möchtest du nicht auch, dass ich mit meinem Namen unterschreibe?« fragte sie mit bewusstem Spott.

»Ja«, antwortete er, »deinen Namen musst du auch unterzeichnen.«

»Nein, solche Verrücktheit!« rief sie wütend aus, und plötzlich fiel ihr der letzte Streit ein, den sie mit ihm gehabt hatte, und wie sehr sie damals im Unrecht gewesen war.

»Warum möchtest du, dass ich das tue?« fragte sie sanft – leider zu sanft, denn es bestärkte Phil in seiner Hartnäckigkeit.

»Ich möchte dich dazu veranlassen, dass du mich darum bittest.«

»Aber wenn ich dich jetzt bitte?«

Er schüttelte den Kopf.

»Jetzt ist nicht früher Morgen. Ich möchte, dass du es als Letztes machst, ehe du dich ins Bett legst, damit du deine Willenskraft tagtäglich übst. Ich verlange nicht mal von dir, dass du jeden Tag einen neuen Zettel schreibst. Der gleiche genügt, und wenn du den jeden Abend an die Tür steckst, auch wenn's nicht mehr als drei Minuten erfordert, so benutzt du dabei doch deine Willenskraft.«

»Und es geht nicht, dass ich den Zettel den ganzen Tag über hängen lasse?« fragte sie.

»Das habe ich nicht gemeint. Ich werde ihn abnehmen und aufs Treppenfensterbrett stecken.«

»Also gut, ja, ja!« seufzte sie.

Die dunkle Wolke ging vorüber, doch ein unangenehmes Gefühl blieb zurück. Sie sah, wie sorgfältig Phil sein Leben plante, und im stillen ärgerte sie sich furchtbar darüber, weil sie sich ausgeschaltet fühlte. Er erzählte ihr ernst, dass sich Gregory Mahon – nach einer gewissen Zeit begreiflichen Ärgers – jetzt völlig daran gewöhnt hätte, dass er jeden Morgen, wenn es vom Shandon neun Uhr schlug, und keine Minute früher oder später, an die Tür der Schreinerwerkstatt klopfte. Das heisst, wenn die Uhr auf dem Shandon richtig ging, und das war nicht immer der Fall. Er verglich seine Uhr, ehe er abends auf sein Zimmer ging, mit der Uhr in der Post. Sie begriff jetzt, dass er in keiner Weise oberflächlich gewesen war, als er am Tage der Beerdigung seiner Mutter eine Uhr für sich kaufte. Es war der Anfang seines ‚neuen Lebens'. Seine Uhr war eine Art zweiter Gottheit geworden, deren unerbittliche Gesetze sein ganzes Dasein beherrschten. Um halb sieben schnurrte die Weckeruhr, und es gehörte zu seinen Pflichten, darauf zu achten, dass er abends beim Aufziehen des Weckers nicht mehr als eine halbe Umdrehung machen musste, denn morgens sprang er durchs Zimmer, zum Wecker auf dem Kaminsims, und stellte ihn rasch ab, bevor er länger als drei Sekunden geläutet hatte. Es hatte ihn einige Mühe gekostet, bis er es soweit gebracht hatte, doch gewöhnte er sich allmählich daran, indem er sich während der ersten Wochen einbildete, er schliefe in einem brennenden Haus. Diese Vorstellung eines brennenden Hauses verliess ihn ohnehin nie mehr. Sein Körper war ein brennendes Haus. Kaum hatte er an einer Stelle den Flammenausbruch seiner Sinne gelöscht, da erschien an einer andern Stelle ein neuer. Deshalb bemühte er sich, seine Willenskraft immer mehr zu entwickeln; er wollte zum Beispiel schon kurz vor dem Ablaufen des Weckers erwachen, und es war ihm bereits einmal drei Morgen hintereinander und ein andermal fünf Morgen hintereinander geglückt.

Er gestattete sich fünf Minuten für sein Morgengebet und zehn Minuten fürs Anziehen; dann rief er Mary Kate und heftete den schmierigen Zettel, der mit BITTE WECKEN UM 7 UHR 45 WIE IMMER MARY KATE MCCORMICK bekritzelt war, aufs Fensterbrett im Treppenhaus. Er nannte ihn den ‚Lieferschein', um seiner Frömmigkeit einen geschäftsmässigen Anstrich zu geben. Acht Minuten vor acht machte er sich auf den Weg zur Messe. Zwischen dem Puppenhaus und der Kirche waren zweihundertsechsundfünfzig Schritte zurückzulegen – er hatte sie dreimal gezählt und dann den Durchschnitt genommen – und der Gangart entsprechend, die er für gewöhnlich einschlug, konnte er fünf Minuten vor Beginn der Messe auf seinem gewohnten Platz knien. Ungefähr um halb neun war er wieder in seinem Zimmer, machte sich eine Tasse Tee und begab sich drei Minuten vor neun zur Werkstatt.

Er gewöhnte es sich an, von seinem Lohn zuerst einen halben und dann einen ganzen Schilling beiseite zu legen und pennyweise an die Armen zu verteilen. Dass er es so methodisch machte, bereitete Mary Kate ebenfalls Kummer. Er nannte die Bettler seine ‚Pensionäre'. Er hatte einen bestimmten Tag, an dem er jedem seinen Penny aushändigte, und es passte ihm gar nicht, die Auszahlung zu verschieben, falls der Bettler oder die Bettlerin nicht anwesend war – doch im voraus zu zahlen, und wäre es auch nur um einen Tag, das verabscheute er geradezu. Man bekam den Eindruck, dass er irgendwo ein säuberlich liniiertes Kontobuch verwahrte, in dem die Auszahlung von jedem einzelnen Penny ordnungsmässig eingetragen war. Er konzentrierte sich auch auf eine bestimmte Anzahl von Stossgebeten pro Tag, die am Ende der Woche einen hübschen, runden Gesamtbetrag ergaben, was die weiteren Berechnungen erleichterte. Er führte regelmässige Kontrollen ein und errechnete an ihrer Hand, auf wieviel Anrufungen er es in einem Monat gebracht hatte oder auf wieviel er es in einem Jahr bringen könnte oder sogar in einem durchschnittlichen Menschenleben. Diese letzte Zahl war einfach überwältigend gross, und er schrieb sie in Riesenziffern quer über eine ganze Seite seines dicken Tagebuchs, in das er seine Fehler, Zweifel und Ideale eintrug.

Dienstags und freitags nahm er, als Vorbereitung für seinen ‚Rosenkranz' an Stadtkirchen, weder Milch noch Zucker in den Tee. Er ging regelmässig jeden Sonntag und am ersten Freitag jeden Monats zur Kommunion. Er überlegte auch, ob er eine Andacht beginnen sollte, die von den Frommen ‚die segensreichen neun Dienstage' genannt wurde: er könnte sie ganz gut in seinen Dienstag-Freitag-Kult einschieben. Alle seine Bestrebungen führte er mit dem Wissen und Einverständnis von Dona Nobis aus, deren Hochachtung vor ihm zunahm, je mehr ihr Gefühl für seine persönliche Würde abnahm. Ihre Ehrfurcht vor ihm konnte nicht noch grösser werden, als sie ihn ‚einen kleinen Schafskopf' zu nennen wagte. Es verschaffte ihr einen schuldbewussten und doch frommen Kitzel, wenn sie sich solche Freiheiten vor denen herausnahm, die sie in den Augen Gottes für würdiger hielt, als sie selbst es zu sein glaubte. Er wusste das und wusste auch, dass sie von ihm ebenso sprach wie von der heiligen Theresa, die sie als ‚alte Tessie' bezeichnete.

In einer Beziehung war sie ihm bestimmt überlegen: sie konnte Choräle singen. Vor allem konnte sie die beruhigenden lateinischen Hymnen singen, die er so liebte: *Tantum ergo, O Salutaris, Ave Maris Stella* und dann die Litanei von der Heiligen Jungfrau von Loreto. Denn Phil konnte nicht singen. Ein einziges Mal hatte er versucht, die Litanei zu singen, und damit hatte ihn Dona Nobis noch wochenlang gehänselt, denn er hatte kein Gehör und keinen Sinn für Rhythmus, und sein langgezogenes, trübseliges Gejammer erinnerte sie an die Nacht, als die Banshee* wegen des sterbenden alten Mahony ihre Totenklage über den Uferdamm erschallen liess. Sie steckte sich sofort die Finger in die Ohren. Von da an hörte Phil nur noch zu, aber er war ein guter Zuhörer und konnte eine ganze Stunde lang dasitzen und sich vom Klang der lateinischen Worte bezaubern lassen.

Tantum ergo sacramentum
Veneremur cernui,
Et antiquum documentum
Novo cedat ritui...

Sie hatte auch die Gabe (um die sie von Phil aber nicht gerade beneidet wurde), manches vorauszusehen. Eines Abends war er mit einem Geschenk für sie ins Haus getreten. Es handelte sich um ein Geschenk, das er erst nach langen Überlegungen gekauft hatte. Es war nämlich eine Liebesgeschichte mit dem Titel ‚Küsse für Vier', und Phil wusste nicht recht, ob das (als von ihm kommend) nicht unschicklich wäre. Allerdings schwärmte sie für Liebesgeschichten, daher konnte es wohl nicht schaden, wenn er ihr eine mitbrachte.

Als er die Tür aufstiess, wurde sein Gesicht mit einer Dusche kalten Wassers bedacht. Dona Nobis hatte ihn erwartet und empfing ihn mit Weihwasser und Weihwedel. »Dreh dich um!« befahl sie ohne weitere Erklärung. Er tat es und wurde auch auf dem Rücken bespritzt. »Setz dich jetzt hin«, sagte sie, und er nahm neben der Türe Platz und schaute ihr zu. Sie schritt das Zimmer ab, und

* eine Fee (irischer Volksglauben)

bei jedem Schritt sprengte sie etwas Weihwasser um sich. Drei- oder viermal hörte er, wie sie voller Genuss sagte: »Da hast du's, du kleiner Teufelsbraten.« Es wirkte besonders unheimlich, weil das Zimmer schon ziemlich dunkel war. Dann hörte er, wie sie in die Knie sank und dreimal kräftig unters Bett wedelte. Danach stellte sie – mit einem Gesicht, das im Feuerschein triumphierend glühte – das Weihwassergefäss auf die gewohnte Stelle auf dem Kaminsims und lehnte sich zurück und blickte ihn an.

»Die heilige Theresa sagt uns«, bemerkte sie nach einigem Stillschweigen, »dass es nichts nützt, wenn man's ihm nicht gleich dicke gibt!«

Weiter wurde nichts darüber gesprochen. Dona Nobis machte mit Dämonengelichter kurzes Spiel.

Mary Kate fand es schwierig, aus Phil etwas Interessantes über seine neue Stelle herauszuquetschen. Sie wusste, dass Gregory Mahon ein bisschen verschroben war, und da sie selbst den Grund für das Verschwinden der Mrs. Angela Patricia Mahon kannte, erzählte sie Phil davon, der ihr stumm und mit missbilligender Miene zuhörte.

Eines Morgens nämlich, nachdem die Mahons etwa zwei Jahre verheiratet waren, hatte eine junge Frau, die viel jünger und, was leider zugegeben werden muss, auch viel hübscher als Mrs. Mahon war, an die Haustür geklopft. Mrs. Mahon öffnete und hatte kaum den Kopf durch den Türspalt gesteckt, als ihr schon ein Baby mit der Bemerkung in den Arm gedrückt wurde: »Würden Sie bitte so gut sein, Ma'am, und Mr. Mahon sein Baby wiedergeben?« Woraufhin die junge Frau im Nu verschwand und sich nie wieder blicken liess. Wie man sich erzählte, legte Mrs. Mahon das Baby ins Bett, dazu einen angehefteten Zettel auf dem zu lesen stand, dass sie zu ihrer Mutter zurückgekehrt sei und hoffe, er folge ihr nicht, denn sie würde keinesfalls zu einem Mann zurückkehren, der *so* etwas mache. Daneben war eine Hand mit steifer Manschette gezeichnet, aus der ein Zeigefinger auf das beigefügte Baby deutete.

Wenn Phil missbilligend dreinschaute, dann wohl hauptsächlich deshalb, weil er von der Glaubwürdigkeit der Geschichte ziemlich überzeugt war. Das grösste Hindernis bei seinen Versuchen, ein Heiliger zu werden, war nämlich der alte Greg, und sein Seelenfrieden wurde häufig durch gewisse verdrehte Einfälle des alten Mannes gestört, die stets mit dem rätselhaften Thedd zu tun hatten.

Seine erste Bekanntschaft mit Thedd fand unter eigenartigen Umständen statt. Er wurde eines Nachts durch Geschrei und Gelächter geweckt, die draussen vom Uferdamm herdrangen. Er hörte ein Aufklatschen und glaubte zuerst, ein Betrunkener sei vielleicht in den Fluss gefallen. Aber neue Lachsalven belehrten ihn eines anderen. Er blickte zum Fenster hinaus. Ein leichter Regen sank nieder. Anfänglich konnte er nichts sehen, aber nach einem Weilchen erkannte er an der Ufermauer zwei dunkle Gestalten. Sie lachten und kreischten. Dann ertönte noch eine dritte Stimme, die eines Mannes, und Phil war überzeugt, dass sie vom Flusse her kam. Es war eine bekannte

Stimme. Hastig zog er sich ein paar Sachen an und schlich sich auf Strümpfen die Treppe hinunter. Am Fuss der Treppe schlüpfte er in die Schuhe und lief auf den Uferdamm hinaus. Sofort rannten die beiden Gestalten in zwei verschiedenen Richtungen davon. »Nix! Nix!«* kreischte der eine. Phil hielt Umschau. Dann beugte er sich über die Ufermauer und hörte etwas im Fluss aufklatschen. Es entfernte sich in der Richtung auf das gegenüberliegende Ufer. »Komm zurück! Komm zurück!« rief er leise. In der Stille kam ihm seine eigene Stimme sehr laut vor, und seinen Rufen folgte sofort ein unheimliches Gelächter stromab und stromauf – ein so widerliches, verrücktes Lachen, dass ihm das Blut fast erstarrte. Das Platschen im Fluss war noch immer zu vernehmen. Dann hörte es plötzlich auf. Er kniff die Augen zusammen, um ins undurchdringliche Dunkel zu spähen. Der Regen fiel eintönig nieder und durchnässte ihn.

Bald konnte er die schwachen Umrisse einer weissen Gestalt erkennen, die drüben an der gegenüberliegenden Ufermauer die eiserne Leiter emporklomm, und wieder tönte das Gelächter wie Ruf und Antwort von beiden Seiten her. Drüben am andern Ufer konnte er das Tapp-tapp nackter Füsse genau unterscheiden, und die beiden Stimmen auf dem diesseitigen Ufer grölten und kreischten. Dann war wieder alles still, und er schlich sich durchnässt und verblüfft und erschrocken ins Haus zurück.

* Warnruf unter Schülern, Arbeitern usw.

Am nächsten Morgen hatte der alte Mann Schnupfen und Husten. Doch nicht das allein brachte Phil auf die Spur, sondern vor allem die Art, wie er redete. Diesmal ging es um einen andern Dämon als Felim oder Selim, die er beide gut kannte. Offensichtlich war es Thedd.

Thedd war – laut Gregorys Götterlehre – der Geist der Schöpfung. Mit seinem Kommen erschien auch der Frühling, erschienen Blumen, Mädchen, Leidenschaften, Gesänge, lange Briefe und Gedichte – und in diesem Sinne beschränkte sich der Frühling nicht nur auf eine einzige Jahreszeit. Vom frühen Morgen an war Phils Glauben einem Ansturm von Philosophie und seniler Erotik ausgesetzt. Zu allem Unglück musste ausgerechnet an jenem Morgen Mary Kate zum erstenmal – rein aus weiblicher Neugier – der Schreinerei einen Besuch abstatten. Im Geiste des alten Greg blies Thedd sofort Phil und Mary Kate zusammen, die Flamme weissglühender Leidenschaft stieg aus ihrem Stadtviertel auf, und jede Art Anspielung in Liebesdingen musste herhalten, um Phil für Mary Kate zu entflammen. Doch ohne eine ungemittelbare Wirkung. Immerhin sah Phil sich genötigt, seinen Standpunkt zu erklären.

»Eigentlich«, sagte er und schwitzte fast vor lauter Anstrengung, um sich dem wunderlichen alten Kauz verständlich zu machen, den er sonst ganz gern hatte, »eigentlich kommt es nicht sehr darauf an, was in diesem Dasein geschieht. Es kommt nur darauf an, was nachher geschieht. Verglichen mit der Minute, in der wir am letzten

Tag vor Gottes Angesicht stehen, erscheint alles um uns her nur wie Rauch und Asche.«

»Unsinn!« schrie Gregory. »Glaubst du etwa, der Sonnenschein sei nichts?«

»Nicht sehr viel«, sagte Phil hoffnungslos.

»Nichts? Der Sonnenschein sollte nichts sein? Und der Mond mit den Gezeiten, die ihm wie verdreht folgen, soll das nichts sein? Blumen, Vögel, Bienen, Würmer, Schiffe, Bäume, Bäche, Flüsse, Meere, Fische, Berge, Wiesen – soll das alles nichts sein?«

»Verglichen damit«, erwiderte Phil verzweifelt und hielt es für notwendig, seine Stimme zu heben, um sich gegen die Sturzflut von Einfällen zu wehren, »verglichen damit, dass wir sterben müssen und...«

»Unsinn!« trompetete der alte Mann mit schriller Stimme. »Ist ja alles Unsinn, dein Rauch und deine Asche! Das strahlende, das schöne, das göttliche, bezaubernde Geschöpf, das eben dort stand – ja, dort, wo die Hobelspäne liegen – dieser Sonnenstrahl, den nennst du nichts? Wo hast du dein Fleisch und dein Blut gelassen, frage ich dich! Oder bist du überhaupt kein Mann? Bist du keiner? Als du zu ihr aufgeschaut hast, hättest du dich da nicht am liebsten auf sie geworfen und sie wie eine reife Pflaume gedrückt? War dir nicht zumute, als gingen all deine Eingeweide kaputt, und es wehe wie eine feurige Lohe durch dich? Nein, nicht? Nicht, du unmenschliches Ungeheuer?«

»Allerdings nicht«, entgegnete Phil angeekelt.

»Unmenschliches Ungeheuer«, wiederholte Gregory und stürzte sich auf seine Arbeit, die ihm mühelos von der Hand ging, und dazu sang und schrie er und unterbrach sich in kurzen Pausen, um der Wucht seiner Raserei einen Ausfluss zu verschaffen. Heiter gab er zu, von einer Art höheren Wahns besessen zu sein, und behandelte all die seltsamen Einfälle, die ihm unter dessen Einwirkung zuströmten, mit auserlesener Hochachtung.

»Die Frau«, schrie er, richtete sich wutschwitzend auf und starrte Phil ergrimmt an, »die Frau ist ein Stauwehr, und ich bin der Lachs.« Dann arbeitete er weiter. Nach einer Weile schoss er in die Höhe, diesmal noch aufgeregter: »Gott ist ... Gott ist der... Was hab ich doch über die Frau gesagt?« Und ohne eine Antwort abzuwarten, stürmte er schmerzlich grollend wie ein wehklagendes Tier zur Treppe. Phil hörte ihn immer weiter vor sich hinmurren, wie er nach oben kraxelte und sich dort Tinte und Papier suchte. Zwanzig Minuten später erschien er wieder, ein Mann, der eine Bürde von sich gewälzt hat. Er hielt ein Blatt aus einem Schulheft in der Hand, auf dem die Tinte noch feucht war. Er las Phil sein Werk vor, und dann reichte er ihm das Manuskript, das haargenau die Crescendos und Diminuendos seiner Stimme beschrieb; durch einzelne Wörter, die in Grossbuchstaben über die ganze Seite spazierten, war es ihm gelungen, etwas von der Erregung zu übermitteln, die sie verursacht hatten. Doch ach, nichts von ihrer Bedeutung – falls sie überhaupt eine solche hatten.

Wieder war er bereit, eine neue Diskussion über die majestätischen Wahrheiten der Philosophie zu beginnen, und wieder beharrte Phil starrköpfig darauf, dass es für ihn auf nichts anderes ankam als auf den furchterregenden Augenblick vor dem Richterstuhl des Allerhöchsten. Und wieder brach eine Sturzflut von Einfällen durch das Nagelhämmern und Sägeknirschen, und diesmal verwirrte sich im Gemüt des alten Philosophen Mary Kate mit den in Liedern besungenen Seen und Bergen von Killarney und mit der dringenden Notwendigkeit eines Vergnügungsparks mit Karussells und Luftschaukeln und Tanzplätzen und Bedürfnisanstalten, die auf einem öden Gelände in der Nähe des Loughs angelegt werden müssten, und er stürmte schwitzend und grollend davon, um Briefe an die Regierung zu schreiben. So ging es den ganzen Tag.

Oben wühlte er unter einem Haufen alter Lumpen eine zerfetzte Uniform hervor, grünweiss mit ehemals weissen Breeches, dazu einen Dreimaster mit Feder, die Uniform der National-Irischen Förster. Und wie der Schreiner so darin umherstolzierte und dauernd neue Blätter aus Schulheften mit *vers libres* und Reformplänen und volkswirtschaftlichen und sozialen Vorschlägen und mit Briefen an seinen grossen Feind George Bernard Shaw bedeckte, glich er ganz einer Figur aus einem Traum. Aus ein paar Holzlatten verfertigte er sich ein Schwert und liess es von seinem Gürtel niederhängen oder trug es – als ‚blanke Waffe', wie er sagte – in der Hand. Auch sein Gesicht und sein

Verhalten änderte sich: es war nicht länger das seine, und irgendwie wurde es abstrakt und unpersönlich.

Er schrieb Dutzende von Briefen an beliebige Persönlichkeiten, wie sie ihm gerade in den Sinn kamen, darunter auch an George Bernard Shaw. Diese Briefe wurden zwar in Umschläge gesteckt, aber nie mit Briefmarken versehen, und während er seine paar Geschäftsbriefe ganz ordentlich auf die Post brachte, trug er die andern lange mit sich herum und warf sie dann in die Briefkästen am Bischofspalast oder am Haus irgendeines Börsenmaklers.

Phil war in grössten Nöten, als ihm aufgetragen wurde, einen dieser Briefe Mary Kate zu überbringen. Denn Phil war jetzt, wenn er es sich auch nie anmerken liess, selbst in ein Alter gekommen, in dem ihm die Kraft zusetzte, die der alte Mann als ‚Religion der Ewigen Schönheit‘ anbetete und die vom leidenschaftlichen Bekenntnis idealer Schwärmerei hinabstieg zu gewöhnlichen und schmutzigen Beziehungen mit den Dirnen des Elendsviertels. Phil war jetzt in einem Stadium, in dem sich jedem Jungen das Obszöne aufdrängt, ob er will oder nicht – doch das ahnte er nicht, sondern er hielt sich für einen Einzelfall und sühnte die Irrtümer seines Schöpfers mit Todesängsten. Die Hölle war ihm während jener schwarzen Nächte eine lebendige Wirklichkeit.

Und Phil musste zugeben, dass Mary Kate, je älter sie wurde, eine betrübliche Lauheit gegenüber der verzweifelten Zurückhaltung bezeigte, mit der er sich umgab. Sie freute sich sogar über den Brief, den er ihr von Gregory gebracht hatte. Das führte zu einem eigenartigen Gespräch, in dessen Verlauf Mary Kate den unverblümtesten Antrag ihres Lebens machte, indem sie erklärte, sie fände, es würde furchtbar viel Aufhebens um manche Dinge gemacht, und wenn Phil sie zum Beispiel küssen wollte, so hätte sie nichts dagegen.

Dann blickte sie fort und tat so, als wisse sie nicht, wie glühend rot sie wurde, und Phil liess die Blicke sinken und wurde ebenfalls rot. Es entstand eine sehr peinliche Spannung.

»Nein«, sagte er schliesslich. »Wenn ich dich küssen würde, bedeutete das, ich wollte dich heiraten.«

»Nein, gar nicht«, erwiderte sie schlagfertig. »Man kann ein Mädchen küssen, ohne dass man es heiratet.«

»*Ich* könnte das nicht«, stiess er zwischen den Zähnen hervor, »ich würde niemals ein Mädchen küssen, das ich nicht zu heiraten beabsichtige!«

»Warum nicht?« fragte sie.

»Weil es nicht recht wäre, hinterher jemand anders zu heiraten.«

Sie nahm sich vor, ihn nicht sehen zu lassen, wie dieser Hieb sie getroffen hatte.

»Aber wenn es dem Mädchen nun nichts ausmachen würde?«

»An die denke ich gar nicht. Ich spreche von der Frau, die ich einmal heiraten will.«

»Aber die könnte ja schon geküsst worden sein.«

»Nicht die Frau, die ich heiraten will«, entgegnete Phil schroff. Er blickte nicht auf, und sein Gesicht wurde dunkler denn je. »Ich werde niemals eine Frau heiraten, die nicht wie meine eigene Mutter ist, und ich würde es von ihr erwarten, dass sie ebenso denkt wie ich.«

»Ach, das ist ja dumm!« rief Mary Kate, und eine aus Unruhe und Eifersucht gemischte Empfindung bedrängte sie. »Ein Mann kann doch nicht von einem Mädchen erwarten, dass es wie seine Mutter ist!«

»Doch – ich schon!« erklärte er eigensinnig.

»Aber kein Mann würde sie heiraten wollen, wenn sie wie seine Mutter ist!« rief sie erbittert.

»Warum denn nicht?«

»Weil man nicht seine Mutter heiratet«, erwiderte sie hitzig. »Man heiratet Mädchen und nicht Mütter.«

»Sie werden aber doch mal Mütter, nicht?« fragte er.

»Das ja«, gab sie widerstrebend zu, »das ja.« Und nach einigem Nachdenken fuhr sie fort: »Aber nicht für ihren Ehemann.« Was immerhin von ziemlich viel psychologischem Einblick zeugt, auch wenn es nur ein Zufallsergebnis war.

Doch nach diesem Gespräch blieb in beiden eine gewisse Unruhe zurück. Phil war beunruhigt, weil ihre Worte, als er sie sich später wiederholte, ihm heissmachten, so dass das Kopfkissen, auf dem seine Wange lag, vorübergehend die kühle, frische Wange Mary Kates darstellte, und als er die eine Hand leicht auf die andere legte, da war ihm, als streichle er die Hand von jemand anders, so sensibel war seine Haut geworden, und seine eigenen Finger kamen ihm kühl und wie Zweiglein vor und erinnerten ihn an Mary Kates lange, durchsichtige Finger. Er zitterte vor Sehnsucht, und in der Nacht musste er zweimal aufstehen und zum Beten niederknien, um seine vagabundierende Phantasie in die Gewalt zu bekommen.

Für Mary Kate war es sogar noch schlimmer. Sie hatte schon das meiste von dem hinter sich, was Phil jetzt durchmachte, nur ohne dessen Schuldgefühl. Und nun musste sie schlafen gehen, die Ohren noch glühheiss von seiner grausamen Zurückweisung und dem Wissen, dass ihre Aussichten, Phils Frau zu werden, auf dem Spiele standen, falls sie, solange seine Anwandlungen anhielten, nicht ungeküsst blieb. Und das war ganz unmöglich, wie sie klar erkannte. Selbst wenn sie all ihre Willenskraft daran setzte (aber unter dem Gesichtspunkt Willenskraft schien es noch viel weniger möglich) so blieb stets die viel grössere Chance für die achtbare Frau von fünfundvierzig Jahren, die ihn irgendwie an seine eigene Mutter erinnerte. Zum Beispiel Dona Nobis! Mary Kate hegte keine Abneigung gegen Dona Nobis, aber die achtbare Frau von fünfundvierzig Jahren stellte sie sich unweigerlich als fromme Frau mit einem einzigen Zahn vor.

Es war natürlich ein furchtbares Unglück, fand sie, als sie sich unruhig im Bett umherwälzte, wenn man sich zum erstenmal in seinem Leben in einen Jungen verliebte, dessen Geschmack sich so auf das Mutterbild richtete und der dem Küssen eine Wichtigkeit beimass, die in keinem Verhältnis zu der Sache selbst stand. Aber schliesslich hatte er sich's selbst zuzuschreiben, dachte sie empört und ärgerte sich über das zu heisse Bett: er konnte jedenfalls nie behaupten, dass sie ihm keine Gelegenheit geboten hätte, und wenn er seine alte Frau geheiratet hatte und ihrer wieder überdrüssig war, dann würde sie es ihm schon heimzahlen.

Sie malte sich's aus, wie es sein würde, wenn sie selbst zu einem hübschen jungen Mann in grauem Flanellanzug ins Auto stieg und Phil zufällig vorbeikäme, schäbig und alt und eine lange graue Strähne im Haar. Und dann würde sie ihm zurufen (sehr munter natürlich, und ohne sich einen Kummer anmerken zu lassen): »Hallo, Phil! Denkst du noch manchmal an den Abend, als ich dir sagte, du dürftest mich küssen?« Da sie plötzlich weinen musste, als sie es dachte, und gleichzeitig entdeckte, dass Tränen eine grosse Erleichterung waren, baute sie noch mehr so tränenreiche Luftschlösser. Vielleicht fände er sie eines Tages tot daliegen und würde sich jammernd über sie beugen und daran denken, dass er die Gelegenheit nicht wahrgenommen hatte, sie zu ihren Lebzeiten zu küssen, und sie nun im Tode küssen.

Sie schluchzte sich redlich satt, und danach war ihr bedeutend vergnügter zumute.

Sie stand auf, und als sie über den knarrenden Fussboden ging, mit kleinen Füssen, die unter dem schleppenden Saum ihres Nachthemds geisterhaft hervorschauten, und mit eingerollten Zehen, die sich wärmend aneinanderschmiegten, da fand sie, Phil könnte von ihr aus auf den Mond gehen, und sie wollte sich seinetwegen keine Kopfschmerzen mehr machen. Es handelte sich einfach darum, dass sie zu alt wurde, um ewig so weiterzumachen (es war eine kalte Nacht) und sie wollte einen Freund haben. Wenn sie nicht Phil haben konnte, dann eben nicht, ihr wäre auch jeder andere Junge recht (seltsam, wie rasch man nachts solche Entschlüsse fassen konnte). Und überhaupt war sie eine Schönheit, und die jungen Burschen sahen ihr schon nach, wenn sie ihr auf der Strasse begegneten. (Phil war ein kleiner Esel.)

Damit kehrte sie ins Bett zurück und überliess sich Armen und Lippen, die ihre Phantasie ihr vorgaukelte, die sie aber mit enttäuschender Geschwindigkeit in Schlaf sinken liessen.

Mary Verschoyle hielt Wort und verschaffte Mary Kate eine Anfängerstelle in einem kleinen, aber achtbaren Damenkleidergeschäft. Denn, so sagte sie, als Sozialistin und Freidenkerin hielte sie nichts von Achtbarkeit, aber immerhin müsste man sehr vorsichtig sein. Eine Ansicht, der die durchaus ahnungslose Mary Kate kräftig beipflichtete.

Sie entdeckte, dass Mrs. Verschoyle eine merkwürdige, einsame, rechthaberische und gutmütige Frau war, die sich leidenschaftlich gern in anderer Leute Angelegenheiten einmischte, und sie nahm es ihr gar nicht übel. Sie erklärte Phil, dass Mrs. Verschoyle als Protestantin nicht an die Hölle glaubte (hierzu schnitt sie eine entsetzte Grimasse), und dass sie wegen des Himmels einige Zweifel hegte und fände, dass Gott, falls ER existiere, für sehr vieles verantwortlich zu machen sei. Der Spiritismus war eine von ihren Marotten, und wenn sie nach London reiste, nahm sie dort an Séancen teil, und zu Hause experimentierte sie mit Geisterschreiben und Tischrücken. Mary Kate amüsierte sich heimlich über diese Schrullen, die sie für groben Aberglauben hielt, genau wie sich Mrs. Verschoyle über Mary Kates festverwurzelten Glauben an die stellvertretende Heilkraft katholischer Priester amüsierte.

Doch Phil amüsierte sich gar nicht, und er blieb hartnäckig bei seiner Ansicht, dass Mary Kate, wenn sie nicht Schaden an ihrer Seele nehmen wolle, die Besuche bei den Verschoyles gänzlich einstellen müsste. Hierüber lachte sie, denn ihr eigener Wagemut machte ihr Spass. Sie hatte nicht die Absicht, Ma Verschoyle aufzugeben.

Ihre Begegnung mit Gilbert war etwas anstrengend, aber doch nicht so sehr, wie sie sich's vorgestellt hatte. Sie war an einem Mittwochnachmittag bei Ma Verschoyle zum Tee eingeladen, und während der Vorbereitungen musste sie sich eine lange Salbaderei ihrer alten Freundin anhören. Mrs. Verschoyle erteilte Mary Kate eine ihrer endlosen Vorlesungen über das Thema ‚Gute Manieren', und wie üblich achtete Mary Kate dabei auch noch auf andere, nebenherlaufende Bruchstücke an Information, die zu wissen sie nützlich fand. Theoretisch gesprochen, war Ma Verschoyle gegen den Mittelstand. Doch im Grunde war sie selber eine brave Bürgerin des Mittelstands, denn all ihre Theorien und Zweifel hatte sie sich erst in späteren Jahren zugelegt, und unter der Oberfläche war sie sehr für ein Beachten guter Form.

»Eine vollkommene Dame«, erzählte sie Mary Kate, »ist eine Kreuzung zwischen einem Spitz und einer Gans. Wenn du älter bist, wirst du merken, dass selbst die feinste Dame einer guten Putzfrau unterlegen ist. Eine Putzfrau kann sehr unterhaltend sein. Damen aber – die versuchen, Schranken zwischen sich und der nächsttieferen Klasse aufzurichten, und diese Schranken sind genauso blöd wie sie selber. Eine wirklich intelligente Frau errichtet Schranken, die keiner, ausgenommen eine ebenso intelligente Frau überschreiten kann. Ein Dutzend Menschen aus all und jeder Gesellschaftsklasse tritt dann in ihr Leben – und das ist gerade das Dutzend Menschen, das sie wirklich gerne kennenlernen will. Sieh dir dagegen die erbärmlichen spiessbürgerlich gesinnten Spiessbürgerinnen mit ihren spiessbürgerlichen Klassenunterschieden an! Bei denen zählt es nicht, was man denkt! Es kommt nur darauf an, ob man davon spricht, sich mit Milch zu bedienen (was für ein blödsinniger Ausdruck!), und ob man einem Mann die Hand reicht, wenn er einem vorgestellt wird. Als ob es nicht davon abhinge, ob man dem Mann die Hand reichen möchte oder nicht!«

»Und tut man's?« fragte Mary Kate.

»Was denn, Kind?«

»Reicht man einem Mann die Hand, wenn er einem vorgestellt wird?«

Ma Verschoyle erinnerte sich plötzlich, dass sie Mary Kate ja eigentlich den Respekt vor guten Manieren hatte beibringen wollen, und sofort begann sie mit neuen Erklärungen. Mary Kate beschloss daraufhin, dass sie, sobald ihr jemand vorgestellt würde, nicht ihre Hand ausstrecken wollte – einerlei, ob sie ihn mochte oder nicht. Mary Kate hatte etwas von einem kleinen Snob an sich. Und in dem Augenblick kam Gilbert ins Zimmer.

Mary Kate wurde blass. Sie wollte aufstehen, aber sie wurde von Ma Verschoyle sehr energisch auf ihren Stuhl zurückgeschoben und mit feierlichem Ernst vorgestellt.

Mary Kate vertiefte sich in ihren Tee und hörte,

was Ma Verschoyle über ihren Kopf hinweg zu plappern hatte.

»Mein Mann war so mit deiner Mutter befreundet, Mary Kate! Erinnerst du dich noch an das Kätzchen, das er ihr geschenkt hat? Habt ihr es noch? Du besuchst Mrs. McCormick gar nicht mehr so häufig, Gilbert! Wie schade! Ich bin überzeugt, dass sie ein sehr einsames Leben führt!«

Mr. Verschoyle unternahm einen Vorstoss auf den Brotkorb. Als Mary Kate seine behaarte weisse Hand so dicht neben sich sah, raffte sie sich zusammen und blickte auf. Sie begriff sofort, dass er das Urbild zu Tantchen Dinahs Porträt eines Liebhabers war. Er musste früher mal ein hübscher junger Mann gewesen sein, fand sie. Sein Gesicht war gut geschnitten, aber er hatte eine Wamme, und um Kinn und Mund schwebte ein mürrisch unverschämtes Lächeln – ein Lächeln, das seine unterwürfige Angst vor seiner furchtbaren Frau verriet.

Mary Verschoyle predigte ständig Selbstverleugnung – sie predigte und praktizierte sie. Auf Grund ihres Lehrsatzes, dass Ehemänner nicht unrecht handeln können, hatte sie Mary Kates Mutter besucht, und das Ergebnis war das Abbrechen seiner Beziehung mit Babe. Jetzt erkannte Mary Kate zum erstenmal, dass Ma Verschoyle nicht nur weit davon entfernt war, eine Närrin zu sein, sondern dass sie sogar eine ungewöhnlich kluge Frau sein musste und dass ihr Mann sich vor ihrer Klugheit fürchtete. Sie hatte sich eine Methode ausgedacht, ihn zu behandeln, die er nicht verstehen konnte. Keine andere Methode konnte ebenso wirksam sein. Sie geriet nie in Zorn vor ihm, und ausserdem benutzte sie nie die natürlichste Waffe einer gescheiten Frau: nämlich die Ironie. Sie beherrschte ihn gewissermassen aus ungeheurer Entfernung, und von ihrem hohen Beobachtungsstand aus drückte sie die Knöpfe und schaltete die Hebel, die seine Bewegungen regulierten. Und wenn Mary Kate mehr vom Leben gewusst hätte, würde sie begriffen haben, wie sehr Ma Verschoyles Unerschütterlichkeit auf dem beruhte, was sie als ‚das Trauerspiel ihrer Kinderlosigkeit' bezeichnete.

Doch die Begegnung hatte sie erregt.

Sie hatte sich für den Abend mit Doyler verabredet. Die Verabredung war in einem vorübergehenden Ärger über Phil getroffen worden, aber als sie sich jetzt erinnerte, dass Doyler alle Merkmale ‚einer Reise nach Dublin' aufwies und dass sie ihr fades Gesicht stets fürchterlich schminkte, und als sie dann noch einmal auf Gilbert Verschoyle blickte, wurde sie niedergeschlagen und scheu...

Sowie sie mit Doyler aus einer Gasse trat und hörte, wie ihre Begleiterin von fremden jungen Männern zutraulich gegrüsst wurde, wuchs ihre Unruhe. Ihr fester Entschluss, sich küssen zu lassen, den sie mit einer neuen Stahlfeder und Blut aus ihrem Zeigefinger schriftlich festgehalten hatte, geriet ins Wanken. Phils langes, dunkles, missbilligendes Gesicht stand ihr erschreckend deutlich vor Augen, und sie begriff, dass sie für immer von der Liste seiner zukünftigen Lebensgefährtinnen gestrichen würde, falls sie nicht von ihrem Entschluss abliess. Und sie wollte Phil haben, ihn und keinen anderen.

Sie wurde aus ihren Gedanken aufgescheucht und sah sich zwei jungen Männern gegenüber, die Doyler ihr unter viel Gelächter und derben Scherzen vorstellte. Mary Kate erinnerte sich noch rechtzeitig, dass eine Dame dem Herrn nicht die Hand hinstreckt, und sie nickte nur steif und übersah die ihr gebotene Hand. Dann merkte sie, wie geziert sie sich ausdrückte, womit sie offenbar Ma Verschoyle nachmachen wollte, doch geriet es völlig daneben. Das steigerte ihr Unbehagen nur noch mehr, denn sie sah ein, dass das Spiel zwischen Mann und Frau nach bestimmten Regeln gespielt wurde, ob es einem passte oder nicht, und man hatte sie zu befolgen, wollte man sich nicht lächerlich machen. Sie wusste genau, dass man es von den beiden jungen Leuten nicht behaupten konnte, die ganz rechtschaffene Burschen zu sein schienen, und auch nicht von Doyler, die, wie sich Mary Kate in jäh aufsteigender Wut sagte, ein dreistes Luder war. Sie gab ständig zu schlagfertige Antworten – ausgerechnet Doyler, von der alle Welt wusste, dass sie nicht mal einen Knochen für einen Hund übrig hatte.

Und zu ihrer Verzweiflung sah sie sich dann neben einem netten jungen Mann in grauem Anzug und mit einem weichen Filzhut dicht hinter Doyler und dem andern jungen Mann in der Richtung auf Bishopstown hinausspazieren. Der junge Mann war wirklich nett und auf seine Art ein richtiger

Herr, und Mary Kate, deren Mund so trocken wie die Wüste Sahara war, hätte ein Vermögen dafür gegeben, wenn sie ihn ins Vertrauen hätte ziehen können, ja, wenn sie wenigstens die verdammte, gezierte Aussprache hätte aufgeben und ihm sagen können, es sei das erstemal, dass sie mit einem jungen Mann ausginge, und sie ängstige sich halbtot und er hielte sie hoffentlich nicht für die gleiche Sorte wie die kleine Kupplerin Doyler, die nicht mal ein Hemd zum Wechseln hatte, sondern ihren ganzen Wochenlohn für Putz ausgab. Aber sie brachte die Worte nicht heraus, und Mary Kates Verstand, der ihren aufgeregten Körper in beträchtlichem Abstand umflatterte, war sich dessen bewusst, dass besagte Mary Kate sich wie eine dumme Gans benahm und »tjäää« und »noin« sagte und – besonders bedauerlich – sogar »pardongg«, ein Wort, das ausser den Verschoyles kein Mensch in den Mund nahm.

Sie gingen einen Heckenweg entlang, der *Cait Shea's Boreen* hiess, wie Mary Kate später erfuhr; er war schattig und einsam und wurde jetzt, da die Nacht kam, immer dunkler. Der junge Mann legte seinen Arm um Mary Kates Hüfte, und sie warf unwillkürlich einen Blick gen Himmel und dachte: »Gerechter Strohsack!« Dann glitt das erste Pärchen, das vor ihren erstaunten Augen allerhand phantastische Verrenkungen vollführt hatte, plötzlich in einen Graben, und wieder dachte Mary Kate: »Gerechter Strohsack!« Es wäre nicht zu verwundern gewesen, wenn der nette junge Mann nun auch sie in den Graben gesteuert hätte.

Er zog sie fester an sich, und als er sein Gesicht an ihren Hals schmiegte, war es ihr so unbehaglich, dass sie ein paarmal sehr uninteressiert den Kopf abwandte, doch dann endlich liess sie es zu, dass er ihren Mund einfing und ihr den Kopf hintenüber auf die Schulter zwang. Als seine Lippen die ihren berührten, schauderte sie angewidert zusammen. »Zwiebeln!« dachte sie. Was für ein Pech sie hatte! Und für so etwas hatte sie Phil verloren!

»Ich finde, wir sollten jetzt nach Hause gehen«, sagte sie und machte sich sehr entschieden frei.

»Oh, aber doch nicht jetzt?« rief der junge Mann sehr erstaunt. Mary Kate dachte, dass sie vielleicht eine zu grosse Ahnungslosigkeit an den Tag lege.

»Wenn Sie meinen, es wäre nicht recht, Sir?« erwiderte sie und überliess sich gefügig seinen ausgestreckten Armen. Sie musste feststellen, dass der Zwiebelgeschmack sich auch bei längerer Bekanntschaft nicht besserte, und mit einem Verstand, der sich nun völlig abseits hielt, beobachtete sie diese Mary Kate, die sich unter einem mit feuchten Silbersternen zierlich bestickten Himmel in einer dunklen Gasse an die Schulter eines jungen Mannes lehnte – und fand, dass es eigentlich ein aufgelegter Schwindel sei. Das kam davon, wenn man mit seinem eigenen Blut feierliche Entschlüsse niederschrieb! Sie liebte Phil mehr denn je und jetzt erst recht, da er ihr unwiderruflich verloren war. Sie liebte seine Kirchen und seine Statuen und matten Lichter, und sie liebte seinen Ernst und seine Sternenkühle.

Es war nur natürlich, dass sie schweigsam war. Und es war auch nur natürlich, dass der junge Mann, der schon von ihrem damenhaften Benehmen und ihrer gezierten Sprache ganz verwirrt war (die selbst unter seinen Zärtlichkeiten nicht schmolz und auf ein leidenschaftliches »Liebst du mich?« nur mit einem gleichgültigen »Pardongg?« antwortete) – es war nur natürlich, wiederhole ich, dass er all diese Geistesabwesenheit für einen Seelenadel hielt, der ihrer äusseren Schönheit durchaus entsprach.

Kein Wunder, dass der junge Mann das seelenvolle Gesicht mit Küssen bedeckte, die Mary Kates Hand jedoch gelassen, aber entschlossen abwischte, ohne zu bedenken, wie ungerecht sie zu ihm war. In den paar Sekunden Pause, als er ihr die törichte Frage stellte, ob sie ihn liebe, beschloss sie, dem klebrigen und übelriechenden Vergnügen ein Ende zu setzen.

An der Strassenbahn-Haltestelle verabschiedete sie sich von dem jungen Mann, denn Doyler hatte ihr gesagt, es ginge nicht an, die jungen Leute sehen zu lassen, dass sie im Puppenhaus wohnten. Sie trafen eine Verabredung für den nächsten Abend, und Mary Kate war entschlossen, sie nicht einzuhalten.

Doch als die Stunde kam und sie sich für etwas anderes hätte interessieren sollen, da versagte ihre Beherrschung, und erst als sie, eine halbe Stunde zu spät, mit Doyler dem Treffpunkt zustrebte, war sie wirklich zufrieden. Sie war so zufrieden, dass sie sich vornahm, nett zu Mr. Moran zu sein (den sie vor Doyler als Mr. Zwiebel bezeichnet hatte). Sie lachte sogar über seine Scherze und hatte ihn damit gänzlich für sich erobert.

Trotz alledem war Mr. Moran niemals mehr als ein Spielzeug für sie. Damit mag sie ihm vorübergehend das Herz gebrochen haben, wie sie späterhin noch andere Herzen brechen sollte. Vielleicht könnte man Mary Kate einfach als selbstsüchtig bezeichnen, doch das Wort würde sich nicht in den Verlauf unserer Erzählung einfügen. Wenn Mary Kate einen gedruckten Beleg ihrer Träume zurückgelassen hätte, dann wäre ihr Charakter leichter zu rechtfertigen, denn Künstler brauchen keine Verteidigung, einerlei, wie zahlreich ihre kühlen Bindungen sein mögen. Alles, was sie vom Leben nehmen, geben sie hundertfältig in Farbe und Melodie und Rhythmus zurück.

Mary Kate war eine Dichterin, obwohl sie nicht schrieb, eine Musikerin, obwohl sie weder spielte noch sang, und eine Malerin, obwohl ihr einziges Gemälde sie selber war. Doch selbstsüchtig war sie ganz gewiss nicht.

Wie Mr. Moran und auch andere nach ihm wussten, war es ein Vorrecht, sich von ihr das Herz brechen zu lassen.

DREIZEHNTES KAPITEL

Nachdem Mary Kate ihren sechzehnten Geburtstag gefeiert hatte, trat ihr beinahe sagenhafter Vater in Dublin mit einem Brief und einer Zehn-Schilling-Note in Erscheinung, wenn auch auf ganz undramatische Art. Von da an schrieb er hin und wieder und schloss gelegentlich eine Banknote mit ein, die sofort einen wenn auch vergänglichen Glanz auf die eigenartigen Finanzen in der Mansarde warf. Denn es war einer der guten oder schlechten Punkte der Familie McCormick, dass ihr das Geld in den Händen zerging, und zwar vor allem für Esswaren. Ein schmieriger Tisch ohne Tischtuch, jedoch mit einer erstaunlichen Auswahl an Lebensmitteln beladen, deutete gewöhnlich an, dass ein Brief von ,Vater' eingetroffen war. Wenn Mary Kate von der Arbeit nach Hause kam und unterwegs Willie traf, der mit einer ausgeborgten Bratpfanne die Gasse entlangstrolchte, dann fragte sie:

»Was ist los, Willie? Wo haben wir denn Fleisch her?«

»Brief von meinem Alten«, erklärte Willie.

»Und was hat sie gekauft?« (»Sie« war Tantchen Dinah.)

»Ui, herrliche Sachen. Das rätst du nie!«

»Ach, sag's schon, Willie!«

»Eine Hammelkeule und einen Kuchen mit Zuckerguss hat sie in der Stadt gekauft!«

»*Yerra,* ist das wahr?«

»Und sieh mal hier: eine Flasche mit Sosse! O Boy!« rief Willie vergnügt, und als er am Fuss der Treppe angelangt war, liess er einen ohrenbetäubenden Pfiff hören, der allen, die es etwas anging, von der herrlichen Fettlebe in der Mansarde Mitteilung machte.

Mary Kate beteiligte sich an diesen Mahlzeiten mit einem gesunden Appetit, der sich von dem der andern nur darin unterschied, dass sie von einem Gefühl der Dankbarkeit für den Geber erfüllt war. Sie hatte sich eine Art sentimentaler Anhänglichkeit für den Vater erhalten, den sie noch nie gesehen hatte, und wenn die Mahlzeit beendet war, befleckten ihre fettigen Finger die flüchtigen Zettel, die er bekritzelt hatte. Niemals hatte sie den Gedanken ganz aufgegeben, dass ein Vater sie ohne weiteres sehr viel besser verstanden hätte, als es ihre Mutter tat. Ihre fast vergessene Liebe zu Mr. Vaughan, die der behaglichen Wärme und dem Geruch seines Körpers entsprungen war, hatte sich geläutert und war zur Sehnsucht nach dem Verständnis eines ausgeglichenen, leidenschaftslosen, pfeiferauchenden Mannes geworden, der sie doch gleichzeitig soweit respektierte, dass er sie nicht an sich drückte oder ihren Brustansatz streichelte.

»Was schreibt er denn?« fragte ihre Mutter, die sich vor lauter Aufregung, wie man das Geld ausgeben könnte, nicht weiter um sein Briefchen gekümmert hatte.

»Er möchte wissen, wann du zu ihm nach Dublin fährst«, erwiderte sie.

Mit einem an Eifersucht grenzenden Gefühl sah sie, dass ihr Vater seine sündige Frau noch immer einlud, zu ihm zu kommen und mit ihm zu leben – zweifellos aus Unkenntnis, wie sehr sie sich wirklich vergangen hatte. Mary Kate missfiel es, dass ihre Mutter diese Aufforderungen so kühl aufnahm. Und dabei wurde ihr nicht etwa zugemutet, in Armut zu leben, wie Mary Kate gereizt feststellte. Er besass ein eigenes Haus gleich bei der South Circular Road: drei schöne Schlafzimmer, ein Wohnzimmer, die Küche, ein Klosett und ein Stück Gartenland, dazu sogar Gas zum Kochen und Beleuchten. Konnte sie noch mehr verlangen? Sie tat's!

»Was – ich soll zu ihm kommen?« fragte sie hochmütig. »Der mit seinen drei Schlafzimmern und seiner Küche! Ich weiss ganz genau, was er will! Eine Haushälterin will er haben, und er denkt, an mir bekommt er ne billige, aber ich arbeite mir nicht die Finger wund, nicht für das beste Mannsbild, das je in ner Hose gesteckt hat! Er soll sich einpökeln lassen mit seiner Küche!«

»Geh ja nicht, Babe, geh ja nicht!« plapperte Dinah und schwenkte vergnügt eine Sardine am Schwanz. »Hah, die Männer, die sind alle gleich. Zu jeder Tages- und Nachtzeit soll was zu essen auf dem Tisch stehen, und wenn's nicht da ist, geben sie einem die Schuld! Als ob wir uns da nicht auskennen!«

»Du bist aber mächtig froh, dass er das Geld geschickt hat!« murrte Mary Kate.

»Ja, ist es etwa nicht seine Pflicht, seine Frau zu

unterstützen?« fuhr Dinah sie an. »Könnte sie ihn nicht morgen früh vor Gericht verklagen und ihn zwingen, dass er für sie sorgt?«

»Klar – das könnt ich!« sagte Babe. »Und dann müsste er aber zahlen, das kann ich dir versichern.«

»Davon bin ich noch gar nicht so überzeugt«, erklärte Mary Kate dreist.

»Ma, mein Pappi will dich haben!« sang Willie. Er hatte es sich als eine Art Kriegsgeschrei ausgedacht und fand es sehr witzig. Mary Kate war anderer Ansicht.

Die voraufgegangene Unterhaltung erklärt vielleicht ihre Gemütsverfassung, als ihr Vater etwa acht, neun Monate später vorschlug, sie solle zu ihm kommen. Da stand es geschrieben, in seiner eigenen Handschrift, und keiner konnte es abstreiten. Wie wär's, wenn Mary Kate zu ihm nach Dublin käme und ihm den Haushalt führte, da sie jetzt siebzehn sei und schon arbeite?

Für ein in normalen Verhältnissen aufgewachsenes Kind hätte ein solcher Vorschlag nichts Verlockendes an sich gehabt. Eine Stelle aufzugeben, die einem ziemlich viel Freiheit liess und wo man unter Freundinnen war – und statt dessen bei Menschen zu leben, die einem völlig fremd waren, und den Haushalt für einen Mann zu führen, den man noch nie gesehen hatte und für den keiner ein gutes Wort aufbrachte – nicht einmal ihre Mutter, die doch, wie man hätte meinen können, froh sein müsste, Mary Kate loszuwerden! Allerdings stemmte sich ihre Mutter auch nicht sehr dagegen, aber das war wegen geldlicher Erwägungen. Wenn Mary Kate nach Dublin ging, dann würden dadurch die nützlichen Zuwendungen zum Familieneinkommen, die sonst gänzlich aufhören könnten, mehr oder weniger gesichert sein. Daher begnügte sich Babe mit wiederholtem Achselzucken ihrer mädchenhaften Schultern und mit allerlei Bemerkungen wie etwa: wenn es Mary Kate Spass mache – wenn sie allerdings an ihrer Stelle wäre – jedenfalls würde man ja sehen, wie lange sie es aushalte.

Über ihren Vater, über ihn als Mann, konnte sie nichts in Erfahrung bringen. Keiner schien ihn zu kennen – am allerwenigsten ihre Mutter. »Och, er ist ganz nett. Ein ganz ordentlicher Mensch« – das war ungefähr alles, was sie über ihn zu sagen hatte. Babe hatte ein kurzes Gedächtnis, was Bettgenossen betraf.

Der heftigste und peinlichste Widerstand kam von Mary Verschoyle. Mary Kate verliess ihr Haus sogar mit dem Gefühl, die gute Seele tödlich gekränkt zu haben. »Ihre guten Aussichten so beiseite zu schieben und in ein Haus zu gehen, wo sie keine Frauen vorfand, die sie kannte und denen sie trauen konnte? Sie wollte ja Mary Kate nicht vor ihrem eigenen Vater bange machen, aber wirklich, hatte sie darüber nachgedacht? Man konnte doch nicht wissen, was für ein Mann er überhaupt war...« Und so weiter und so weiter. Und aller Widerstand trug nur dazu bei, Mary Kate in ihrem Entschluss zu bestärken. Jeder Widerstand war ihr hochwillkommen. Sie hatte mit Mary Verschoyle gebrochen – jawohl, und sie würde auch noch mit jedem andern brechen, falls nötig, und dadurch ein um so grösseres Opfer bringen. Sie war durchaus bereit, sich einen Vater zu verdienen – jetzt, da sie endlich einen hatte.

Phil dagegen setzte ihrem Entschluss überhaupt keinen Widerstand entgegen, sondern brachte sich fast um, ihr dauernd zuzureden. Und dadurch wurde der Abschied erst recht schwer. Sie war unglücklich. Sie hätte sich gewünscht, dass er es ihr verboten hätte, nach Dublin zu gehen, und irgendwo in einem Winkel ihres Herzens spielte sie mit der Vorstellung, dass sie gehorchen würde, wenn er es verlangte. Aber Phil tat nichts derartiges, und sein gutes Zureden erbitterte sie masslos. Ihre Empörung nahm er in seiner üblichen gleichgültigen Art hin.

»Was willst du eigentlich?«

»Wenn dir einer sagt, dass er weggeht, könntest du doch wenigstens sagen, dass es dir leid tut!«

»Danach hast du mich nicht gefragt.«

»Wonach hab ich dich denn gefragt?«

»Du hast mich gefragt, ob du zu deinem Vater ziehen solltest!«

»Also schön, meinetwegen, meinetwegen. Ich geh ja schon. Ich tu alles, was ich kann, um es dir recht zu machen. Wahrscheinlich freust du dich, dass ich gehe?«

»Natürlich. Ich freue mich, dass du tust, was ich für richtig halte.«

»Du freust dich, weil du mich dann los bist«, sagte Mary Kate übellaunig.

»Das habe ich noch nie behauptet.«

»Ich weiss aber, was du denkst«, entgegnete Mary Kate, und ihr Ärger und ihre schlechte Laune nahmen zu.

»Wenn du weisst, was ich denke, weshalb fragst du mich dann nach meiner Meinung?«

»Du bist ein – ein – ein kaltherziger Mensch! Merk dir das!« rief Mary Kate.

Es ging nicht darum, ob er kaltherzig war: sie wusste, dass er sich viel leichter aus dem Gleichgewicht bringen liess als sie. Aber nie – ausgenommen bei den paar seltenen Zufällen, wo sie plötzlich seine wahren Gefühle entdeckte – nie hätte er die paar einfachen Wörtchen gesagt, die sie von ihm erwartete. Wenn sie ihn zum Beispiel fragte, ob er sie schön fände (eine Frage, die jedes Mädchen einem Jungen stellen darf), dann würde er eine halbe Stunde lang zu erklären versuchen, was er unter dem Wort ‚schön' verstünde, und darauf hinweisen, dass eine alte Frau, die am Kamin sass und ihren Rosenkranz betete, für seinen Geschmack viel schöner sei als eins von den Mädchen, die in der Patrick Street herumschlendern.

»Vermutlich wirst du mir nicht schreiben wollen?« fragte sie.

»Oh, ich schreibe dir natürlich«, sagte er und wurde rot. Sie wusste, dass es ein schlechtes Zeichen war.

»Wie oft? Jede Woche?«

»Alle vierzehn Tage.«

»Jede Woche!« wiederholte sie herrisch und stampfte mit dem Fuss auf. Doch er schüttelte den

Kopf und lächelte mit dem gleichen unerschütterlichen Ernst.

»Ich kann's dir ja sagen, Mary Kate«, erklärte er ihr. »Ich wusste, dass du mich fragen würdest, wie oft ich dir schreibe, und ich habe ein Gelübde abgelegt, dass ich dir nur halb so oft schreiben würde, wie du es von mir verlangen würdest. Wenn du gesagt hättest, jeden Tag, dann hätte ich dir alle zwei Tage geschrieben, und weil du gesagt hast, jede Woche, muss es alle vierzehn Tage sein. Versteh doch: ich habe ein Gelübde abgelegt!«

Sie starrte ihn verblüfft an. Wieder verwirrte sie das verrückt Methodische, mit dem er sein Leben ordnete.

»Mir scheint, wenn ich sterben müsste«, sagte sie ernst, »würde es dir auch nichts weiter bedeuten.«

»Wenn du sterben müsstest« (noch im Sprechen sann er über das Problem nach), »wenn du sterben müsstest, wäre es etwas ganz anderes.«

»Das ist immerhin ein Trost!« Sie lachte nervös, denn sein Ton war ihr nahegegangen.

»Ich werde dir jeden zweiten Dienstag schreiben«, fuhr er lächelnd fort, »und du kannst mir jeden zweiten Freitag schreiben.«

Sie musste versuchen, ein wenig Trost in dem Wissen zu finden, dass er es unbedingt tun würde, selbst wenn der Himmel einstürzte.

Als die Zeit ihrer Abreise näherrückte, versank sie in eine angenehme Schwermut. All ihre alten Lieblingsorte wurden ihr nun besonders teuer, und sie verbrachte viele Stunden damit, die Gassen und

Heckenwege abzustreifen, in denen sie seit Jahren nicht mehr gewesen war. Phil begleitete sie ein- oder zweimal, doch da sie darauf bestand, unterwegs stehenzubleiben und allen alten Bekannten, die sie trafen, ein paar Worte zu sagen und ihn auch vorzustellen, und da diese Bekannten zum grössten Teil Mädchen waren, hatte er es bald satt. Sie konnte seinen Abscheu vor ‚Mädchen' nicht begreifen, besonders vor solchen, die jung und hübsch und lebhaft waren, ja, seine Abneigung war so gross, dass er schliesslich, wenn sie stehenblieb, nicht auf sie wartete und in genau dem gleichen Schritt wie vorher weiterging. Woraufhin Mary Kate vermutete, dass er seine Schritte genauso wie seine Zeit bemessen hatte. Selbst die Tatsache, dass sie ihm nachlief und pfiff und ihm zurief, er solle doch langsamer gehen, brachte ihn nicht dazu, seine Geschwindigkeit auch nur um einen Bruchteil zu vermindern oder sich auch nur einmal nach ihr umzuschauen. Er war wirklich ein verdrehter Bursche, fand Mary Kate.

VIERZEHNTES KAPITEL

Mary Kates erster Eindruck von Dublin war der, dass es nicht genügend Ähnlichkeit mit Cork hatte.

Das war an sich schon eine bittere Enttäuschung, und sie genügte, um sie in eine leidenschaftliche Schwermut zu stürzen (diesmal eine echte), die drei Tage anhielt. In dieser Zeit schrieb sie Phil lange Briefe voller Bedauern und Hoffnung und bat ihn, Grüsse an eine lange Liste von Leuten zu bestellen, und diese Liste erschien selbst seinem frommen Auge wie eine Litanei, die man Wort für Wort in ein *Ora pro nobis* hätte übersetzen können. Und da er überdies nicht mehr als ein Drittel der aufgezählten Leute kannte, betrachtete er die Liste als das, was sie in Wirklichkeit war: als ein Heimwehlied.

Danach begann für Nicholas McCormick und Phil eine Zeit, in der sie mit Ideenverbindungen bombardiert wurden, aus denen hervorging, dass sich Mary Kate auf ihre eigene wunderliche Art allmählich in Dublin einlebte. Phil verstand sie natürlich, doch ihr Vater hielt es bestimmt für eine milde Form von Verrücktheit. Es ist schwierig, tägliche Neuentdeckungen von Ähnlichkeiten ernst zu nehmen und zum Beispiel von seiner jungen Tochter zu hören, dass der Briefträger einem Mann gleicht, der an der Seitentür der Peter-und-Pauls-Kirche die Penny-Kollekte erhebt, oder dass ein Vorübergehender einen Anzug trägt, der wie Mr. Vaughans Sonntagsanzug aussieht, oder dass die

Strasse nach Miltown an eine Strasse in Cork erinnert, die von der Barrack Street nach Pouladuff führt. Und man darf es einem Vater nicht übelnehmen, dass er allen Ernstes glaubte, bei Mary Kate sei eine Schraube locker, als sie ihm nämlich triumphierend berichtete, in einer Eisenhandlung in der George's Street hätte sie ein Waschbecken gesehen, das »haargenau das gleiche ist wie das Waschbecken, das wir zu Hause haben«. Er konnte nicht ahnen, wie sehr dieser Vorgang des Erkennens und Gleichsetzens Mary Kates Einstellung zu der ihr fremden Stadt erleichterte, deren Fremdheit ihren Seelenfrieden bedrohte.

Als dieser Vorgang genügend weit vorgeschritten war, wurde es ihr möglich, sich in den Geist des Haushaltens zu vertiefen, zum erstenmal um sich zu schauen und die Freude an den drei Schlafzimmern und der Küche und dem Klosett auszukosten und auch den Vater zu untersuchen, der ihr erst so spät beschert worden war. Sie fand alles gut, ganz besonders aber das Klosett, das nicht im geringsten an die *Honi-soit-qui-mal-y-pense*-Einrichtung des Puppenhauses erinnerte, zweitens ihren Vater, und schliesslich den Besitz eines eigenen Schlafzimmers, in dem sie ganz für sich sein konnte. Wenn ihr Vater ausgegangen war, sass sie manchmal überwältigt auf der Treppe und sang aus reiner Freude an soviel Platz, genau wie die Engel gesungen haben mussten, als Sonne, Mond und Sterne aus Gottes Hand geschleudert wurden und die Wände des Weltraums über und unter ihnen sich auftaten und vor ihnen zurückwichen.

Es war jedoch nur ihre kindliche Anhänglichkeit, die sie dazu bewog, eine so herrliche Gabe an die dritte Stelle zu setzen. Ihr Vater stand zwar als zweiter auf ihrer Liste, doch konnte er ihr nicht das völlige Glücksgefühl vermitteln, das ihr aus der dritten Gabe erwuchs. Es kam daher, weil sie nicht wusste, was sie von ihm halten sollte.

In seiner Antwort auf ihre ersten kritischen Bemerkungen über ihn erwiderte Phil sehr vernünftig, dass man mit siebzehn Jahren keine grosse Auswahl hätte und dass es nicht so sei, als habe man schon ein Lebenlang mit ihm verbracht – und seine Zurechtweisung brachte sie für einige Wochen zum Schweigen. Sie schwieg, aber sie war nicht überzeugt. Nicht etwa, dass sie ihn nicht leiden konnte – im Gegenteil, sie konnte ihn sehr gut leiden. Aber sie hatte ein Gefühl, als hätte sie ihn, falls er nicht ihr Vater gewesen wäre, vielleicht nicht leiden können. Erstens einmal glich seine Unterhaltung zu sehr den Gesprächen der jungen Männer, die sie kennengelernt hatte, und nicht dem Mann (dem ausgeglichenen, leidenschaftslosen, pfeiferauchenden), den sie als ihr Ideal erkoren hatte. Ausserdem trank er, und seit ihrer Enttäuschung mit Mr. Vaughan hasste Mary Kate den Alkohol, obzwar ihr Vater sich nie in einen so tierischen Zustand hineinsoff wie Mr. Vaughan. Und dann hatte sie sich ihren Vater als einen einsamen Mann vorgestellt, der sich nach der Gesellschaft seiner jungen und lebhaften Tochter sehnt, und statt dessen lebte er inmitten einer Schar von Bekannten, und darunter waren auch Mädchen, die ebenso jung und lebhaft wie sie selbst waren.

Dem stellte sie seine sehr greifbaren Tugenden gegenüber, nämlich, dass er sehr zärtlich war und dass er niemals schalt. Das war grossartig. Er schalt nie, und sie konnte eine Tasse zerbrechen oder einen halben Schilling für etwas Unnützes ausgeben, ohne dass deshalb gleich die Welt unterging. Sie hatte sogar den Vorschlag gemacht, Phil für ein paar Tage kommen zu lassen, und er hatte bereitwillig zugestimmt. Daher schrieb Mary Kate an Phil und bat ihn, den Tag seiner Ankunft festzusetzen – nicht zu spät, damit sie sich darauf freuen konnte, und nicht zu früh, damit ihr genug Zeit blieb, all die Sehenswürdigkeiten zu betrachten, die sie ihm dann zeigen wollte. Es war eine Einladung, die Phil wiederum wie ein Lied vorkam, wenn auch diesmal ein heiteres.

An die Aufgabe, die Stadt in ihren vieltausendfältigen Aspekten zu besichtigen, machte sie sich mit grosser Begeisterung. Die Barken der Guinness-Brauerei mit den roten Schornsteinen, die sich beim Hindurchfahren unter einer Brücke umkippen liessen, söhnten sie beinahe mit dem gefährlichen Alkohol aus. Sie folgte ihnen stromab, und die Uferdämme, die so sehr denen in Cork glichen, und die Schiffe und die fremden Matrosen, die so sehr den Schiffen und Matrosen daheim glichen, waren gleichzeitig eine Herzensqual und eine Herzenswonne. Nur bei der Aussprache der Menschen kam sie sich stets ein wenig verlassen vor: sie redeten so nachlässig und eintönig, und Mary Kate sehnte sich nach dem erregten, quirlenden und wirbelnden Auf und Ab der südlichen Stimmen.

Sie merkte allmählich, dass sie ihre täglichen Besuche der Frühmesse kaum würde durchführen können, denn, wie sie Phil erklärte, gab ihr Vater Gesellschaften, die sie bis in die Nacht hinein wachhielten. Aus Phils Antwort konnte sie ersehen, dass er zum erstenmal ernstlich darüber nachgedacht hatte, ob sein Rat, nach Dublin zu gehen, wirklich weise gewesen sei. Sie begann sogar solchen Geschmack an den Gesellschaften zu finden, dass sie sich wegen des Fortfallens der Frühmesse nicht ernstlich beunruhigte. Sie konnte ein oder zwei von den Mädchen, die ins Haus kamen, recht gut leiden und gewöhnte sich mit der Zeit an ihre Lebensauffassung.

Sie schienen es gar nicht erstaunlich zu finden, wenn eine verheiratete Frau auch noch einen Freund hatte, und sie hielten es für selbstverständlich, dass ein Mann sich mit einer Frau amüsierte, die nicht seine angetraute Ehefrau war. Dass sich Mary Kate an solche Ansichten gewöhnte, erforderte einen ähnlichen Vorgang wie nach ihrer Ankunft das Einleben in die Grossstadt. Sie musste leicht erkennbare Typen treffen, und wenn sie ihnen dann begegnete, war sie nicht entsetzt. Sie brachten ihr das Rauchen bei, und eine Woche lang machte es ihnen Spass, Mary Kate dazu zu verleiten, mit ihnen zu trinken. Doch zuerst lernte sie Karten spielen, und erst wenn sie sich leidenschaftlich für ein Spiel interessierte, wurde sie wieder die alte, natürliche und unbekümmerte Mary Kate. Ihre Unterhaltung gefiel ihnen und überraschte sie, denn sie fanden sie »gut gewürzt«, wie sie sagten, und wenn Mary Kate ein Häufchen Kupfermünzen vor sich liegen hatte, die zusammengekniffenen Augen vom Zigarettenrauch ein wenig rot und feucht, und eine kecke Entgegnung auf den Lippen, dann gehörte sie offensichtlich zu jener Art Mädchen, die sich unter dem Einfluss des Alkohols erst recht herausmachen. Wurde sie geneckt, dann konnte sie wild und laut werden. Eines Abends hatte sie einen Schluck von ihres Vaters Whisky genommen, und wenn sie später einmal sehr aufgeregt wurde, dann bat sie ihren Vater oder einen andern Gast um einen kleinen Schluck. Ihr Vater erklärte stets, in seinem Hause herrsche uneingeschränkte Freiheit, und er wäre entsetzt gewesen, wenn sich seine Tochter geweigert hätte, auch einmal auf den Knien eines jungen Mannes zu sitzen oder sich ohne grosses Zetermordio einen Kuss aufdrücken zu lassen. Da sie bereits alles gelernt hatte, was zum Flirten gehört, und sich ebenso daran gewöhnt hatte wie an ihre Gebete, wäre es Heuchelei gewesen, wenn sie so getan hätte, als sei sie dagegen.

Manchmal wachte sie morgens mit einem seltsamen Kopf und dem Gefühl auf, als sei alles irgendwie unwirklich. Die Gesellschaft, die am Abend beisammen gewesen, war verschwunden, und alle, die daran teilgenommen, erschienen ihr wie heraufbeschworene Geister, die jetzt weiss der Himmel wohin gezogen waren. Das Haus war seltsam, das Bett unter ihr war seltsam. Nichts war so seltsam wie ihr seltsamer Vater, und abermals:

wäre sie nach unten gegangen und hätte sie den Tisch fürs Frühstück gedeckt und gemerkt, dass er nicht erschien, und hätte sie ihn dann gesucht und nirgends entdeckt – sie wäre nicht überrascht gewesen. Sie erkannte es voller Bestürzung, dass sie bis auf den heutigen Tag rein gar nichts über ihn wusste, auch nicht wusste, wo er arbeitete, falls er überhaupt arbeitete, und dass sie ebensowenig über die Männer und Frauen wusste, die Abend für Abend kamen und sich benahmen, als gehöre das Haus ihnen. Und je seltsamer es wurde, dies seltsame Leben, um so besser gefiel es ihr, denn immer haftete allem etwas Geheimnisvolles, Unbeständiges an.

Als sie den Frühstückstisch für ihren Vater deckte, fragte sie sich, ob das kaleidoskopartige Muster, das sie gestern abend gesehen hatte, wohl heute abend wieder auftauchen würde – denn so sah sie es: fast wie ein Muster. Und während sie am Gasherd stand und das Brot für ihren Vater röstete, sang sie:

»Mir träumte, ich wohnte in Marmorhallen,
und Ritter und Knecht mir zur Seite...«

oder

»Mir ist wie einem, der einsam geht
durch öde, verlassene Hallen,
die Lichter verflackert, die Blumen verweht,
blieb einzig noch *sie* von allen.«

Der Gasherd mit seiner rosigen Flammenhöhle brachte sie stets zum Singen.

Manchmal, wenn das Frühstück beendet war und sie alles abgeräumt hatte und er weggegangen war, um zu arbeiten (oft mit drei oder vier Gästen, die über Nacht geblieben waren und irgendwo und -wie geschlafen hatten), hätte sie viel darum gegeben, wenn sie in ihre klare, vertraute Heimatluft hätte hinaustreten können, an bekannten Häusern vorbei, um mit bekannten Leuten zu sprechen: mit Scrap, der nebenan seinen Kramladen betrieb, und mit Kitchener, dem Flickschuster, und mit George Mahon. Denn es hatte den Anschein, als ob von den übernachtenden Gästen keiner jemals in den Tag hinein blieb, oder wenigstens nicht bis nach dem Frühstück.

Etwas von der verwirrenden und nervösen Freude, die sie den Abendgesellschaften verdankte, sickerte auch in ihre Briefe an Phil. Sie wusste, wie entsetzt er darüber sein würde, und deshalb trug sie die Farben manchmal dick auf. Oh, wie herrlich sie sich stets unterhielten!

Doch, sie unterhielte sich ausgezeichnet! Ihr Vater gefiele ihr immer besser, schrieb sie Phil und plagte damit sein Gewissen, das ihm schon heftig zusetzte, noch mehr. Ihr Vater trinke zwar, doch bestehe ja noch ein grosser Unterschied zwischen dem und einer sinnlosen Betrunkenheit (besonders wenn man nur aus Geselligkeit trank, um kein Spielverderber zu sein). Und er könne sie sehr gut leiden und käme jeden Abend in ihr Zimmer, um ihr Gutenacht zu sagen und vorher noch etwas mit ihr zu plaudern. Es sei sehr merkwürdig, dass er nicht richtig verheiratet sei. Irgendwie sei er so sehr unternehmungslustig und gliche einigen jungen Leuten, die sie kenne, so dass man ihn sich gar nicht ohne eine Freundin vorstellen könnte, und er lebe ja auch eher wie ein unverheirateter Mann und nicht wie ein Vater, der schon über siebzehn Jahre verheiratet sei. Dadurch würde es auch für sie schwierig, den richtigen Ton ihm gegenüber zu treffen. Er sei gar nicht der Mann, den vorzufinden sie erwartet hätte, und es sei gar nicht so einfach, so mit ihm zu sprechen, wie man mit einem Vater sprechen sollte. Sie hätte übrigens ein paar Worte aufgefangen und gehört, dass er tatsächlich auch eine Freundin habe. So etwas sei natürlich bei einem Mann ganz anders, der könne tun, was eine Frau nie tun dürfe. Eigentlich gefiele ihr zwar diese Seite an ihm gar nicht, doch wenn man ihn näher kennen lerne, verstehe man es besser. Ausserdem sehe er ja gut aus, schon ein bisschen voll und mit ein paar grauen Haaren, aber hübsch und sehr gross.

Mit diesen harmlosen Briefchen verriet sie Phil, welchen grossen Eindruck die seltsame Lebenshaltung in ihres Vaters Hause auf sie machte, ja, sie verriet ihm mehr, als sie selber wusste.

Manchmal, wenn er sein Frühstück eingenommen hatte und fortgegangen war, um seine geheimnisvolle Tätigkeit auszuüben, kleidete sie sich wieder aus und legte sich nochmals ins Bett. Wenn sie schlafen konnte, schlief sie, aber es kamen auch Tage, an denen sie eine Stunde hellwach dalag und darüber nachsann, wieviel schöner ihr jetziges Leben sei als das Leben, an das sie gewöhnt war, und sie fragte sich, ob denn Aussichten bestünden, dass es immer so weiterginge. Sie hatte ein unbehagliches Gefühl, als ob ihre Mutter eines Tages sterben und ihr Vater wieder heiraten würde, und dass seine Zuneigung zu ihr die Trauung nicht überdauern könnte. Sie vermutete, dass sie dann wohl nach Cork zurückkehren müsste, falls sie sich nicht irgendein Hänschen einfing, das ebensogut für sie sorgte wie ihr Vater. Im Grunde konnte sie jedoch der Aussicht auf einen Ehestand mit einem von den fünf oder sechs Hänschen aus ihres Vaters Bekanntschaft, das auch nur halbwegs ehetauglich schien, nicht mit Gleichmut entgegensehen. Sie liess sie vor ihrem Geiste Revue passieren. Sie hatten allesamt Fehler, himmelschreiende Fehler, angefangen mit ihrer Aussprache, die sie nicht ausstehen konnte, bis zu der gezierten und weibischen Aufmerksamkeit, die sie ihrem Aussehen widmeten. Ausserdem schienen sie sich für gar nichts zu interessieren. Es gab manche Dinge, über die konnte man weiss Gott lang und breit reden, und dass Phil sie nicht erwähnt hören und erst recht nicht darüber sprechen wollte, war eine beträchtliche Schattenseite an ihm; aber schliesslich, so überlegte Mary Kate, musste es doch ein paar Dinge geben, über die man mit Männern sprechen konnte, ohne sie zum Gähnen zu bringen. Doch von solchen Dingen schienen die Hänschen noch nie gehört zu haben. Was immerhin erstaunlich war, wenn man es bei Lichte besah, denn Dublin war ja, wie es hiess, so sehr viel grösser als Cork, und da durfte man doch wohl annehmen, dass Fragen von allgemeinem Interesse dementsprechend zahlreicher waren.

Trotzdem kam es ihr so vor, als würde es durchaus nicht leicht sein, ihr früheres Leben wieder aufzunehmen. Und jetzt beunruhigte sie nicht so sehr die Tatsache, dass ihre Mutter zwei vaterlose Kinder und einen schlechten Ruf hatte, sondern das Liederliche und Ungewisse, das Puppenhaus, das eine Stinkbude war, wie sie zu ihrem Leidwesen gestehen musste, und Tantchen Dinah, die zwar ein lustiges Geschöpf schien, die einem aber mit ihrer Faulheit und Überspanntheit schrecklich auf die Nerven fallen konnte, und ihre Mutter, die noch so jung und hübsch wie vor siebzehn Jahren war, die es aber wegen irgendeines unglücklichen Charakterzuges einfach nicht fertigbrachte, die Früchte des Bösen zu ernten, von denen man soviel reden hörte, sondern die nur hilflos in der Asche sass und schlechte Romane las.

Und sogar Phil. Was man auch einwenden mochte gegen die Hänschen, die Dubliner Knaben, wie sie sie insgeheim nannte, so schienen sie das Leben doch richtig anzupacken, denn wenn man einerseits Phil und seine scheussliche kleine Arbeitsstelle und seinen verrückten Boss und das eine, einzige Zimmer betrachtete und andrerseits ein nettes Hänschen, einen Knaben, der zwar keine Spur von Verstand, aber immerhin ein Haus mit vier Zimmern und Küche und Klosett besass und bei dem man sich nicht das Mittagessen zusammenbetteln musste, dann steckte man als junge Dame von siebzehn Jahren in einer schönen Klemme!

In dieser frühen Morgenstunde, einem beneidenswerten Faulenzerdasein hingegeben, konnte sie ganz vernünftig darüber nachdenken. Doch wenn sie auf den Beinen war und die Uferdämme entlangwanderte, weit hinaus, bis zu den Bootshäusern in Ringsend, dann verblasste das alles, und sie dachte eifrig an Phil und Scrap und Gregory und wünschte, sie wäre daheim, und wünschte, der Abend wäre erst da, und fragte sich, was für Hänschen wohl heute abend auf der Bildfläche erscheinen mochten.

Ihren Vater konnte sie immer besser leiden. Er kam regelmässig in ihr Zimmer, um ihr einen Gutenachtkuss zu geben, sass auf ihrem Bettrand und plauderte mit ihr, deckte sie besser zu und machte dann das Licht aus. Sie gewöhnte es sich an, die eine Schulter nicht zuzudecken, damit er etwas zu tun hätte.

Sie erzählte ihm von Phil, und er hörte aufmerksam zu. Sie hatte das Gefühl, als sei er einsam und als mache es ihm Freude, sich mit ihr zu unterhalten. Über seine Arbeit und seine Freunde sprach er nie mit ihr, immer nur über sie selbst.

Manchmal sprachen sie von ihrer Mutter, und dann verfinsterte sich seine Miene. Sie hatte das Gefühl, als hege er eine grosse Bitterkeit gegen sie.

Der arme Phil! Der arme, standhafte, fromme, arbeitsame, von Programmen beherrschte und um sein Ich kreisende Phil!

Es wäre notwendig, all das und noch sehr viel mehr zu schildern, wollte man einen richtigen Begriff von Phils Geisteszustand, Mary Kate betreffend, vermitteln, von ihr, die nun schon seit über einem Monat fort war. Was wir aus ihren Briefen über sie erfahren haben, ist nur die eine Seite der Medaille – doch die andere Seite war auch da, nämlich Phils Einstellung. Mittlerweile hatte er sechs Briefe erhalten, die seinem ausserordentlich geradlinigen Denken einen Vorgang unaufhaltsamen moralischen Zerfalls zu enthüllen schienen. Er trug diese Briefe mit sich herum, und von Zeit zu Zeit, wenn seine Gedanken eigentlich ganz woanders hätten sein sollen (wie er genau wusste), dann holte er sie hervor und las sie nochmals von Anfang bis zu Ende durch. Wenn er den ersten Brief fertiggelesen hatte, fühlte er sich fast wieder beruhigt – wenn er dann nur nicht weitergelesen hätte! Doch seine Lektüre frommer Schriften hatte ein Gespür für Sittendramen einfachster Art gezeitigt, und noch ehe er den letzten Brief gelesen hatte, wurde er von einem Wirbelwind an Panik gepackt, der seine Phantasie zu allen nur erdenklichen düsteren und anrüchigen Schlussfolgerungen fortriss.

Allerdings neigte er gar nicht dazu, Seelen zu

erretten. Ein angeborenes Taktgefühl sagte ihm, dass moralische Überlegenheit, gleich welcher Art, nicht von Eitelkeit unterschieden werden kann, und bei keinem Anlass hatte er jemals Einspruch erhoben gegen etwas, das andere Leute getan hatten. Er hörte grauenerregende Lästerungen mit an, ohne auch nur mit der Wimper zu zucken oder Tadel auszuteilen. Er liess sich verhöhnen, ohne den geringsten Drang, sich zu verteidigen. Er war demütig.

Doch in seinen Gefühlen zu Mary Kate hatte die Demut keinen Platz. Das mochte einesteils daher kommen, dass er sich mit ihr identifizierte. Zweitens kam es vielleicht daher, dass er nicht genau wusste, wann der vermeintliche Zerfall bei ihr angefangen hatte, denn die Tatsache, dass sie über Dinge schrieb, über die sie nie zu ihm gesprochen hatte, verleitete ihn zu dem Glauben, dass sie sie erst kürzlich kennengelernt hatte. Was ein Irrtum war, wie wir gesehen haben.

Aber als sie ihm nun gar von ihren vorhin geschilderten Überlegungen berichtete, da war er überrascht und etwas gekränkt. Er empfand es wie einen Schlag, dass Mary Kate materiellen Erfolg anbetete, und dass sie erst jetzt begonnen haben sollte, Phils Platz und Erfolg im Lebenskampf zu kritisieren, machte es noch schlimmer.

Eines Morgens ging er zur Arbeit und musste zweimal an die Türe klopfen, ohne eine Antwort zu erhalten. Es war schon öfter geschehen, und Phil wusste, dass es dann weiter nichts für ihn zu tun gab, als zu warten. Daher wartete er und pfiff trübselig vor sich hin, denn sein Seelenfrieden war plötzlich gestört. Einem andern Menschen hätte es nichts ausgemacht, doch dass ihm die Türe versperrt blieb, knickte seinen Mut, er wusste selbst nicht, weshalb eigentlich. Es war nicht wegen des letzten Briefes von Mary Kate, denn der zählte nicht, wenn man's bei Licht besah, doch schien es töricht, anzunehmen, eine versperrte Türe könnte irgendwie wichtiger sein. Es kam ihm nicht in den Sinn, dass er Sehnsucht nach Mary Kate haben könnte und dass die Frühmesse ohne sie etwas Langweiliges geworden war. Dass sie ihm fehlte, gab er zu, aber die Stärke seiner Sehnsucht war ihm unbekannt, sogar dann, wenn die alte Kirche mit den gelben Kerzen und dem geflüsterten Latein ihn glauben liess, er sei allein in einem leeren Haus. Die blosse Vorstellung, er könne wegen ihrer Abwesenheit niedergeschlagen sein, regte ihn auf, und in Dona Nobis' verdoppelter Fürsorge schien ihm auch ein Teil Mitleid zu stecken. So gerne er Mary Kates Briefe erhielt und selbst wenn sie erschreckend klangen, fand er doch, er hätte Dona Nobis damit noch keinen Grund gegeben, sich, sooft er sie traf, jedesmal nach dem Mädchen zu erkundigen.

Der langsam entschwindende Vormittag hatte bereits den elften Glockenschlag verschluckt, als Gregory endlich vom Flusse herkam – ohne Hut. Er hatte Ringe um die Augen. Kaum hatte er Phil erblickt, als er sich auch schon sehr geschäftig und besorgt zeigte.

»O je, o je«, rief er und wischte sich mit einem Taschentuch über die Stirn. »Wie man überall aufgehalten wird! Erstaunlich, wie solche Leute je ihre Arbeit schaffen können! Ein Vetter von mir« (es schien, als stosse er den Vetter ins Schlüsselloch und rüttle ihn durch), »der auf der Südseite wohnt, hat mich über Nacht bei sich behalten. Aber so ein dummes Geschwätz über Parnell und seine Anhänger und weiss der Teufel, was sonst noch, hast du noch nie gehört! Alles alte Geschichten! Wie der Mann je mit seiner Arbeit fertig wird, ist mir ein Rätsel.« (Er war jetzt im Vorraum, und liess sich nicht durch die Stille in der Werkstatt einschüchtern, die seine dreisten Lügen noch deutlicher hervortreten liess.) »Und dann die Trödelei beim Frühstück!«

Phil konnte sich so dunkel vorstellen, mit was für einer Sorte von Vetter der alte Gregory die Nacht verbracht hatte, und ein Brechreiz überfiel ihn plötzlich, als er in die Werkstatt trat. Kein noch so frommes Leben konnte einen solchen Posten wettmachen. Mary Kates Verachtung war gerechtfertigt. Und so bissig bedrängte ihn dies neue Gefühl, dass er eine Unterhaltung als Notwendigkeit empfand, während der alte Gregory aus reinstem Widerspruchsgeist weniger gesprächig als sonst war. Vielleicht bedrückte ihn sein Gewissen, dachte Phil ganz mechanisch aus einer frommen Hoffnung heraus.

Doch ist eher anzunehmen, dass Gregory nicht an Gewissensbissen, sondern an Anwandlungen litt. Er wuselte emsig umher, machte verschiedene Bemerkungen über Vettern und ihre Eigentümlichkeiten sowie über die grosse Dummheit, geschichtlich zu denken, wie auch über die erstaunliche Faulheit, Liederlichkeit (um nicht zu sagen Unsauberkeit) und Unpünktlichkeit des irischen Volkes im allgemeinen.

»'s ist toll!« rief er und versetzte einem störrischen Nagel einen Schlag. »Jawohl! Schrecklich! Von allen massgeblichen Beobachtern werden wir für die klügste, schnellste, scharfsinnigste Rasse der Welt gehalten, und doch können wir bei keinem Anlass pünktlich sein. Ich frage mich, ob wir bei unsrer eigenen Beerdigung pünktlich erscheinen werden. Was meinst du? Mich würde es sehr verwundern! Und was ist das für ne Klugheit, wenn man ewig zu spät kommt? Ist das nicht ein schlagender Beweis dafür, dass wir nicht klug sind? Phil, mein Junge, einen pünktlichen Mann schätze ich mehr als Gold und Edelsteine!«

»Sie scheinen trotz alledem heute ordentlich in Schwung zu sein«, meinte Phil.

»Oh, ich kann nicht klagen, ich kann nicht klagen«, murmelte Gregory undeutlich, da er dachte, er könnte sich blossgestellt haben. »Gerade, weil ich mich gestern abend gar nicht recht im Strumpf gefühlt habe, bin ich zu meinem Vetter hinübergegangen, um mich ein bisschen abzulenken.«

»Denken Sie auch manchmal«, fragte Phil, »dass Sie besser dran wären, wenn Sie nicht lebten?«

»Allerdings«, erwiderte Gregory. »So ungefähr war's mir gestern abend zumute.«

»Als ob Sie würgen müssten, wenn Sie nicht sofort frische Luft schnappen könnten?«

»Ersticken!« bestätigte Gregory kurz und bündig und zündete sich eine Pfeife an, was bei ihm ein seltener Luxus war, den er sich nur nach einem Besuch bei seinem ‚Vetter' leistete.

»Und als ob Ihnen fast das Herz im Leib zerspringe«, schloss Phil seine lange und jeden Rekord brechende Rede.

»Ja, weiss Gott, ja«, nickte Gregory und wurde vor lauter Anstrengung, seine Pfeife zum Ziehen zu bringen, fast blau im Gesicht.

»Und so ist's mir jetzt zumute!« erklärte Phil rundheraus.

»Dir ist nach einer Abwechslung zumute«, sagte der Schreiner.

»Ja.«

»Und weisst du auch, was dir fehlt?« fragte Gregory und deutete mit dem Stiel seiner Pfeife, die ihm dabei wieder ausging, anschuldigend auf Phils Brust.

»Nein – was denn?« fragte Phil.

»Du bist verliebt«, sagte Gregory.

Phil lachte trocken.

»Rasend verliebt«, sagte Gregory, ohne zu merken, wie viel er dabei über sich selbst verriet. Doch Phil schüttelte nur den Kopf und lächelte trübselig.

»Ach nein«, entgegnete Phil und dachte, dass Gregory einen gehörigen Schreck bekommen würde, wenn er wüsste, wieviel Niedergeschlagenheit wegen seiner Stelle bei ihm mit hineinspielte.

»Doch!« brüllte Gregory plötzlich los. »Bin ich nicht alt genug, dass ich dein Vater sein könnte, und kenn ich nicht die Symptome?«

»Das ist mir einerlei«, erwiderte Phil. »Sie täuschen sich trotzdem.«

»Und ausserdem hast du Sehnsucht nach dem Mädchen.«

»Nach welchem Mädchen?« fragte Phil und war zum erstenmal unaufrichtig. Er verriet sich durch eine Röte, die über sein ganzes Gesicht flog.

»Das kleine Mädchen, das nach Dublin gereist ist. Wie heisst sie doch noch?«

»Nein«, sagte Phil schroff. »Ebensowenig wie sie nach mir!«

»Erzähl mir doch nichts!« entgegnete der Schreiner verächtlich. »Eine Frau ist wie ein Flanellunterhemd. Du merkst es vielleicht nicht, wenn du's weglässt, aber glaube mir nur, du bekommst hinterher die schlimmste Erkältung! Ich schwör's dir!«

Phil lächelte müde und überlegen.

»Warum ist sie überhaupt von dir weg und nach Dublin?« erkundigte sich Gregory.

»Sie wollte zu ihrem Vater.«

»Zu wem?«

»Zu ihrem Vater.«

»Meinst du den McCormick?«

»Ja.«

Gregory nickte ernst und stürzte sich mit der Säge auf ein Brett. Zwischen dem Kreischen der Säge und seinem eigenen Keuchen warf er ihm eine Frage zu. Wie es ihr gefiele. Gellend gab Phil zur Antwort, dass es ihr grossartig gefiele. Woraufhin Gregory wieder nickte und bedeutungsvoll ausspuckte. Phil erhaschte etwas, das sich anhörte wie »und dabei so ein nettes Mädchen!« Seine Neugierde war erwacht. Es war ihm nicht in den

Sinn gekommen, dass Gregory vielleicht Mary Kates Vater gekannt hatte – damals, als er noch in Cork lebte. Zwar war er selbst jetzt noch nicht ganz sicher, ob Greg sich einfach einen McCormick ausdachte, um seine Neugier zu befriedigen – es hätte dem alten Greg ähnlich gesehen – doch das Risiko musste er in Kauf nehmen. Deshalb passte er eine neue Gelegenheit ab, um den Alten bei seiner Morgenarbeit zu unterbrechen.

»Haben Sie Mr. McCormick gekannt, Mr. Mahon?« fragte er, als Gregory die Arbeit am Brett beendet hatte.

»Allerdings«, erwiderte der andere mit düsterer Miene. »Kannst mir's glauben.«

»Finden Sie, dass sie überhaupt nicht hätte zu ihm fahren sollen?«

Die Frage schien den Schreiner in einen Zustand vorübergehender Betäubung zu werfen. Er blickte sich sprachlos um. Phil wusste, dass er ein passendes Gleichnis suchte, und um sein Zaudern zu überbrücken, fuhr Phil fort: »Ich habe ihr nämlich geraten, zu ihm zu gehen, und jetzt denke ich, dass es vielleicht nicht richtig war.«

Gregorys Augen leuchteten auf. Es war wie ein Aufflammen des Rampenlichts auf der Bühne, wenn die Ouvertüre zu Ende ist. Er stürzte sich auf das Brett, das er gerade durchgesägt hatte, und klemmte die Hälfte in den Schraubstock.

»Siehst du das?« fragte er triumphierend.

Er drehte den Griff des Schraubstockes einmal herum.

»Siehst du das?« schrie er mit wilder und unbeherrschter Aufregung. »Jawohl! So ist es nämlich. 's wird rausgepresst. Jugend, Schönheit, Unschuld – alles wird rausgepresst – so! Einfach weg!« Er grinste vor Stolz wegen der Anschaulichkeit des von ihm gewählten Bildes, und dann fummelte er blindlings in der Nagelkiste herum, auf der Suche nach einem geeigneten Nagel.

»Ich hätte ihr nie raten sollen, nach Dublin zu fahren«, ächzte Phil unglücklich und im Bewusstsein, wie sehr er selbst dazu beigetragen hatte, Mary Kate wegzuschicken. »Aber wie konnte ich denn ahnen, dass ihr Vater so ist und noch seine eigene Tochter verleitet?«

»Das ist gut!« brüllte der Schreiner. »Seine eigene Tochter! Was hat sie dir darüber gesagt?«

»Nichts anderes, als was ich Ihnen erzählt habe!« erwiderte Phil. »Weshalb denn?«

Gregory stiess ein irres Gekicher aus, und mit einem furchtbaren Hieb nagelte er das Brett an der Bank fest und trieb den Nagel noch tief ins Holz hinein.

»Weil sie ebensowenig seine Tochter wie meine Tochter ist, das lass dir gesagt sein!« krähte er vergnügt, und seine Stimme schien aus den Hammerschlägen hervorzudröhnen wie Jehovas Stimme aus dem Donnergrollen. Er war befriedigt, eine Illusion völlig zerstört zu haben, und nahm wieder sein Brett zur Hand.

»Wollen Sie etwa sagen«, fragte Phil und legte seine Hand fest auf die Kante des Brettes, um ihn in seiner Arbeit zu unterbrechen, »wollen Sie etwa sagen, er wäre nicht ihr Vater?«

»Natürlich ist er's nicht«, stotterte Gregory. »Hat sie's dir denn nicht erzählt?«

In Phils Kopf begann alles mit erstaunlicher Geschwindigkeit herumzuwirbeln, so dass es einige Zeit dauerte, bis er wieder sprach. Es war nicht seine Stärke, Schlüsse zu ziehen, und hier schienen menschliche Beziehungen in einen schrecklichen Wirrwarr geraten zu sein. Nur ein Gedanke zeichnete sich deutlicher ab: wenn vorher eine geringe Hoffnung für Mary Kate bestanden hatte – jetzt gab es keine mehr. Und eine Frage drängte sich ihm auf. Er stellte sie sachlich, und unfähig, sie in ihrer vollen Tragweite zu verstehen.

»Weiss er es?«

»Aber natürlich«, erwiderte Gregory, »er muss es doch am besten wissen.«

»Aber Mary Kates Mutter...« widersprach Phil matt.

»Meinst du Babe Matthews?« fragte Gregory verächtlich. »Vielleicht hat sie mal geglaubt, sie könnte ihn kapern, aber hat sich schon jemals ein Mann mit gesundem Menschenverstand von dem einfangen lassen, was Babe Matthews ihm vorerzählt hat?«

Phil sass da und war zu benommen, um zu sprechen.

»Was fehlt dir?« fragte der Schreiner.

»Es ist doch furchtbar mit Mary Kates Lage«, erwiderte er. »Sie glaubt, der Mann sei ihr Vater, und dann ist er's gar nicht!«

»Keine Angst«, versicherte ihm Gregory. »Die weiss es ganz bestimmt.«

»Nein, das weiss sie nicht«, entgegnete Phil.

»Na gut, vielleicht weiss sie's auch nicht«, überlegte Gregory und rieb sich weise das Kinn. »Es ist eine furchtbare Lage!«

»Ja, es ist schlimm!«

»Was soll ich bloss tun, Mr. Mahon?«

»Du könntest ihr schreiben«, riet Gregory ohne viel Hoffnung in der Stimme.

»Das könnt ich.«

»Aber andrerseits könnte es das Schlimmste sein, was du nur tun kannst.«

»Ja«, sagte Phil, nachdem er ein Weilchen über den Vorschlag nachgedacht hatte.

»Oder du könntest den Priester bitten, dass der schreibt.«

»Das könnte aber auch schlimm werden.«

»Ja, bestimmt. Oder du könntest nach Dublin gehen und sie wieder hierher zurückbringen.«

Es war auch das erste, was Phil eingefallen war, doch aus dem Munde des Schreiners klang es schon eher ausführbar, und als liessen sich so alle seine Zweifel wegen seines Mutes und auch das schlechte Gewissen mit einem einzigen Schlage beseitigen.

»Das könnte ich machen«, sagte er, stand auf und band sich die Schürze ab.

»Wo willst du das Geld hernehmen?«

»Ich hab mir ein paar Schilling gespart«, sagte Phil.

»Reicht es bis nach Dublin?«

»Vielleicht.«

»Ich will dir geben, was ich habe«, schlug Gregory vor. »Ich kann einen unternehmungslustigen jungen Mann gut leiden.« Er versenkte die Hand in die Hosentasche und zählte vier Schilling und acht Pence auf die Hobelbank. »Ich gebe dir die Schilling und behalte die acht Pence fürs Gas«, sagte er. Seine Hand zitterte, als er die Kupfermünzen wieder einsammelte. Phil wusste, dass er am Tage vorher über zwei Pfund gehabt hatte. Das war das Ergebnis von Familienzusammenkünften! Er zog sich den Rock an.

»Vielleicht muss ich zu Fuss zurück, aber ich will mein möglichstes tun«, sagte er.

»Ach, es wird dich schon jemand mitnehmen«, meinte Gregory. »Und wenn du irgendwo steckenbleibst, kannst du mir schreiben, dann werd ich mal sehn, ob ich einen alten Tisch oder irgendwas verkaufen kann.«

»Ja, das will ich gern tun. Auf Wiedersehen, Mr. Mahon«, sagte er und setzte seine Mütze auf.

»Sei schön vorsichtig!« mahnte Gregory.

»Ich werde allmählich genau so ein Idiot wie er selber«, dachte Phil im gleichen Augenblick, als er den Fuss aus der Werkstatt setzte. Sein Husarenstückchen bedeutete, dass seine Ersparnisse draufgingen. Schlimmer war es jedoch, dass er, der so darauf versessen war, sich in allen Fragen einer Autorität zu unterwerfen, jetzt auf seinen eigenen Beinen stehen und sich allein weiterhelfen musste, und davor hatte er Angst. Doch hatte er auch, was Gregory ‚eine schwarze Strähne' nannte, die ihn gegen jede Meinung, selbst gegen seine eigene, aufsässig machte, was vielleicht darauf hinweist, dass sein Denken nur seinen Gefühlen entsprang. Er plünderte also sein Zauberkästchen, wie die Sparbüchse gemeinhin genannt wird, und heftete einen Zettel an seine Tür »Fahre nach Dublin, bin in ein paar Tagen wieder da. Philip Dinan.« Dann warf er einen letzten Blick auf den Shandon und stürzte fort, um den Mittagszug nach Dublin zu erreichen. Dona Nobis war ausgegangen, sonst hätte er sich von ihr verabschiedet.

Im Zug überfiel ihn die Panik von neuem, doch sprach er eine Menge Stossgebete, und dadurch gelang es ihm, seine Aufmerksamkeit sowohl von seiner Flucht wie von der ständig wechselnden Schönheit der Landschaft abzulenken. In Thurles stieg indessen ein junger Priester ein, und Phil betrachtete es als ein gutes Zeichen und zog ihn schüchtern in ein Gespräch. Der junge Priester sprach mit ihm über das National-Irische Endspiel, für das die Grafschaft Tipperary als besonderer Favorit galt, und Phil staunte über die Fragen, die er ihm wegen der Mannschaft Cork stellte. Phil hatte gar nicht gewusst, dass Cork eine Mannschaft hatte.

Der junge Priester schob sein Schweigen zum Glück auf seine Scheu und versprach, sich in Dublin um ihn zu kümmern.

Als der Zug dampfend in den Bahnhof Kingsbridge brauste, suchte jedermann, ausgenommen Phil, seine Siebensachen zusammen, und Phil fasste einen seiner blitzschnellen löblichen Entschlüsse.

Der junge Priester führte ihn zu einem Autobus, der in die Stadt fuhr, und als sie an einer Kirche vorbeikamen, war er erstaunt, seinen Schützling aufspringen zu sehen. Mit der gründlichen Rücksichtslosigkeit des Frommen berührte Phil flüchtig seine Hand, sagte hastig Lebwohl und strebte dem Ausgang zu.

»Halt!« rief ihm der Priester nach. »Wir sind noch nicht da, noch lange nicht!«

»Ich weiss«, sagte Phil, ohne sich umzudrehen. »Wir sind gerade an einem Freund von mir vorbeigefahren.«

Phils Freund war der Insasse des nächsten Tabernakels, denn Phil hatte beschlossen, jede Kirche auf dem Wege vom Bahnhof bis zu Mary Kates Wohnung an der South Circular Road aufzusuchen und in jeder Kirche ein Gesätz vom Rosenkranz zu beten. Die zehn Gebote oder Mary Kates Tugend oder Irlands Freiheit waren ihm im Augenblick viel weniger wichtig als die Notwendigkeit, diesen Entschluss getreulich durchzuführen.

Phil hatte keine Ahnung, was er sich da vorgenommen hatte, und wenn er es gewusst hätte, würde er sich wahrscheinlich nicht darum gekümmert haben. Denn er war ganz überzeugt, dass in diesen blitzartigen Einfällen Gott selber zu ihm sprach. Es war daher Pflicht, seinen Stimmen zu gehorchen. Nachdem er sein erstes Gesätz gebetet hatte, nahm er eine Strassenbahn, die in der entgegengesetzten Richtung fuhr, bat den Schaffner, ihn bei der ersten katholischen Kirche aussteigen zu lassen, und wurde abgesetzt, ohne dass er seinen Irrtum entdeckte. Als er eine dritte Kirche besucht hatte, wurde es ihm klar. Nun musste er wieder zu seinem Ausgangspunkt zurückgehen, und all das erforderte viel Zeit.

Wahrscheinlich hat kein Mensch je versucht, etwas Ähnliches in einer fremden Grossstadt zu unternehmen, daher kann sich auch niemand die Schwierigkeiten und die Versäumnis vorstellen, und erst recht nicht die Pein, die es einem sensiblen Gemüt bereiten musste, bei den Strassenbahnschaffnern für leicht verrückt gehalten zu werden. Glücklicherweise waren die Strassenbahnschaffner allesamt Katholiken und daher geneigt, den milden Anfall religiösen Wahnsinns bei einem ihrer Glaubensgenossen mit Wohlwollen zu betrachten.

Leider hatte Phil nicht gedacht, dass es so viel verschiedene Wege gab, sein Ziel zu erreichen, und auch über die Grösse Dublins war er sich im unklaren. Infolgedessen wurde ein an sich höchst einfacher Vorgang zu einer ungeheuer komplizierten Angelegenheit, und Phil war es nicht gewöhnt, mit Komplikationen fertig zu werden. Es schwindelte ihn. Die Dunkelheit brach an, und sein frommer Entschluss war noch nicht vollständig durchgeführt. Er war nicht mehr ganz sicher, was er eigentlich tun wollte. Er schien ein Dutzend Kirchen besucht und Dutzende von Rosenkranz-Gesätzen gesprochen zu haben. Ausserdem war er hungrig, und auch das machte ihm die Knie weich. Einmal wäre er fast verzweifelt. Lichter blitzten überall auf und rasten vorbei, viel hellere Lichter als in Cork, und die Strassenbahnen lärmten, und jede Stimme, die er hörte, hatte die gleiche erstaunlich rauhe und fremdartige Aussprache. Es schwirrte ihm alles wie eine dunkle Wolke um den Kopf, die sich nur hin und wieder verflüchtigte, wenn er ein paar Minuten in der Stille und im Frieden einer Kirche kniete. Bis er sein Gewissen endlich zufriedengestellt oder wenigstens halbwegs zufriedengestellt hatte, war er ein rechtes Häufchen Unglück und glich trotz seiner fast bezwanzig Jahre eher einem schüchternen und befangenen Kind. Der Schweiss lief ihm übers Gesicht, und nun endlich erkannte er, dass sein ganzes Leben seit seiner Mutter Tode eine Kette selbstauferlegter, winziger Pflichten war, die höchstens ein unmündiges Kind befriedigen konnten, das weder Gottes Erhabenheit noch seine eigene Winzigkeit begriffen hatte. Die Hölle tat sich vor ihm auf, während er jetzt sehr widerwillig die paar hundert Meter zurücklegte, die ihn noch von Mary Kate trennten.

Sie öffnete ihm selber, als er anklopfte. Überrascht und ungläubig stiess sie einen kleinen Schrei aus, der dem unglücklichen Phil den letzten Rest Mut aus den Gliedern jagte. Sie bestürmte ihn mit einer Salve von Fragen, die er gar nicht zu beantworten versuchte. Dann erschien Nicholas McCormick auf dem Flur.

»Es ist Phil, Vater!« rief Mary Kate fröhlich. »Du weisst ja, Phil aus Cork. Und er hat mir keine Silbe darüber geschrieben!«

»Treten Sie doch näher!« forderte ihn der Mann auf. Phil stand bereits im Flur und machte keinerlei Anstalten, noch näher zu kommen. »Nur nicht so schüchtern! Es sind bloss ein paar Freunde da! Oder vielleicht wollen Sie lieber erst mit Mary Kate sprechen?«

»Wahrscheinlich hat er noch nichts zu essen gehabt«, meinte Mary Kate. »Nicht wahr, du hast noch nicht gegessen, Phil? Wann bist du abgefahren?«

»Gib ihm Tee!« sagte ihr Vater.

Er ging mit ihnen in die Küche und zündete sogar das Gas an. Dann blieb er auf der Schwelle stehen und stellte Phil ein paar Fragen: wann der Zug eingelaufen sei, wie Phil hierhergefunden habe, wie es allen in Cork erginge und ganz besonders Babe und Dinah. Alles höfliche und irgendwie zurückhaltende Fragen, die in einer Art vorgebracht wurden, auf die Phil nicht gefasst war.

Er hatte sich vorgestellt, dass er vor der Haustüre stehen und sein Anliegen sachlich und entschieden vortragen würde; statt dessen sass er jetzt in der Küche des Mannes und redete ehrerbietig mit ihm. Und nachdem McCormick sie allein gelassen hatte, erforderte es einige Zeit, bis er genug Mut aufbrachte, um mit Mary Kate zu sprechen. Alle hübschen Mädchen sehen in einer Abendstimmung von Schürze und Gasherd und Teetassen noch hübscher aus, und Mary Kate war da keine Ausnahme. Ausserdem war sie aufgeregt und freute sich, und beides zusammen trug dazu bei, dass sie besonders gut aussah. Sie setzte sich mit Phil zum Tee hin und schwatzte unaufhörlich über die Unterschiede (wirkliche oder vermeintliche) zwischen Cork und Dublin.

Endlich entgegnete ihr Phil humorlos, dass er Dublin nicht leiden könne.

»Oh, warte nur, bis du es morgen siehst!« rief Mary Kate. »Ich kann dich grossartige Wege führen, Phil, den Fluss entlang und den Kanal hinauf.«

Daraufhin hörte Phil zu essen auf, stiess Tasse und Teller zurück und bekreuzte sich. Eine kurze Pause entstand, in der Mary Kate steif dasass und die Hand mit einem Stückchen Brot nicht zu bewegen wagte. Dann bekreuzte sich Phil abermals, und sie steckte das Brot in den Mund.

»Das wirst du nicht tun«, erklärte Phil. »Ich kehre heute abend nach Cork zurück.«

Sie unterbrach sich im Kauen und riss die Augen weit auf.

»Was redest du denn da?« fragte sie mit vollem Mund. »Du kannst doch unmöglich heut nacht zurück! Was fehlt dir nur?«

»Jedenfalls breche ich heute abend auf.«

Sie schluckte den Bissen Brot mit einer Grimasse hinunter, als ersticke sie daran.

»Warum bist du dann hergekommen?« fragte

sie unsicher und wusste nicht, ob sie sich ärgern oder beunruhigen sollte.

»Um dich aufzusuchen«, erwiderte er.

»Nur um mich aufzusuchen?« fragte sie, und der Ärger verblasste, und die Unruhe wuchs.

»Und um dich aufzufordern, von alledem hier wegzugehen.«

»Was fehlt dir nur, Phil?« fragte sie weich. Eine flüchtige Sekunde hatte sie der Gedanke beherrscht, Phil hätte es nicht länger ohne sie aushalten können, und das rief eine erschrockene Zärtlichkeit in ihr hervor.

»Ich möchte dich hier rausholen!« fuhr er fort und zerstörte von neuem die kaleidoskopartigen Bilder ihres Denkens, so dass jetzt eine andere, verhärtete, fast kriegerische Mary Kate ihm gegenübersass.

»Also hör mal, Phil«, rief sie mit übertriebener Kühle, »ich finde es recht merkwürdig, dass du mir so etwas sagst. Und wenn es jemand anders als du sagte, dann nähme ich es nicht so ruhig hin.«

»Deshalb bin ich jedenfalls nach Dublin gekommen – um dir das zu sagen«, erwiderte Phil, und einen Augenblick hatte er die grösste Lust, alles schwimmen zu lassen, Mary Kate zu warnen und es dabei zu belassen. Wenn er die Augen schloss, sah er ein grelles Bild von Autos und Strassenbahnen, und in seinen Ohren dröhnte der Lärm, und es wurde ihm übel.

»Aber Phil«, protestierte Mary Kate nun in einem etwas anderen Ton, so dass Phil ein wenig mutiger wurde, »du kannst doch nicht von mir erwarten, dass ich zurückkehre – doch nicht jetzt, nachdem ich meine Stelle und alles übrige aufgegeben habe und hierhergezogen bin!«

»Das ist nicht der richtige Ort für dich!« erwiderte er.

»Und warum nicht, Phil?«

»Weil es nicht der richtige Ort für ein junges Mädchen ist«, sagte er hastig.

»Davon verstehst du nichts«, sagte sie und ärgerte sich über seinen Ton.

»Soviel versteh ich schon!«

»Und du scheinst zu vergessen, Phil, dass ich mit meinen Angelegenheiten sehr gut allein fertigwerde.«

»Eben nicht!«

»Und ausserdem wohne ich ja nicht bei einem wildfremden Menschen. Du darfst nicht vergessen, dass ich einen Vater habe, der sich um mich kümmert.«

Darauf versank Phil in ein düsteres Schweigen, aus dem sie ihn nicht wieder hervorlocken konnte. Doch seine Worte hatten ihre Wirkung gehabt. Alle Farbe war ihr aus dem Gesicht gewichen. Sie hatte nicht die leiseste Vorstellung, was für Gedanken Phil veranlasst haben konnten, aus dem Süden Irlands hierherzueilen, doch ihr Gefühl, das Leben, das sie jetzt lebte, sei unwirklich und nicht von Dauer, beherrschte sie so sehr, dass es nur eines Hauchs bedurfte, um alles fortzublasen. Im Geiste sah sie es schon von Phil beiseitegefegt. Und sie schreckte vor dem Gedanken zurück, dass es beiseitegefegt werden könnte. Nie hätte sie geglaubt, dass es ihr so wichtig sei. Insgeheim sagte sie sich: »Ich gehe nicht! Mir einerlei! Ich gehe nicht!« Nach all den Jahren hatte sie ihren Vater gefunden, jetzt wollte sie sich nicht von ihm trennen lassen.

»Hast du irgend etwas gehört?« fragte sie nach langem Schweigen.

»Ja.« erwiderte Phil.

»Ist es wegen meiner Ma?«

»Nein.«

»Und du willst mir nicht sagen, was es ist?«

»Ich kann nicht«, erklärte er dumpf.

Bei dieser Antwort fing sie an zu weinen, und Phil machte keinerlei Anstrengungen, sie zu trösten.

»Es ist furchtbar«, schluchzte sie, »wenn die Leute etwas wissen, und ich weiss rein gar nichts darüber, und dabei hab ich doch meine Stelle aufgegeben und bin hierhergezogen. Ich habe eben immer Pech, seit dem Tag, als ich auf die Welt gekommen bin. Warum haben andere Menschen immer Glück und ein schönes Zuhause und eine anständige Mutter, und andere müssen so aufwachsen wie ich? Und du weisst nicht, wie verrückt ich mich darauf gefreut hatte, zu meinem Vater zu ziehen, Phil! O Phil, glaubst du wirklich im Ernst, dass ich nicht hierbleiben sollte?«

»Ja, es ist mein Ernst«, antwortete Phil, und sofort stimmte Mary Kate ein viel heftigeres Geheul an, das sich für Phil wie lauter »Huuuhuuhuu!« anhörte. Trotz all seines Kummers stellte er zynisch fest: wenn die Mädchen sich nur einmal weinen sehen könnten, dann würden sie diese dumme Methode schon aufgeben! Und im gleichen Augenblick ging die Wohnzimmertür auf, und Nick McCormick trat in die Küche. Ein oder zwei Sekunden lang dachte Phil, ob er nicht einen schrecklichen Fehler begangen habe, und er sehnte sich verzweifelt nach einem Ausweg ins Freie.

Mary Kate betupfte sich hastig die Augen mit dem ersten besten Ding, das ihr in die Hände fiel, und das war ihr Ärmel, aber selbst wenn ihr Vater es nicht bemerkt hätte, so wären ihm doch ihre Augen aufgefallen.

»Hallo!« rief McCormick. »Ist ein Unglück geschehen?«

»Nei-ein, Vater«, schluchzte sie wie verrückt los.

»Ich möchte nämlich, dass Mary Kate mit mir nach Hause geht«, erklärte Phil und packte den Stier bei den Hörnern – nicht aus irgendwelchem Heldenmut, sondern in einer Art unterdrückter Hysterie, die auf die beiden andern wie kaltblütige Unverschämtheit wirkte.

»Ach, wirklich?« rief McCormick, dessen Erstaunen sofort in Ärger umschlug. »Und weint Mary Kate, weil sie gehen oder weil sie bleiben möchte?«

»Bestimmt, weil sie bleiben möchte!« sagte Phil in einem Ton, der zum Blutvergiessen herausfordern konnte.

»Zum Teufel mit Ihrer Unverschämtheit!« brüllte McCormick. »Scheren Sie sich hier weg!«

Phil stand unerschüttert da; sein dunkles Gesicht war erschreckend blass geworden, und die Hände hatte er zu Fäusten geballt.

»Ich gehe aber nicht ohne Mary Kate!« sagte er.

Im Wohnzimmer war allerlei zu hören; zwei Männer kamen in die Küche, und nach ihnen drei oder vier Mädchen, die sich im Hintergrund hielten. »Was ist denn passiert? Was ist los?« fragten die Stimmen.

»Scheren Sie sich raus!« schrie McCormick.

»Einen Augenblick!« rief ein junger Mann und schob sich zwischen sie. »Es scheint sich um ein Missverständnis zu handeln!«

»Es ist kein Missverständnis!« schrie Phil und wurde plötzlich wütend.

»Was wollen Sie?« fragte der junge Mann.

»Er will sich das Fell gerben lassen«, sagte McCormick drohend, »und das kann er haben!«

»Ich will das Mädchen hier rausholen«, schrie Phil, »und keiner soll mich dran hindern, und keiner darf mir das Fell gerben!« Seine Stimme klang jetzt ganz unnatürlich und schrill wie die eines Schuljungen.

»Und warum?« fragte der Mann, der die ganze Zeit über McCormick zurückhielt.

»Weil das hier kein passender Aufenthalt für sie ist!« entgegnete Phil.

»Sie sind aber ziemlich dreist, junger Mann, wie?« fragte ihn der Mann.

»Und wenn Sie's wissen wollen«, kreischte Phil los, »sind Sie auch nicht der passende Umgang für sie, finde ich.«

Der junge Mann wurde weiss vor Zorn.

Und nun verliessen Phil all seine Vernunft und all sein Taktgefühl. Er war schon am Ende seiner Kräfte gewesen, bevor er das Haus betrat, und ihm, der seit Jahren in einem Gefühlsvakuum gelebt hatte, das Auftreten in einer so qualvollen Szene zuzumuten, war wirklich ein Ding der Unmöglichkeit.

»Er ist ebensowenig ihr Vater wie ich!« schrie er, und ehe er noch ein Wort sagen konnte, hatte sich McCormick losgerissen und hieb auf ihn ein. Der Schlag traf Phils Mund und schmetterte ihn hintenüber in den Kamin.

Nun spielte sich alles in Sekundenschnelle ab. Keiner, der Phil vorher gekannt hatte, hätte ihn jetzt wiedererkennen können. Er griff nach der ersten Waffe, die ihm zur Hand kam – es war das Schüreisen – und erwiderte den Hieb. Auf McCormicks Wange bildete sich ein roter Fleck, und als er ihn befühlte, war seine Hand mit Blut bedeckt. Der zweite junge Mann hielt Phil zurück, der vor Wut schäumte, und wenn er sich hätte losreissen können, würde er bestimmt noch weiteren Schaden angerichtet haben.

»Ruhig jetzt, ruhig!« warnte ihn der andere, »Sie haben genug Unheil angerichtet.«

»Ich zahl's ihm heim«, stammelte Phil, vor Wut fast weinend, »ich zahl's ihm heim! Er soll mir nur kommen, dann lege ich ihn um!«

Doch mit McCormick war eine Veränderung vorgegangen. Er wandte sich mit dem blutbefleckten Taschentuch, das er an die Wange presste, an Mary Kate.

»Da sieht man's«, sagte er bitter. »Das sind also deine Freunde? Du kannst dich mit ihnen zum Teufel scheren, wenn du willst!« Und damit drehte er sich auf dem Absatz um und ging ins Wohnzimmer.

Nach ein paar Augenblicken folgte ihm Mary Kate. Dann kam sie zurück, um ein Becken mit Wasser und ein Handtuch zu holen, und ging wieder ins Zimmer. Sie hörten es, wie sie sich um ihn bemühte. Phil sass auf einem Schemel vor dem Kamin und war wie betäubt von Gewissensbissen und Grauen. Die Mädchen kamen näher und betrachteten ihn neugierig, doch er hob die Augen nicht und sagte auch nichts. Aus seinem Mund sickerte Blut. Sie sprachen aufgeregt mit den beiden Männern über den Vorfall.

Endlich schüttelte der eine von den beiden jungen Männern Phil an der Schulter und flüsterte ihm gutmütig zu: »He, junger Freund, wollen Sie die ganze Nacht hier hockenbleiben?«

»Ich gehe, wenn sie kommt«, erwiderte er, fuhr sich mit der Hand über die Augen und stand auf. Nach einer Weile erschien Mary Kate mit dem Waschbecken und goss den Inhalt in den Spülstein.

»Kommst du mit, Mary Kate?« fragte Phil.

»Ich muss wohl«, erwiderte sie dumpf.

»Aber wo willst du denn hingehn, Mary Kate?« warf ein langer junger Mensch hastig dazwischen.

»Ich werde wohl nach Hause gehen müssen«, erwiderte sie mit der gleichen verzagten Stimme.

»Es ist aber zu spät, um jetzt noch irgendwohin

zu gehen!« widersprach der Lange. »Du musst bis morgen früh warten!«

Mary Kate blickte Phil an, der die Achseln zuckte.

»Wo willst du bleiben, Phil, wenn wir noch warten?« fragte sie ihn.

»Denk nicht an mich«, antwortete er. »Das ist doch egal.«

»Er könnte ja mit mir heimkommen«, schlug der Lange gutmütig vor.

Phil setzte seine Mütze auf.

»Dann gute Nacht, Mary Kate«, sagte er und ging hinaus.

»Sag ihm, dass ich ihn morgen früh abhole!« rief sie dem jungen Mann zu, der ihm seine Gastfreundschaft angeboten hatte.

An jenem Abend kam McCormick nicht in ihr Zimmer, und sie liess auch nicht ihre Schulter unbedeckt, damit er sie zudecken sollte. Sie lag wach, und als sie ihn die Treppe hinaufgehen hörte, zitterte sie.

SIEBZEHNTES KAPITEL

Am nächsten Morgen stahl sich Mary Kate, die nicht geschlafen hatte, die Treppe hinunter und deckte den Frühstückstisch für den Mann, den sie infolge der Macht der Gewohnheit noch Vater nannte. Der Teekessel kochte, ehe ihr die Stille im Hause auffiel. Dann sah sie den Briefumschlag, der auf dem Kaminsims stand. Er enthielt zwei Pfundnoten. Sie steckte das Geld wieder in den Umschlag und liess ihn dort stehen, wo sie ihn gefunden hatte. Danach machte sie für sich und Phil ein Paket mit belegten Broten zurecht. Sonst nahm sie einzig das kleine Kleiderbündel mit, das sie von daheim hierher begleitet hatte – das braune Packpapier, in dem die Kleider einst eingewickelt waren, lag noch in einem Schubfach. Sie wusste, dass dieser Aufbruch ihr ewig unvergesslich sein würde. Töricht beugte sie sich über das weisse Tischtuch und drückte einen Kuss darauf. Die Strasse draussen lag in heiterem Sonnenschein. Das erhöhte ihren Schmerz nur noch.

Sie holte Phil ab, der schon draussen vor dem Hause ihres Freundes auf und ab ging. Er sah unfroh aus, und im ersten Augenblick verabscheute sie ihn. Sie verabscheute ihn aber noch viel, viel mehr, als er ihr sagte, sie müssten sich auf Auto-Anhalter verlassen, bis sie nicht mehr allzuweit von Zuhause wären. Sie war ein Kamel, fand sie, die zwei Pfund nicht genommen zu haben. Es sah ihr ähnlich, so etwas Dummes aus lauter Stolz zu tun – oder war es nicht aus Stolz?

Sie benutzten die Strassenbahn bis nach Inchicore und begaben sich auf die Hauptstrasse nach Cork. Es war ein schöner, klarer, stiller Tag, und in der Luft hing eine rosenrote Wärme. Mary Kate hatte sich mit dem Gedanken an die lange Heimreise schon ausgesöhnt. Doch sie sprachen wenig. Sie wusste, dass Phils Gedanken noch um den Auftritt vom gestrigen Abend kreisten und dass er sich entsetzlich schämte und an Gewissensbissen litt, weil sich sein wunderlicher, gehemmter Charakter dabei so seltsam offenbart hatte.

Doch der Morgen verstrich, und kein Lastwagen kam vorbei, der ihretwegen gehalten hätte. Sie gingen immer weiter: Phil, ahnungslos, wie müde sie war, trabte ein, zwei Meter voraus.

Am Nachmittag beachtete ein von dem Inhaber gefahrener Lastwagen Phils Zeichen und hielt. Der junge Mann war neugierig und gefällig. Es war nicht viel Platz in dem alten Ford, doch es gelang ihnen, sich hineinzuzwängen, Mary Kate in der Mitte. Sie zog die Schuhe aus und presste die schmerzenden Füsse aneinander.

»Sie müssen schon ziemlich lange gelaufen sein«, meinte der Fahrer.

»Den ganzen Vormittag sind wir gewandert«, sagte sie und schnitt eine Leidensgrimasse.

Der Fahrer blickte vorsichtig vom Steuer auf ihre Füsse, was sie jedoch bemerkte.

»Ein Wunder, dass Sie nicht mit dem Zug gefahren sind«, meinte er, und seine Blicke flogen nach oben, zu ihrem Gesicht.

»Das hätten wir vielleicht gemacht, wenn wir Geld hätten«, erwiderte sie.

»Das ist allerdings ein Grund«, gab er zu. »'s ist wohl Ihr Mann?« fragte er.

»Sind Sie nicht froh, dass er's nicht ist?« entgegnete sie.

Der Fahrer wandte ihr ein schweres Gesicht zu und sah sie lange an (womit er sich selbst in Gefahr brachte, denn der Wagen schwankte bedrohlich).

»Also wäre er wohl Ihr Bruder, möchte ich sagen«, fuhr er strenge fort.

»'s gibt schlimmere Familienähnlichkeiten«, gab Mary Kate zu.

Der Fahrer wiederholte seinen Blick, wusste aber offenbar nicht, worauf Mary Kate mit ihren spitzfindigen Bemerkungen hinauswollte.

»Um Gottes willen, der Graben!« rief sie.

»Sie brauchen sich nicht zu ängstigen«, versicherte er ihr. »Sie sind also nicht verheiratet?«

»Nein«, antwortete sie ruhig.

»Ich werde mich in zwei Monaten verheiraten«, erzählte er und heftete den Blick nun wieder auf die Strasse.

»Tatsächlich?«

»Ja.« Seine Augen leuchteten auf, und wieder streiften sie fragend ihr Gesicht ab. »Vierhundert Pfund bringt sie mit in die Ehe.«

»Vierhundert?«

»Ja, vierhundert!« Mary Kate fühlte sich veranlasst, Interesse zu zeigen.

»Und wie sieht sie aus?«

»Wie sie aussieht? Och, ganz nett, scheint mir.«

»Ist sie ungefähr ebenso alt wie Sie?«

»Hm – ja.« Sein Ton war absichtlich etwas unbestimmt. »So ungefähr. Nicht jedes Mädchen bringt ein so grosses Stück Geld mit in die Ehe.«

Seine Blicke fielen auf ihre Füsse, und er betrachtete sie eine Weile sehr gründlich.

»Ach – ich weiss nicht«, fuhr sie nach einiger Zeit fort, »so wichtig ist das Geld ja nun auch nicht!«

Er fuhr fast herum auf seinem Platz.

»Was sagen Sie? Das Geld sei nicht wichtig? Vierhundert Pfund?«

»Na, es ist doch nicht alles. Sogar vierhundert Pfund können einen nicht dafür entschädigen, dass man mit einer Frau leben muss, die man nicht leiden kann.«

»Ho-ho-ho!« Er lachte krächzend auf. »Das ist ein guter Witz!«

Ganz bestürzt fragte sie: »Aber wenn das Mädchen, das Sie lieben, kein Geld hätte – dann würden Sie es doch trotzdem heiraten?«

»Gott bewahre, sowas Verrücktes würde ich niemals tun!« rief er mit grossem Nachdruck.

»Jemine, Sie sind aber hart!« sagte Mary Kate.

»So bin ich eben«, erwiderte er stolz. »Sie haben mich richtig eintaxiert. Ich bin ein schrecklich harter Mensch. Und was meinen Sie wohl – mein Alter, der Schafskopf, sagt immer, ich wäre zu weich. Ja, weiss Gott, das sagt er.«

Er nickte seinem Spiegelbild in der Windschutzscheibe zweimal zu, als wollte er sagen: »Reingefallen, Alter!«

»Er weiss auch nicht, was ich treibe, wenn ich nach Dublin geh«, sagte er. »Ihnen kann ich's ja sagen, denn Sie wissen jetzt, was für'n Mann ich bin. Ich mach mir'n feines Leben in Dublin, und davon hat mein Alter keine Ahnung... und nicht bloss aus meiner Tasche wird's gezahlt!«

Wieder nickte er. Offenbar sah er im unsicheren Spiegel der Scheibe ein grossartiges Bild seiner selbst. Er warf ihm einen langen Blick zu und fuhr schweigend weiter. Sie kamen an sehr vielen Kirchen vorbei, und Phil schlug mehr als einmal vor, dass sie halten und ein Gebet sprechen sollten, doch der harte Mann nickte nur und sagte zerstreut »hm«. Er blickte wieder auf Mary Kates Zehen.

»Sie ist ein bisschen schlecht zu Fuss«, sagte er.

»Wer?« fragte Mary Kate, aber sein Blick war so verständnisinnig, dass sie keine Antwort brauchte.

»Oh«, erwiderte sie gleichmütig, »das ist doch nur eine Kleinigkeit.«

»Das würde ich nicht sagen«, erwiderte er. »Und wissen Sie, ich würde auch nicht sagen, dass sie besonders hübsch ist. Nicht so hübsch wie Sie!« schloss er mit schwerfälliger Galanterie.

Mary Kate lachte, und deshalb glaubte der Fahrer, er habe etwas Witziges gesagt.

»Aber sie sollte sich lieber in acht nehmen!« rief er drohend.

»Oh, Sie werden sie doch jetzt nicht mehr sitzen lassen«, meinte sie schmeichelnd.

»Glauben Sie? So? Ist das alles, was Sie von mir wissen? Da würde ich doch nicht ganz so sicher sein, wenn ich an Ihrer Stelle wäre.«

Nach einer langen Pause, die er einschaltete, um seinen Worten mehr Gewicht zu verleihen, fischte er in seiner Tasche herum und reichte ihr eine kleine Schachtel.

»Das hat sie jedenfalls noch nicht bekommen«, sagte er selbstgefällig.

Mary Kate öffnete die Schachtel und blickte hinein. Es war ein Ring.

»Oh«, rief sie kindlich, »der ist aber wunderhübsch. Haben Sie ihn in Dublin gekauft?«

»Sie hat ihn noch nicht, sagte ich«, betonte er nochmals.

Sie fuhren durch die Midlands mit ihren flachen, unschönen Städtchen, in denen jedes winzige Geschäft unter einer Last von Mauerwerk zusammengedrückt schien, so dass es seinen halben Laden-Inhalt auf die zerbrochenen Steinplatten des Bürgersteiges ausspie; Städtchen ohne auch nur ein einziges vornehmes oder fröhliches Gebäude; Städtchen mit wasserdichten Anschauungen. Sie fuhren durch die weite, dunkler werdende Ebene, in der ein blauer Nebel die Hecken stillte und die Landstrassen, wie Mary Kate fand, eigentlich den Städtchen glichen, denn jede Strassenbiegung offenbarte nichts weiter als eine neue, langweilige Strecke, und jede neue trügerische Biegung, die ein Geheimnis zu versprechen schien, bot nichts dergleichen.

Als der Fahrer einmal hielt und er und Phil

neben dem Wagen standen, zwinkerte er Phil lange und wissend zu. Phil sah es verwirrt und voller Zweifel.

»Sie ist nicht Ihre Frau?« fragte der Fahrer und deutete mit dem Daumen über die Schulter weg auf Mary Kate.

»Nein«, antwortete Phil.

»Und Ihre Schwester ist sie auch nicht?«

»Nein.«

Der Fahrer liess ein vergnügtes Kichern hören.

»Da wäre ich an Ihrer Stelle aber vorsichtig«, meinte er.

»Wie bitte?«

»Ich wäre vorsichtig, hab ich gesagt. Es könnten noch mehr Leute hinter ihr her sein als bloss Sie, und andere hätten vielleicht bessere Aussichten.«

»Ich bin nicht hinter ihr her«, erklärte Phil unschuldig.

Der Fahrer musterte ihn erstaunt vom Kopf bis zu den Füssen.

»Was sagen Sie da? Sie sind nicht hinter ihr her?«

»Nein«, erklärte Phil fest.

»Nicht hinter ihr her?«

»Nein.«

Die Stille der Midlands stahl sich wieder heran. Nur ein Vogel stieg kreischend aus der Ebene auf, und in der Ferne rumpelte ein Wagen.

»Nicht hinter ihr her? Verdammt, sowas Komisches hab ich noch nie gehört!« sagte der Fahrer langsam, machte aber keine weitere Bemerkung – falls sein tiefes Nachsinnen nicht dafür gelten sollte.

Endlich kamen sie an eine Strassenkreuzung, an der sein Heimweg von der Landstrasse abzweigte. Er hielt, und Mary Kate und Phil stiegen aus.

»Wenn ich Ihre Richtung wüsste«, sagte er zu Mary Kate, »dann könnt ich Ihnen einen Brief schreiben.«

»Meine Richtung?« fragte Mary Kate verblüfft.

»Ja, Ihre Richtung. Wo der Brief hingehn soll!«

»Ach so, meine Adresse«, rief sie aus, ohne über den Dialektausdruck zu witzeln. Sie nannte ihm die Adresse, und er schloss einen Moment die Augen und liess sie in sein Gedächtnis ein.

»Und wenn ich Ihnen meine Richtung geben würde, dann könnten Sie mir vielleicht Ihr Bild schicken?« fuhr er fort.

»Ja, bestimmt.«

»Dann passen Sie gut auf!« Und sie musste die Adresse so oft wiederholen, bis sie sie behalten hatte, sogar die schwierige Aussprache. Dann schüttelten sie sich feierlich die Hände, und er schaltete den Motor an.

»Und wie wollen Sie jetzt nach Hause kommen?« schrie er laut über den Lärm des Motors hinweg.

»Oh, das wird schon gehen«, antwortete sie.

»Vergessen Sie das Bild nicht!« rief er schallend und steckte den Kopf bedrohlich weit aus dem Fenster. Bis er an der Ecke angelangt war, die ihn den Blicken entzog, hing er vor lauter begeisterten Abschiedsgrüssen halb zum Fenster heraus. Als er zwei Stunden später zu Hause anlangte, bedauerte er es, dass er sie nicht bis Limerick Junction gefahren hatte, wo er sie in den Zug hätte setzen können, und als er am nächsten Morgen aufwachte, hätte er sich ohrfeigen können, weil er nicht Mary Kate und den Ring vereint und beide zusammen nach Hause gebracht hatte. Er spuckte hindurch und warf ihn auf den Leuchter; er war ein grossherziger Bursche, jedoch hart, wie er von sich behauptete, oder weich, wie sein Alter es von ihm behauptete, und das ist ungefähr das gleiche, nur von verschiedenen Standpunkten aus betrachtet.

Die Aussichten des jungen Fahrers, Mary Kate in den Ring hineinzubekommen, würden sich kaum verschlechtert haben, wenn er seinen verspäteten Einfall ausgeführt hätte. Die Nähe von Bäumen, Bächen und Wiesen, dazu die Stille und die anbrechende Nacht liessen die Dankbarkeit, die das Stadtkind sonst vielleicht empfunden hätte, erschreckend rasch verfliegen. Kaum war der Lastwagen verschwunden, da empfand sie nichts als Furcht, Einsamkeit und Niedergeschlagenheit.

»Was wollen wir jetzt tun?« fragte sie Phil.

»Wir müssen versuchen, irgendwo einen Schlafplatz zu finden«, erwiderte er.

»Könnten wir nicht nochmal nach einem Lastwagen Ausschau halten?«

»Das würde uns nichts nützen. Für Lastwagen ist es jetzt zu spät.«

»Ich hab Angst vor dem Schlafen im Freien«, sagte sie erschauernd.

»Da gibt's doch nichts zu fürchten!«

»Doch, Phil. Es ist so unheimlich. Ich hab sowas noch nie gemacht.«

»Ich auch nicht, aber das ist doch egal. Eine Menge Leute machen das Tag für Tag, weil ihnen nichts anderes übrig bleibt. Wir können uns nicht beklagen. Komm jetzt weiter, wir suchen uns ein stilles Plätzchen, nicht zu nah an der Strasse.«

Ein Stückchen folgten sie den Spuren des Lastwagens, dann beschloss Phil, die Landstrasse zu verlassen und in einen noch weniger befahrenen Feldweg einzubiegen. Das war sehr klug, obwohl es im Grunde nur ein glücklicher Zufall war, dass sie hier auf eine Hütte stiessen. Sie lag gleich neben dem Weg an der Biegung einer Allee, die an ihr vorbeiführte. Sie sah aus, als sei sie früher ein Torhüterhäuschen gewesen, denn das Tor stand noch da, und nur die Allee schien unbenutzt und überwuchert von Gras und Unkraut. Auch das Häuschen sah ungepflegt aus; die Fenster waren zugenagelt, doch die Türklinke war zerbrochen, und als Phil mit der Hand dagegendrückte, gelang es ihm ohne Mühe, die Tür nach innen zu stossen. Mary Kate warf nur einen Blick hinein, sah sofort, wie dunkel es drinnen aussah, und schrie auf.

»Komm jetzt, komm«, sagte Phil. »Es ist ein feiner Schlafplatz.« Er zündete ein Streichholz an. »Hier liegt sogar Stroh. Und sieh mal da – es scheint noch nicht lange her zu sein, dass jemand hier war, denn im Kamin hat ein Feuer gebrannt. Und da ist ein alter Tisch. Das ist doch fein? Du kannst dich auf den Tisch legen, Mary Kate. Warte, ich breite noch etwas Stroh darauf!«

Phil hatte recht. Es war noch nicht lange her, seit das Häuschen benutzt worden war. Wahrscheinlich war es ein Treffpunkt für Landstreicher oder Bettler, die auch das herumliegende Stroh gestohlen hatten. Aber die Landstreicher hatten noch etwas viel Besseres zurückgelassen. Als Phil nämlich ein zweites Streichholz anzündete, sah er auf dem Kaminsims* eine halbe Kerze aufrecht in ihrem Sterbehemd** dastehen.

»Das ist ein prachtvolles Haus«, rief er begeistert und zündete die Kerze an. »Etwas so Schönes findet man so leicht nicht wieder!«

»Meinst du nicht, wir sollten lieber irgendwo auf einem Heuschober schlafen?« fragte sie schüchtern. »Ich hab mir oft gedacht, es müsste herrlich sein, im Freien zum Sternenhimmel aufzusehen.«

»Nein, lieber nicht«, entschied Phil mit praktischem Sinn. »Wir wären schön dumm, aufzugeben, was uns der Herr geschickt hat. Und auf dem Heuschober kann man sich den Tod holen.«

»Hier in dem Häuschen werde ich jedenfalls auch nicht bis in den Tag hinein schlafen«, prophezeite Mary Kate und warf ängstliche Blicke auf die Schatten, die schon beim leisesten Windhauch zu flackern begannen.

»Du wirst grossartig schlafen«, erklärte Phil. »Wart's nur ab!«

Er machte die Türe zu, und Mary Kate holte den Rest ihrer Butterbrote hervor. Sie assen sie – Phil sass dabei auf dem Fussboden und sie auf dem Tisch.

»Soll ich die Kerze jetzt auslöschen?« fragte er dann.

»Aber warum denn?«

»Weil es nicht unsre Kerze ist«, erwiderte er, und an seiner Stimme merkte sie, dass er während

* Selbst der armseligste Raum in Irland hat einen Kamin, in dem auch gekocht wird.

** Abgeschmolzenes Wachs am Licht, als Anzeichen eines baldigen Todesfalles gedeutet.

des Essens wieder seinen Anwandlungen verfallen sein musste.

»Sie gehört niemand!« rief sie heftig.

»Jemand muss sie doch wohl gehören, und überhaupt wollen wir schlafen.«

»Aber kannst du sie nicht brennen lassen und ein Weilchen mit mir sprechen?«

»Ach je, Mary Kate, wenn du schon so anfängst, bekommen wir überhaupt keinen Schlaf!«

Er stand auf und blies mit übertriebener Zuversicht die Kerze aus. Er fürchtete sich selbst vor allen möglichen Dingen: vor Geistern, Ratten, Landstreichern und noch manchem Unbekannten und Namenlosen. Vielleicht fürchtete er sich ebensosehr wie Mary Kate, doch wäre es Verrat an seinem Gottvertrauen gewesen, wenn er sich in einem solchen Augenblick der Furcht überlassen wollte. Sie hörte, wie er im Stroh niederkniete. Er betete sehr lange, und ihre Gedanken wanderten in die Weite der Nacht hinaus, hinaus in die Zentralebene Irlands mit ihren Wiesen und Bäumen und Sternen, unter denen sie so verloren lag wie ein Floh auf einem Leintuch, und dann zur Grossstadt zurück, wo Nick McCormick vielleicht gerade seinen Gästen eine gute Nacht wünschte und sich eine Tasse Tee aufbrühte, vor dem Gasring stehend, und älter und einsamer und leichtsinniger wurde. Beide bedeuteten ihr nichts in dieser Stimmung, die vielleicht die älteste aller Melancholien ist, von denen wir heimgesucht werden, die älteste, die flüchtigste und doch die bedrohlichste. Sie hörte Phil »Gutenacht!« sagen, und vor Schreck zersprang die bläschenfeine Hülle, in der sie mit ihrem Grübeln gesteckt hatte, und die Tränen schossen ihr wild aus den Augen. Sie hörte, wie Phil sich entschlossen im Stroh einkuschelte. *Er* konnte schlafen, weil der Kummer, den er über sie und Nick gebracht hatte, ihn nichts anging. Das Schluchzen brach aus ihr hervor, ohne dass sie es unterdrücken konnte.

»Was ist?« fragte er, und das Rascheln des Strohs vermehrte noch seinen Schreck.

Sie weinte weiter.

»Mary Kate, was ist denn? Kannst du's mir nicht sagen?«

Sie hörte, wie er sich zum Tisch tastete, und fühlte sich seltsam getröstet. Er suchte ihre Hand und hielt sie fest.

»Mary Kate, sag mir, was dir fehlt!«

»Ich fürchte mich«, schluchzte sie.

Er lachte. »Du bist doch ein komisches Ding, Mary Kate! Fürchtest du dich wirklich?«

»Ja, ja!«

»Soll ich die Kerze anzünden?«

»Nein, Phil. Tu das nicht, Phil!«

»Also gut, dann tu ich's nicht. Möchtest du lieber neben mir liegen?«

Es konnte nicht gut der gleiche Phil sein, den sie da sprechen hörte! Der Phil, den sie kannte, würde nie einen solchen Vorschlag gemacht haben! Es waren Dinge in ihm, die man nicht ahnte. Sie streckte die Hand aus und legte sie scheu auf seine Hand.

»Ja, Phil.«

Sie kletterte vom Tisch herunter und ging mit Phil zu der Ecke, in der er sich ein Lager gemacht hatte. Er setzte sich neben sie, und seine Hand liess sie nicht los.

»Geht's jetzt besser?«

»Ja, wunderbar, Phil!«

Aber sie weinte immer noch. Auf komische, ungeschickte Art legte er den rechten Arm um sie und strich ihr dann, als ob es das Natürlichste von der Welt wäre, mit der freien Hand das Haar aus der Stirn.

»Jetzt fürchtest du dich doch nicht mehr?«

»Nein, Phil, ich fürchte mich nicht mehr. Ich möchte mich aber lieber hinlegen.«

Er hätte seinen Arm gern weggenommen, aber sie klammerte sich daran; deshalb legte er sich neben ihr nieder – voller Mitleid und doch gleichzeitig furchtsam.

»Willst du nicht versuchen, jetzt zu schlafen?« fragte er flüsternd.

»Ich kann nicht schlafen«, stiess sie, aufs neue schluchzend, hervor.

»Bedrückt dich etwas, Mary Kate?«

»Ich glaube.«

»Möchtest du's mir gern erzählen?«

»Ich möchte gern – nur würdest du mich hinterher verabscheuen.«

»Ach wo – ich würde dich nie verabscheuen!« erwiderte er. »Einerlei, was du mir sagst, deshalb denk ich doch nichts Schlechtes von dir!«

Sie schwieg eine Weile, von Schluchzen geschüttelt, und starrte in die Finsternis hinaus.

»Ist es dein Ernst?« fragte sie.

»Ich kann nie vergessen, Mary Kate, was du für uns getan hast, als meine Mutter im Sterben lag!« sagte er weich. »Soviel Freundlichkeit hat mir noch nie ein Mensch erwiesen, und das vergesse ich nicht.«

Plötzlich beugte sie sich über ihn und küsste ihn – einfach ins Dunkel hinein. Der Kuss traf seine Wange und stach ihn.

»Phil«, flüsterte sie, »wenn deine eigene Schwester jetzt tot daläge, könntest du sie nicht mehr bedauern als mich.«

»Was ist es denn?« fragte er.

»Du kennst doch Nick McCormick?«

»Ja«, erwiderte er sachlich auf ihre rhetorische Frage.

»Also – ich liebe ihn.«

Er lag plötzlich ganz still. Sein Arm erschlaffte.

»Ich hab's gewusst«, flüsterte sie. »Ich hab's gewusst, dass du mich jetzt verabscheuen würdest.«

Er nahm sich Zeit mit seiner Antwort.

»Ich verabscheue dich deswegen nicht«, sagte er nachdenklich. »Aber es ist schlimm, sowas zu behaupten. Bist du auch ganz sicher, dass du es so meinst?«

»Ja, ich weiss es. Ich weiss es genau. Und er liebt mich.«

»Der Liebhaber deiner Mutter!«

»Ja.«

»Es ist furchtbar.«

»Ja.«

»Und wahrscheinlich ist es einzig meine Schuld«,

sagte Phil, und sein zu schwer belastetes Gewissen torkelte wie ein alter Esel, der einen Berg hinaufklimmt. »Ich hätte dir niemals raten dürfen, zu ihm zu ziehen, niemals!«

»Es ist nicht deine Schuld«, sagte sie und hielt ihn mit ihrer Hand, die tränenfeucht und klebrig war. »Ich hab immer gedacht, wie herrlich es wäre, wenn ich einen Vater hätte, und als er mich dann nach Dublin kommen liess, wäre ich für ihn durch die Hölle gegangen.«

»Du hast aber gar nicht so viel von ihm gehalten!« sagte Phil düster.

»Zuerst nicht. Du kannst dich eben nicht an deinen Vater erinnern, deshalb weisst du vielleicht nicht, wie ich ihn mir erträumt hatte... so ganz anders. Ich konnte mich zuerst nicht an ihn gewöhnen, und auch nicht an das seltsame Gefühl, das ich immer in seiner Nähe hatte, und ich hab's nie begriffen – bis gestern abend, als du ihn verwundet hast – da ist's mir plötzlich aufgegangen.«

Phil schauderte zusammen.

»Ich weiss bei Gott nicht, wie ich das getan habe, Mary Kate!«

»Ich auch nicht«, erklärte sie in ihrem bedenkenlosen Schmerz. »Wenn du irgend jemand anders geschlagen hättest...«

»Mary Kate«, sagte er mit fester Stimme, »du musst mit dem Priester darüber sprechen.«

»Natürlich – das weiss ich selber«, sagte sie fast ungeduldig.

»Und du musst lernen, es zu überwinden. Du musst deine Willenskraft einsetzen.«

»Willenskraft nützt einem nicht viel, wenn man in so einer Lage ist.«

»Willenskraft ist die herrlichste Gabe, die der Allmächtige uns gegeben hat!« rief Phil sehr entschieden. »Ich habe von einem Studenten gehört, der seine Willenskraft so sehr entwickelt hat, dass er in der kältesten Nacht des ganzen Winters auf dem Hof sitzen und von seinem Bein verlangen konnte, dass es warm wurde. Einzig mit seinem Willen machte er es so warm wie ein Ofen.«

»In einer kalten Nacht nützt es ihm nicht viel, wenn er bloss das Bein warm macht und weiter nichts«, sagte Mary Kate und schnupfte ihre Tränen auf.

»Jeder Mensch«, erklärte der Ewige Jüngling, als hätte er sie nicht gehört und wüsste nichts von dem matten kleinen Lächeln, das die Ewige Frau im Dunkeln für ihn übrig hatte, »jeder Mensch hat eine Leidenschaft, die an ihm zehrt, und seine Willenskraft ist die einzige Waffe, mit der er sich dagegen wehren kann. Ich habe keine grosse Willenskraft, hab sie nie gehabt, aber so wenig es ist – es ist alles, was mich von einem abscheulichen Lebenswandel abhält!«

»Ich kann's nicht glauben, Phil, dass du solche Leidenschaften hast!« sagte sie.

»Ich möchte dir lieber nicht sagen, was für eine Leidenschaft mich plagt«, sagte er ernst.

»Ach, erzähl's mir doch, Phil«, schmeichelte sie.

Er schwieg, und vor lauter Neugier vergass sie auf einmal ihren Kummer.

»Ich schäme mich nicht, dir Sachen zu erzählen,

die ich sonst keiner Menschenseele anvertrauen würde«, sagte sie sanft.

»Wenn du's durchaus wissen willst«, stiess er zwischen den Zähnen hervor, »es ist Begierde!«

Mary Kate unterdrückte ein Kichern, das sich durch ihren Schmerz den Weg nach oben zwang – wie eine Meerjungfer, die den Kopf aus dem dunklen Wasser hebt und sich im Lichte sonnt. Sie seufzte, legte den Kopf auf Phils Schulter und lag still da, glücklicher, als sie es in einer der voraufgegangenen vierundzwanzig Stunden gewesen war.

NEUNZEHNTES KAPITEL

Sie erwachte vom sanften Druck seiner Hand auf ihrem Arm. Sie hörte ihn leise neben sich atmen und legte ihren Kopf wieder auf seine Schulter, wo er sich eingekuschelt hatte. Dann zuckte sie zusammen, und abermals drückte er ihren Arm mit warnenden Fingern. Auf dem Feldweg draussen waren Schritte zu vernehmen.

Sie schreckte auf und lauschte mit allen Sinnen. Sie hörte Stimmen. Die Klinke des Tors wurde geräuschvoll niedergedrückt, und die Schritte, langsame und schleppende Schritte, kamen näher. Die Stimmen flüsterten nur, und die Füsse schlichen so schwer, als wären die Leute zu alt oder zu schwach, um sie hochzuheben. Sie wurde am ganzen Körper kalt, als die Schritte vor der Tür anhielten und als eine Hand nach der Klinke tastete.

»Kein Wort!« flüsterte Phil, als sie sich verzweifelt an ihn klammerte.

Zoll für Zoll wurde die Tür nach innen gestossen. Plötzlich sprach eine Stimme, die nicht Phils Stimme war, in heiseren Flüsterlauten ins Dunkel hinein.

»Ist jemand da?«

Sie versteifte sich, damit sich kein Strohhalm unter ihr rührte. Die rauhe, bäurische Stimme sprach wieder, diesmal etwas lauter.

»Heh! Ist jemand da?«

»Zünde ein Streichholz an!« flüsterte weiter draussen eine Frauenstimme.

»Ich denke nicht dran«, erwiderte die Männerstimme ungeduldig, und jemand stampfte näher und stiess das Stroh mit seinen Stiefelspitzen hoch.

»Ja, ja«, sagte er beschwichtigend, »gut Freund, gut Freund! Ist überhaupt einer da?«

»Keiner«, sagte die Frauenstimme gespannt.

»Keiner«, bestätigte der Mann.

»Bring ihn rein«, sagte sie. »Bring ihn um Gottes willen rein und lass uns fortlaufen, ehe jemand kommt.«

»Keiner kommt«, murrte der Mann verärgert. »Kannst du denn nicht stille sein, Frau?«

Als sie wieder sprach, klang ihre Stimme hysterisch.

»Der Teufel hol dich«, schrie sie fast, »du hast das ganze Unglück über uns gebracht. Du hast mich geschlagen, und wenn du dich je nochmal unterstehst, die Hand gegen mich aufzuheben...«

Es klang wie ein Handgemenge. Der Mann stiess sie beiseite, und sie taumelte gegen die Tür.

»Fängst du schon wieder an?« schrie er. »Fängst du schon wieder an? Ja? Ich hab dir gesagt, dass ich dich schlage, und hab's getan, weil du nicht den Mund gehalten hast. Und jetzt schlag ich dich wieder, wenn du deine Satansschnauze nochmal aufmachst. Willst du uns noch das Kirchspiel auf den Hals hetzen?«

»Du hast das Unglück über uns gebracht«, zischte sie. »Wenn's nach mir gegangen wäre, hätt ich ihn vor die Tür gejagt. Aber du musstest ja so grossartig tun, du! Du wolltest so gern Gesellschaft haben, du!«

Der Mann machte ein paar Schritte auf sie zu, und sie wich vor ihm zurück. Als er wieder zu sprechen begann, klang seine Stimme müde und kalt.

»Als ob ich nicht allen Grund gehabt hätte!« sagte er schliesslich. »Hat's denn jemals auch nur eine Stunde Spass und Fröhlichkeit in der Bude gegeben, seit dein Schatten zum erstenmal auf die Schwelle gefallen ist? Heh?«

»So ist's richtig! Gib mir nur die Schuld! Immer zu!«

»Hat man jemals einen einzigen Ton von Melodion oder Fiedel gehört, seit du den ersten Abend ins Haus gekommen bist? Hat jemals was anderes bei uns getönt als das Geklimper von Kupfermünzen? Du mit deinem Sparen und Zusammenscharren – und für wen? Weder Kind noch Kegel, dem du's vererben könntest!«

»Oh, Gott steh mir bei!« schrie die Frau. »Selbst jetzt wagt er's noch, mich zu verhöhnen!«

»Ja, dich verhöhnen!« rief er. »Mein Jesus, Frau, ich hätt's lieber, dass mir ein einziges Baby die Hosen nassmacht, als all dein Geld, das du mitgebracht oder gehamstert hast!«

»Hör dir das an, süsser Heiland!« schrie sie.

»Halt jetzt dein altes Plappermaul«, sagte er schroff und verbittert, »und hilf mir, ihn reintragen.«

Die Schritte zogen sich bis jenseits der Türschwelle zurück, und Mary Kate und Phil blickten einander im Dunkeln an. Sie hörten einen Seufzer, als sich das Paar über eine Last beugte, und dann von neuem die schweren, schleppenden Schritte. Gleich danach torkelte der Mann keuchend in die Hütte, hinter ihm die ächzende Frau.

»Leg ihn in die Ecke!« sagte er.

Sie legten ihre Last nieder und standen ein oder zwei Minuten schweigend da. Mary Kate und Phil schraken zusammen, als der Mann wieder zu sprechen begann.

»Ich werd's wohl mein Leben lang bereuen, was ich getan habe«, sagte er.

»'s ist deine eigene Schuld!« sagte die Frau.

»Ja, 's ist meine eigene Schuld«, sagte er bitter. »Ich war ein Dummkopf, dass ich jemals auf dich gehört habe.«

»Du würdest wohl lieber die Hand in deine eigene Tasche stecken?« flüsterte die Frau. »Hattest nicht mal genug Geld drin, um den Priester zu bezahlen, als ich dich geheiratet habe.«

»Ich würde lieber den Mann als Leiche in meinem Hause haben«, flüsterte er mit zunehmender Wut, »als dich lebendig!«

»Du meinst wohl«, berichtigte sie ihn, »du möchtest lieber ihn lebendig und mich auf der Bahre?«

Er widersprach ihr nicht, doch an seinem schweren Atem konnte man erkennen, wie sehr er sich beherrschte.

»Raus jetzt mit dir!« sagte er.

Sie drehte sich um und ging schnell durch die Tür. Er folgte ihr langsam nach. Auf der Schwelle drehte er sich um und schien zurückzuschauen. Seine Frau war inzwischen verschwunden.

»Lebwohl, kleiner Mann!« sagte er weich. »Mit Gottes Hilfe finden sie dich morgen früh. Und vor IHM musst du mir nicht alle Schuld geben, kleiner Mann!«

Er zog die Türe hinter sich zu. Nachdem er es getan hatte, holte Phil seinen Arm hervor, den er um Mary Kates Schultern gelegt hatte, und stand auf.

»O Phil«, rief sie. »Was ist? Was ist?«

»Ich muss nachsehen«, sagte er dumpf.

Er zündete ein Streichholz an und tastete sich zu der Ecke vor, in der das Paar sein unheimliches Bündel niedergelegt hatte. Als er dicht davorstand, zuckte das Streichholz plötzlich auf und zeigte das blauweisse Gesicht eines alten Mannes, dessen kleiner, gelber Spitzbart genau zu Phil hinaufzeigte. Der Kopf war etwas über die linke Schulter zurückgesackt, die Knie standen hoch, und die Augen waren weit aufgerissen und starrten ihn fragend an. Mary Kate schrie auf, und Phil liess das Streichholz fallen. Es war das erste Mal seit dem Sterben seiner Mutter – das nun schon so weit zurücklag – dass er dem Tod ins Gesicht sah, dessen Aussehen keine sterbliche Zunge beschreiben kann. Der Schreck fuhr ihm in die Glieder und griff nach seinem Herzen. Furcht, Empörung und Mitleid wogten abwechselnd heiss und kalt in ihm auf.

»O Phil, Phil, Phil!« rief Mary Kate. »Bring mich hier fort, bring mich fort, rasch!«

Phil gab keine andere Antwort, als dass er die Hand in die Tasche steckte, die Streichholzschachtel hervorholte und ein neues Streichholz anzündete. Er hielt es an die Kerze.

»Ich will ihn nicht sehen!« schrie Mary Kate. »Bring mich fort!«

Phil bückte sich und berührte die Hand des kleinen Mannes. Sie war fast kalt. Er richtete sich langsam auf. Das rührende Gesicht hielt seine Blicke im Bann.

»Er ist bestimmt tot. Gott sei seiner Seele gnädig!« sagte er ernst.

Mary Kate klammerte sich an seinen Arm.

»Phil, komm fort, komm fort, ehe uns jemand hier finden kann!«

Er wandte ihr sein Gesicht zu, und sie sah, dass es schmerzverzerrt war. Er weinte und schob sie grob von sich fort.

»Wenn es nun dein eigener Vater wäre«, sagte er und versteckte das Gesicht hinter dem Ärmel, »würd's dir dann passen, dass er wie ein toter Hund weggeworfen wird?«

Sofort versiegten die Quellen ihrer Angst. Phil kniete neben der Leiche nieder und schluchzte rückhaltlos: sein Rücken bebte von der heftigen Gemütsbewegung, die ihn ergriffen hatte, und sein Jünglingskopf mit der wirren Mähne braunen Haars wurde von der Kerze beschienen, die wie toll auf dem Kaminsims flackerte.

Es war ein neuer Phil, den Mary Kate erblickte, und sie hütete sich wohl, ihn zu stören. Sie kniete neben ihm nieder, aber nicht, um zu beten. Endlich hatte sich die Tränenflut erschöpft. Phil zitterte, wischte sich mit dem Jackenärmel über die Augen und machte sich fast mechanisch an die Aufgabe, die Gliedmassen des Toten zu strecken und seinem armen, abgemagerten Körper den Anschein friedlicher Ruhe zu geben. Die Hose war bis zu den Knien hinuntergerutscht, da sie offenbar dem noch warmen Leichnam in aller Eile übergestreift worden war, und darüber hing lose das alte graue Militärhemd. Phil rief Mary Kate zu Hilfe, den Leichnam zu heben, während er die Hose hinaufzog. Sie tat es ohne Gegenrede. Als er die zerlumpte alte Jacke aufknöpfte, um die Hosenträger zu befestigen, fiel eine Jahrmarktsflöte heraus. Er hob sie auf und blickte sie an, und seine Augen glitzerten wie eine Wiese nach dem Regen: das billige, blanke Spielzeug schien ihm Antwort zu geben und ihm zu sagen, was er wissen wollte. In so unmittelbarer Nähe des furchtbaren Etwas, Tod geheissen, wirkte das Flötchen wie beschämt und eingeschüchtert. Phil legte es aufs Stroh. Mary Kate glaubte, er würde wieder weinen, doch er war über die Tränen hinaus.

»Wenn der Allmächtige die beiden am Jüngsten Tag nicht von seinem Angesicht jagt«, sagte er kalt, »dann ist im Himmel genausowenig Gerechtigkeit wie auf Erden.«

Er machte einen Versuch, die starren Augen zu schliessen, was ihm jedoch nur zum Teil gelang. Er legte zwei Pennies darauf, und die Pennies starrten dunkel und kalt, wie Augenhöhlen. Er zwang die Hände zusammen, fasste wieder in seine Tasche und umschlang sie mit seinem eigenen Rosenkranz.

»Bevor die Kerze erlischt«, sagte er, »wollen wir den Rosenkranz beten.«

Sie beteten zusammen, wobei er vorbetete. Dann sprach er von den Sterbegebeten alle, an die er sich noch erinnern konnte, und was nicht mehr im Gedächtnis haftete, ergänzte er mit seinen eigenen, schlichten Worten. Die Kerze flackerte zum letztenmal auf und erlosch.

»O Herr, gewähre ihm Deinen ewigen Frieden«, betete er.

»Und lass Dein ewiges Licht leuchten über ihm«, antwortete Mary Kate, erregt durch die jähe Finsternis, die ihr wie ein Omen erschien.

Lange Zeit lagen sie Seite an Seite schweigend da, und er hatte den Arm um ihre Schulter gelegt. Sie hatte ihn noch einmal schüchtern gebeten, ob sie nicht fortgehen wollten, hatte aber im voraus gewusst, dass er es ihr verweigern würde, und nun lag jeder mit seinen eigenen Gedanken. Beide schienen sich nicht mehr zu fürchten. Kein Totenhaus ward je so wenig von bösen Geistern heimgesucht wie das, in welches man den alten Musikanten geworfen, als sein letztes Lied gespielt und seine letzte Kupfermünze eingesammelt war. Etwas Reines in der Galle hohen Alters und grosser Armut, etwas Reines im Honig uneigennütziger Jugend hielt die bösen Geister fern.

Es war viele Jahre her, seit Phils Gemüt von einem solchen Wirbel aufrührerischer Gedanken bedrängt worden war. Er hatte in einem Vakuum gelebt, das er einst im Aufruhr betreten hatte und aus dem er jetzt im Aufruhr heraustrat. Er versuchte nicht, ihrer Herr zu werden. Wieder und immer wieder, so regelmässig wie ein Uhrwerk, kehrte sein Geist zu der goldenen Sommerabendstunde zurück, als der kleine Musikant des Wegs gekommen war. Wusste er, dass er sterben sollte? Verheimlichte er es absichtlich und sang und spielte er in der Hoffnung, dass er nicht am Strassenrand würde sterben müssen? Wie hatte er seinen armen, ausgezehrten Körper zu einem so guten Gesellschafter machen können, dass der elende Wicht im

Bauernhaus ihn zum Bleiben aufforderte? Und wie entdeckten sie, in welchem Zustand er sich befand? Erinnerte sich der Bauer an eine gute Geschichte oder eine alte Weise, und trat er damit an sein Bett? War er da bereits tot, oder lag er im Sterben? War er überhaupt schon tot, als sie ihn ankleideten und ins Freie zerrten? Und waren die Sterne über ihm das letzte, was er sah? Welches waren seine letzten Gedanken? Hatte er je Frau oder Kind gehabt, und galten seine letzten Gedanken ihnen? Oder schweiften sie weiter zurück, über einen einsamen Daseinskampf zurück zu seinem Elternhaus und dem Friedhof, auf dem seine Eltern lagen und wo er nie zur Ruhe gelegt werden würde? Und jedesmal, wenn Phils Gedanken beim Erscheinen des Musikanten anlangten, erschöpfte er sich in Qual und Zorn. Tränen traten ihm in die Augen und gleissten darin, ohne hinunterzurollen.

Mary Kate dagegen versetzte sich an die Stelle der kinderlosen, geizigen Frau. Wenn sie doch an ihrer Stelle die Hausfrau gewesen wäre und der Landstreicher zu ihr gekommen wäre, wie würde sie ihn gepflegt und die ganze Nacht bei seinem Bette gewacht haben, damit der Anblick ihres Gesichts das letzte gewesen wäre, was er aus dieser Welt mit sich genommen hätte vor den Thron Gottes. Gott? Manchmal wunderte sie sich wie Mrs. Verschoyle, ob denn Gott überhaupt da war, wenn ungewaschene alte Männer mit weisslichen Bärten so heimatlos sterben durften.

Doch für Phil und Mary Kate war das Ende der ereignisreichen Nacht noch lange nicht gekommen. Kurz vor dem Morgengrauen, als ein kalter Wind über die Ebene der Midlands blies, stiessen zwei Frauen das eiserne Tor auf und taumelten zur Tür. Diesmal war Phil vorher auf den Füssen und an der Tür. Doch noch ehe sie ihn bemerkten, hörte er eine schrille alte Frauenstimme:

»Sachte, sachtechen jetzt, *a leanbh**, bald kannst du dich ausruhen! Sind die Schmerzen noch nicht besser, *a leanbh?*«

»Nein«, stammelte die andere Frau hinter ihr im Dunkel, »nein, 's ist schlimmer. O Jesus!« Ihre Zähne klapperten vor Kälte, und sie sprach abgerissen.

»Süsses Herz Jesu, blick heute nacht auf mich herab«, fuhr die keuchende alte Stimme fort. »Und auf alle, die mein sind! Still jetzt, still jetzt, still, *a laogh liom***, und du wirst sehen, was für ein schönes Fleckchen ich für dich gefunden habe.«

Die alte Frau ächzte fast mechanisch. Phil stand ihr gegenüber und musste auf sie niederblicken. Ein winziges Geschöpf, die mit der keuchenden Stimme: er konnte kaum glauben, dass es eine Frau war. Es war nur eine Silhouette im Türrahmen. Den Umhang hatte sie sich über den Kopf gezogen, und kleine Haarsträhnen standen überall wild hervor. Als sie Phil gewahrte, stiess sie ein entsetztes Gekreisch aus und taumelte zurück, als hätte er sie geschlagen.

»Jesus, Maria und Joseph!« quietschte sie, »ein Spuk! Ein Spuk! Oh, Bridie, der Irrwisch hat

* Kind
** mein Kälbchen

mich! Lauf, Bridie, lauf! Lauf, was du nur kannst!«

Sie klammerte sich wild an Bridie, die nur stolperte und jammerte.

»Huuuh! Huuuuh! Bleib mir vom Leibe!« heulte die Alte und hielt die Augen abgewandt.

»Schreit doch nicht so!« flüsterte Phil wütend. »Hier gibt's nichts zum Fürchten!«

»Bleib mir vom Leibe!« schrie sie und erinnerte sich undeutlich an Austreibungsformeln. »Wer du auch sein magst, ob vom Himmel oder aus der Hölle, oder ruhlos heut nacht aus deinem ungeweihten Grab getrieben, weiche von mir, im Namen des Vaters und des Sohnes und des Heiligen Geistes! Lieber Gott, errette uns vor allen bösen Geistern und vor denen, die im Dunkel wandeln!«

Mit weit ausholender Gebärde machte sie über Phil das Zeichen des Kreuzes, den Umhang dabei an einem Zipfel haltend und ihn dann über ihr Gesicht ziehend.

»Ist er weg, Bridie?« fragte sie hinter dem Schal hervor.

»Ich bin kein Geist«, erklärte Phil ungehalten. »Kommen Sie herein, wenn Sie wollen. Ich muss Sie aber warnen; in der Hütte liegt ein Toter.«

Seine Worte wirkten auf die alte Frau wie ein Zauber. Zitternd liess sie den Umhang sinken und betrachtete Phil gründlich, als fürchte sie noch, es könnten ihm jeden Augenblick Hörner und Schwanz wachsen.

»O Gott«, sagte sie unsicher, »und ich hab geglaubt, Sie sind ein Spuk! Oh, oh, oh, das Herz schwabbelt mir wie Froschlaich im Leib! Hör dir das an«, sagte sie, fummelte mit der einen Hand unter dem Umhang herum und zog sich mit der andern Hand die Kapuze über den Schopf, »hör dir das an, barmherziger Heiland, in meiner Brust geht's wie ne Dreschmaschine!«

»Kommen Sie herein und legen Sie sich hin, wenn Sie wollen«, wiederholte Phil. »Es ist niemand da ausser mir und einem Mädchen, und in der Ecke liegt der kleine Mann.«

»Und meine Tochter?« quietschte die alte Landstreicherin, und ihre Stimme schwoll wieder grollend an, je mehr sie in ihren natürlichen Leidenszustand zurückkehrte; »meine Tochter ist schon den lieben langen Tag auf den Beinen, und ich weiss nicht, ob sie noch die Sonne aufgehen sehn wird, das Würmchen! Komm rein, Bridie!« rief sie herrisch und watschelte auf die Tür zu, wobei ihre winzige Gestalt von einer Seite auf die andere wackelte, wie ein Matrose in einer stürmischen Nacht. Bridie folgte ihr schwankend. Als sie die Tür erreicht hatte, fiel sie unter Keuchen und Zittern Phil in die Arme. Er schwankte nun auch, und die Alte stiess wieder ein Gekreisch aus, an das Phil sich bereits gewöhnt hatte.

»Es ist schon recht«, tröstete er. »Sie ist ein bisschen schwach auf den Beinen. Ich bring sie jetzt herein!«

Er legte sie auf das Strohlager bei der Tür. Die Alte kreischte wieder: diesmal war sie über den Leichnam des kleinen Musikanten gestolpert.

»Hierher!« rief Phil ärgerlich. »Gehn Sie nicht dorthin!«

»Was fehlt ihm denn?« fragte sie dumm. »Er ist betrunken. Kind Gottes, wenn Sie ein christlicher junger Mann sind, sagen Sie mir, dass er betrunken ist!«

»Er ist nicht betrunken«, erwiderte Phil, »er ist tot!«

»Tot? Das träumt ihr wohl, *a chuisle**! Wie könnte er denn tot sein?«

»Er ist in einem Bauernhaus jenseits der Strasse gestorben, und sie wollten keine Last mit der Leiche haben, deshalb haben sie ihn hierhingeworfen!«

»Tot? Tot?« rief eine schwache Stimme vom Strohlager. »Ich wünschte, ich wäre auch tot!«

Phil und Mary Kate zuckten zusammen, als hätten sie diesmal wirklich einen Geist vernommen. Die matte Stimme der Kranken zerrte an ihren Nerven, und die Wirkung auf die Alte war sogar noch schlimmer.

»Gott der Herr soll sie vernichten!« rief sie. »Gott der Herr soll sie vernichten, die Verfluchten!«

»Fluchen Sie nicht!« stiess Phil hervor und war entsetzt über den Ton, in dem sie den Fluch ausstiess.

»Ich verfluche sie, ob lebend oder tot«, quietschte die halb vertierte Stimme, »ich verfluche sie, ob wachend oder schlafend, sie alle, die meinem Kind die Herberge in einem alten Schuppen verweigert haben. Ich verfluche, die sie zeugen, und ich verfluche, die sie gezeugt haben! Stützt mich, bis ich

* Puls, Herzschlag

sie verflucht habe!« schrie sie, und Phil hörte, wie sie schwer in die Knie fiel.

»Lassen Sie das bleiben!« sagte er ärgerlich und tastete sich zu ihr hin, um sie bei der Schulter zu packen. Aber er konnte sie nicht hochheben, weil sie zu schwer war, und so musste er gegen seinen Willen die kleine Alte stützen, die sich in einer Ekstase böswilliger, tierischer Raserei auf den Knien hin- und herwiegte. Die Zeremonie begann auf Gälisch mit einer langen Anrufung der Gottheit und all den schönen Namen und Bezeichnungen aus dem Schatz völkischer Erfindung. Dann brach sie in einen englischen Wortschwall aus:

»Oh, Leuchtende Lampe im Brunnen der Gottheit, meinen schweren Fluch und Doppelfluch auf alle, die einem Mann und zwei armen Frauen in dieser Nacht keine Herberge gewähren wollten! Und der Fluch Gottes, unseres Herrn, und seiner heiligen Engel und Erzengel auf die Menschen, die uns mit Heugabeln aus der Scheune gejagt haben, in der wir schliefen. Unglück soll sie verfolgen bei allem, was sie tun. Sind sie unverheiratet, dann soll nie eine Frau neben ihnen liegen, sind sie verheiratet, dann sollen sie nie ihres Kindes Gesicht sehen, haben sie Kinder, dann sollen ihre Kinder vor ihren Augen umkommen, und sind ihre Kinder erwachsen, dann soll alles Unglück, das ich den Eltern wünsche, auch die erwachsenen Kinder verfolgen. Ich bitte den Fels, sie zu zermalmen, und das Wasser, sie zu ertränken, und den Blitz, sie zu erschlagen, und den Trank, sie zu vergiften, und das Essen, sie zu ersticken, und den Himmel, sich vor ihnen zu verschliessen, und das rote Höllenfeuer, sie zu verbrennen! Ich bitte Krankheit und Tod, nie aus ihrem Haus zu ziehen, und den Leib Gottes, nie in ihr Haus einzuziehen! Allen denen, die mich verfolgen, allen denen, die mich und die Meinen verleumden, und vor allem, o Herr, den drei Menschen, die mit der Heugabel auf ein Mädchen losgegangen sind, das gerade ihr Kind geboren hat – denen sei Unglück und ein elendes Ende! Amen!«

Phil schauderte es, und er liess sie los. Sie fiel fast vornüber mit dem Gesicht ins Stroh, und bei ihren Bemühungen, sich aufzurichten, quiekte und wuselte sie herum wie eine Katze. Auf allen Vieren suchte sie sich den Weg zur Ecke neben der Tür, wo die kranke Frau lag, beugte sich über sie und schleuderte sich das Zottelhaar aus den Augen.

»Geht's dir jetzt besser, *a leanbh?*« fragte sie mit unglaublich veränderter Stimme. Phil konnte es nicht fassen, dass die hohe, brüchige Stimme nach einem solchen Ausbruch soviel Mitleid und Zärtlichkeit auszudrücken vermochte. Die Kranke sagte nichts, als die Mutter ihr Ohr an das glühende Gesicht legte.

»Sie friert!« quietschte sie zu Phils Schattengestalt auf. »Jesus, steh uns bei, sie friert, und der arme Kopf glüht ihr vor Fieber!«

»Was fehlt ihr denn?« fragte Mary Kate.

»'s ist das Fieber, Kind! Komm her und leg deine Hand auf sie!«

Zitternd tastete sich Mary Kate in die Ecke; die alte Frau reichte nach oben, packte ihre kalte Hand und hielt sie an das Gesicht der Kranken. Sie hatte die Wahrheit gesprochen; es glühte vor Fieber.

»Ein Kind hat sie bekommen«, quiekte sie, »das erste, und sie hat's nicht richtig verwunden. Und die verfluchten Kerle haben gesagt, sie hätt sich's von einem Burschen anhängen lassen. Aber ich will gleich tot umfallen, wenn sie nicht so gut verheiratet war wie du selbst, meine Kleine; war verheiratet mit einem Gauner, der sie im Stich gelassen hat, und nie ist sie einen Schritt vom Weg abgewichen für einen andern Mann. Und sie haben ihr alle Schimpfwörter nachgerufen, die ihnen bloss eingefallen sind, als ob sie eine Dirne wäre. Mit Heugabeln sind sie los, als sie in Wehen lag, die Arme. Mit Heugabeln auf sie und ihr Kind!«

Sie kreischte wieder, doch es war unnütz, sie zu unterbrechen.

»Was ist aus dem armen Kind geworden?« fragte Phil.

»Was aus dem Kind geworden ist?« Ein merkwürdiger Ton schlich sich in ihre Stimme, die sofort eine normale Stimmlage annahm. »Was soll wohl aus ihm geworden sein, dem Engelchen? Sie werden doch nicht denken, dass es danach hätt leben können? Fünf Minuten hat es gelebt, das Würmchen, und mit meinen eigenen Händen hab ich ihm Wasser auf die Stirn gesprengt!«

»Sobald es hell genug ist«, sagte Phil, »hole ich den Priester und den Doktor.«

»Ah, Sie sind ein guter Mensch!« erwiderte sie. »Wer ist das arme Geschöpf da hinten? Oder kenn ich ihn gar nicht?«

»Ein kleiner Mann mit einem Bart«, antwortete er. »Er hat die Jahrmarktsflöte gespielt.«

»*Wisha,* um Gottes willen, ist's denn Batt Galvin?« rief sie.

»Kommen Sie mit«, sagte er. »Sehen Sie ihn an!« Sie klammerte sich an seine Hand, aber so, dass er zwischen ihr und der Leiche stand. Er zündete ein Streichholz an.

»Das ist er! Das ist er! Das ist er!« kreischte sie sofort. »Das ist er! 's ist der klägliche Bart, daran kenn ich ihn! Oh, Batt, Batt, so soll ich dich wiedersehen nach all deinen Wanderfahrten?... Leuchten Sie mal!... Batt Galvin aus Mitchelstown, stumm und starr und ohne Lied und Geschichte, nur mit seinen zwei kleinen eingeschrumpelten Rotkehlchenbeinen! Oh, du lieber, schöner Mann mit einem Herzen wie Gold, niemals hätt ich gedacht, dass ich sowas erleben würde: du ohne Puste, uns einen Reel* auf deiner kleinen Flöte aufzuspielen! Oh, Batt, Batt, das letzte Dach ist über dir, und das letzte Bett ist unter dir, und keiner ist da als Nodge Coholan, um dir die nachbarliche Träne nachzuweinen!... Zünden Sie noch ein Streichholz an, mein braver Bursch, damit ich ihn mir besehen kann!«

Noch immer gab sie gut acht, dass Phil zwischen ihr und der Leiche war. Sie spähte hinter Phil hervor, hingekauert, und hielt mit ihrer knochigen kleinen Hand Phils Hand fest, während sie die andere, zu einer Faust geballt, auf den Mund presste. Sie schnupfte ein- oder zweimal auf. Als er

* Irischer Tanz

ein neues Streichholz angezündet hatte – eine schwierige Sache, weil sie sich so an ihn klammerte – stimmte sie ihre Totenklage von neuem an und schlug sich mit der Faust wütend ins Gesicht und auf den Kopf.

»Oh, Batt Galvin, mögen die Engel dir diese Nacht dein Bett im Himmel bereiten und Gottes Sohn auf dich niederschauen und dich trösten für alle Kränkungen, die dir die Welt angetan hat! Was für ein fröhlicher Mann warst du, was für ein guter Mann und was für ein freundlicher Mann, und hast immer von deinem bisschen an die abgegeben, die es nötig hatten. Das Fegefeuer möge dir kein einziges Haar auf deinem Kopf ansengen, Batt, für all das Gute, das du der alten Nodge Coholan angetan hast, als sie sich auf den Strassen Irlands weitergebettelt hat! Ich könnte mir meine beiden Augen aus dem Kopf weinen, du Mann, dass du so einsam und so weit von Zuhause bist! Unter Fremden und Betrügern, Batt, unter Verrätern und Lügnern, Batt, du arme, armselige Leiche, und so weit von Zuhaus!«

An der Echtheit ihres Gefühls, mit dem sie beim Lichte von zwei Streichhölzern ihre Totenklage herunterjammerte, war nicht zu zweifeln, aber die Schnelligkeit, mit der sie davon abliess, war komisch.

»Helfen Sie mir in meine Ecke, Sie wackrer Bursche!« mahnte sie ihn, und Phil setzte sie wieder neben das Lager ihrer Tochter.

»Geht's dir jetzt besser, *a stor**?« fragte sie mit

* O Schatz

dem gleichen Mitleid wie vorhin. »Was hast du gesagt, *a ghile** ?«

Ihrer Tochter Antwort war ein trockenes, unartikuliertes Geschnatter, dem die Alte mit verzückter Aufmerksamkeit lauschte.

»Was möchte sie?« fragte Mary Kate.

»Ach, sie möchte gar nichts, *inghean o***. Ihr armer Geist wandert. Hört sie doch jetzt, wie sie daherredet – wie eine Wahnsinnige!«

Und tatsächlich, die Kranke raste in wilden Fieberphantasien. Man konnte sie nur verstehen, wenn sie sich über etwas ganz besonders aufregte, denn dann machte das eintönige, trockene Geschnatter ein paar Worten Platz, die schrill und klar aus ihrem Munde kamen. Wieder und immer wieder hörten die andern, wie sie »Baby!« rief – und einmal, mit grauenhafter Deutlichkeit, das Wort »Wasser«. Die alte Vagabundin hockte selbstgefällig in der Dunkelheit.

»Das liegt ihr schwer auf dem Herzen, der Armen. Sie hatte Angst, er könnte ihr sterben, ehe er getauft wurde. Wasser, daran hat sie immerzu gedacht.«

»Wo kann ich einen Priester und einen Doktor finden?« stiess Phil zwischen den Zähnen hervor.

»Die sind erst in der nächsten Stadt aufzutreiben, und bis dahin sind's vier Meilen.«

»Dann gehe ich jetzt!« sagte Phil.

»Ich komme mit!« rief Mary Kate hastig.

* O Klarheit
** Tochter

»Ach, was soll denn das nützen, wenn ihr den Weg nicht wisst und keine Lampe bei euch habt, um in ihrem Schein weiterzuwandern?« fragte die Landstreicherin. »Und glaubt ihr etwa, die Teufelssöhne kriechen aus ihren warmen Betten – bloss wegen einem armen kranken Mädchen?«

Die Kranke rief etwas Zusammenhangloses, das die Mutter auf ihre eigene Art deutete.

»Er ist im Himmel, *a ghra**«, rief sie. »Ich erzähl dem jungen Mann gerade, dass wir niemand als den Allmächtigen Gott haben, auf den wir uns verlassen können. Du kannst mir's glauben: er sorgt dafür, dass uns kein Unrecht geschieht, und dein unschuldiges Kind betet für uns vor Seinem Heiligen Thron.«

Sie lehnten sich an, um das volle Tageslicht zu erwarten. Phil blickte auf seine Uhr. Es war halb vier. Die alte Frau öffnete einen Stoffbeutel und breitete den Inhalt vor sich aus. Es waren Brotreste, manche mit und manche ohne Butter, manches waren auch nur Rinden. Sie bot Mary Kate davon an, die aber dankte. Phil dagegen, der ein sehr feines Gefühl für Höflichkeit hatte, nahm etwas an. Sie suchte ihm ein dickes Stück mit viel Butter aus.

»Nehmen Sie das, *a leanbh*«, sagte sie. »'s ist ein köstlicher Brotkanten von gestern, und so dick Butter!«

Sie verstummten und assen. Streifen grauer Lichtbahnen drangen durch die Ritzen des zugenagelten Fensters und zersplitterten in Rot und

* Liebchen

Blau und Grün. Mary Kate war unerträglich müde. Sie erwachte nach einem phantastischen Schlummer mit einem Durcheinander von Autos, Flucht, Verfolgung und Leichen und hörte die schrille, zermürbende Stimme der alten Frau, die auf den neben ihr liegenden Phil einredete.

»Doch, doch, junger Mann, es ist wirklich wahr, Unrecht, bittres Unrecht wird unsereinem zugefügt, und ausser den Armen weiss keiner, was die Armen leiden müssen. Vierundzwanzig Jahre bin ich jetzt unterwegs, noch eh meine Tochter geboren wurde, und was ich in all den Jahren gesehen habe, das kann sich keiner ausdenken!«

»Und kein Ausweg!« bemerkte Phil trocken.

»Kein Ausweg, mein Sohn, ausser den zwei Wegen: der eine ist das Armenhaus, der andere ist das dunkle Loch.«

»Ich würd's keinem verdenken, wenn er nicht ins Armenhaus geht«, sagte Phil.

»Verdenken?« gackerte sie schrill. »Ich möcht lieber, dass sie mich lebendig in ne Grube mit ungelöschtem Kalk werfen, eh dass ich ins Armenhaus gehe! Ich hab einen Mann gekannt, der hat solche Angst vorm Armenhaus gehabt, dass er ihm nicht auf zehn Meilen in die Nähe kam. Ja, tatsächlich, *a vic**. Hab ihn die Küste entlangwandern sehen, hat sich aber schön abseits gehalten vom Armenhaus in Rathdrum. Und trotz alledem ist der arme Mann doch ausserhalb von der Stadt Cork gestorben, und haben sie ihn dann nicht ins Armenhaus von Cork getragen, und haben sie seine

* Sohn

Leiche nicht eines Nachts auf ein altes Brett geschoben, und dann fort mit ihm ins Medizinische? Ja, das haben sie gemacht, mein Lieber, haben meinen hübschen Jo Ryan auseinandergenommen, als wär er ne alte Weckeruhr!«

»Was?« fragte Phil erschrocken. »Haben sie ihm das angetan?«

»Ja, das haben sie getan. Weil er in der ganzen weiten Welt keinen Menschen hatte, der seinen Leichnam haben wollte.«

»Mein Gott!« rief Phil. »Was es auch für Schlechtigkeit in der Welt gibt.«

»Ja, die lieben Christenmenschen!« krähte die Alte mit ihrer höchsten Lautstärke. »Die lieben Christenmenschen, die ihn im Leben geschunden haben und die ihn im Tode geschunden haben, die mit ihren stinkfeinen Särgen und Gruftgewölben! Was soll er denn am Auferstehungstag machen? Was soll er machen, wenn die Posaunen erschallen – er mit seinem Kopf in Bantry und seinen Fersen in Cork?«

Dieses Problem in angewandter Theologie vermochte sogar Phil zu erschüttern. Es verlieh den Erfahrungen dieser Nacht, die ihn von Verzweiflung zu Bitterkeit getrieben hatten, den letzten grotesken Anstrich. Er hatte vollständig vergessen, dass er der junge Mann war, der Nick McCormick einen Hieb versetzt hatte. Es war nur eine Einzelheit neben den vielen Dingen, die er ringsum zu sehen begonnen hatte. Kein besserer Zuhörer hätte sich für die Schimpfrede der alten Vettel gegen die lieben Christenmenschen finden lassen können. Doch Phil hatte gehört, was zu hören für die Seele tödlich ist.

Endlich erhob er sich steif und trat auf Zehenspitzen an die Tür. Als er sie aufmachte, war er wie geblendet von dem Strahlenglanz draussen. Im gleichen Augenblick sprang Mary Kate auf die Füsse, stürzte auf ihn zu und klammerte sich mit schraubstockartigem Griff an seinen Arm.

»O Phil, Phil«, rief sie, »lass uns jetzt bitte gehn!«

Der Morgenwind hatte sich gelegt, und die Sonne ging auf. Der ganze Himmel über ihnen war übertüncht mit rosig betupften Überresten einer besiegten Nacht. Die dunkle Schar war wie ein Heer, das sich im Lichte einer brennenden Stadt zurückziehen muss. Die Bäume waren still und glänzten bis an die äussersten Blattspitzen vor Tau. Das Land ringsum war still, als wäre es ein Träumer, und untergetaucht in jene uranfängliche Ruhe, der alle Visionen entspringen.

»Sie fürchten sich doch nicht, wenn wir Sie allein lassen?« fragte Phil und drehte sich unschlüssig um, das halbe Gesicht dem Morgen und die andere Hälfte der Nacht zugewandt.

»*Erra,* wovor sollt ich mich denn fürchten?« gackerte die Alte mit übergeschnapptem Humor. Sie stand auf und humpelte an die Tür, wobei die Kapuze ihres Umhangs von dem winzigen Knoten schmutzigweissen Haares herunterrutschte. Ihr bronzebraunes Gesicht glich – noch mehr als ihr Körper – einer Miniatur. Es schien in zwei Stücke gebrochen, denn wo die Nase hätte sein sollen, war nur ein Loch, aus dem eine Knöchellänge Nasenansatz in wagerechter Lage hervorragte, und über und unter diesem Loch stiessen Stirn und Elfenbeinkinn nach vorne, dass die Knochen unter der Haut weisslich im klaren Licht schimmerten. Geblendet blickte sie gen Himmel.

»Gelobt seist du, Gott – ist das nicht ein herrlicher Morgen?« rief sie voller Begeisterung.

»Wir würden nicht dran denken, Sie allein zu lassen«, sagte Mary Kate schüchtern, »aber wir müssen vor der Nacht wieder zu Hause sein.« Obwohl sie es niemals zugegeben hätte, glaubte sie nämlich viel eher an die übernatürlichen Kräfte der alten Frau als an die der Leiche.

»Ha, das könnt ihr auch, *a leanbh,* das könnt ihr!« erwiderte sie. »Jeder wird euch doch mit Freuden in seinem Wagen mitnehmen! Ihr seid ein grossartiges Pärchen, Gott mehre euch! Und dein Mann hat immer ein Bild um sich herum!«

Das Bild sagte nichts, der Mann aber steckte die Hand in die Tasche und förderte zwei Halbkronenstücke zutage. Er wurde vor Schüchternheit rot.

»Ich würde mich schämen, Ihnen so wenig anzubieten«, sagte er zaudernd, doch noch während er sprach, stiessen die beiden fleischlosen Krallen auf das Geld nieder und gleichzeitig auf seine Hand, die sie mit aller Kraft ihrer schmächtigen Arme schüttelte.

»Der Herr möge euch behüten und euch einen glücklichen Tod und einen Thron in Herrlichkeit gewähren!« heulte sie. »Und er möge sich erbarmen aller Seelen, die tot sind und zu euch gehören.

Mein schmucker Bursch, bis an die Stunde meines Todes will ich in meinen Gebeten an euch denken!«

»Wir müssen jetzt gehen, Phil«, drängte Mary Kate, halb besorgt, dass ein Übermass an frommen Wünschen Phil verleiten könnte, noch mehr von ihrem kleinen Schatz herzugeben.

»Einen Augenblick«, sagte er.

Er nahm seine Mütze ab und kniete sich ins Stroh. Mary Kate würde ihn nie vergessen, wie er ihr in jenem Moment erschien, im Dämmerlicht, nur den Kopf von einem Strahlenglanz grauen Lichtes umgeben, neben dem toten Mann kniend, dessen verkrampfte Fäuste und angezogene Knie die Ruhe verneinten, die Phils Rosenkranz andeuten sollte.

»Habt ihr ihm die Taschen umgestülpt?« flüsterte die Alte, und aus übertriebener Rücksicht auf die Frömmigkeit Phils und seiner Gebete tuschelte und winkte sie wie wild. Auf Mary Kates entsetzte Erwiderung hin lächelte sie und nickte sehr befriedigt.

An der Strasse wies sie ihnen den Weg, und sie setzten sich steifbeinig in Bewegung, um ihre Glieder durch die Übung wieder geschmeidig zu machen. Alle Hecken glänzten klar und still, und die Wiesen lagen auf Meilen in der Runde verlassen da. Plötzlich fuhr eine Lerche aus dem Grase auf, und während sie in spitzem Winkel himmelan kletterte, begann sie die winzige Spule ihres Gesanges abzuhaspeln. Dann wurde ihre Bahn zur Spirale, und wie ein Motorradfahrer, der einen steilen Hügel hinan muss, knatterte sie über ihre Köpfe weg. Sie konnten es sehen, wie sie vor Anstrengung zitterte und wie die Schwingen wild schwirrten und ihre Melodie wie ein schmales Silberband hinter ihr dreinflatterte. Schliesslich hielt sie inne, wiegte sich wie auf einem unsichtbaren, windbewegten Ast, stürzte sich, vor Entzücken aufschreiend, mit dem Kopf voran in den Osthimmel, hielt wieder inne, wendete wie ein Schlittschuhläufer in gefährlicher Kurve und sang heiter und allein am Himmel. Dann liess sie sich – mit der jähen Scheu eines Kindes, das vor einem Schatten erschrickt – wie ein Stein von ihrer Höhe auf die Erde niederfallen.

In der Stadt suchte Phil einen Arzt und einen Priester auf, und obwohl diese herumwandernden Teufel keine grosse Abneigung zeigten, der Landstreicherin und ihrer Tochter zu Hilfe zu kommen, war doch in Phils Verhalten eine merkliche Steifheit und eine überlegene Art, die man früher nie an ihm hätte feststellen können. Denn dem alten Phil war jene völlige Nichtachtung allen äusseren Scheins eigen, die zum Heiligen gehört.

Etwas von diesem neuen Gefühl für Unterschiede wurde näher erläutert durch das Gespräch, das er am Frühstückstisch mit Mary Kate führte.

Sie kam nach unten, nachdem sie sich den Schlaf aus den Augen gewaschen hatte, doch sie sah noch erschöpft und bleich aus. Phil, der sich nur unter der Pumpe erfrischt hatte und mit tropfendem Hemdkragen erschien, sah trotz seiner grüblerischen Stimmung ungewöhnlich gut aus. Seine sonst so ordentliche Kleidung war in Unordnung geraten, die Sonne eines Wandertages hatte seine blasse Haut gebräunt, und mit dem nassen, glitzernd schwarzen und flach an den Kopf geklatschten Haar, den tief in den Höhlen liegenden dunklen Augen und seinen ernsten, knabenhaften Gesichtszügen wirkte er wie ein junger Soldat. Er musterte die Drucke, die als Wandschmuck im Hinterzimmer der Bäckerei hingen, in dem vier närrisch knarrende Tische und ein Dutzend alter Rohrstühle standen. Der Druck, der jetzt seine Aufmerksamkeit fesselte, war eins von jenen Bildern, die in irischen Landstädtchen ein ewiges Weiterleben geniessen. Es stellte zwei sehr verschämte Mädchen dar, das vordere in einem riesigen Hut; es war Sr. Kgl. Hoheit dem Prinzen Albert von Sachsen-Koburg-Gotha gewidmet, datiert 1841, und trug – auf Gälisch und auf Englisch – die Unterschrift »Das Noviziat der jungen Bettlerinnen.«

»Das ist ein tolles Stück!« sagte er und deutete darauf.

Mary Kate blinzelte nachlässig und gestand, dass sie sich nichts aus Bildern mache, die nicht bunt seien.

Als ihr Hunger mit Brot und Butter – und, in Mary Kates Fall, mit einem weichen Ei – halb gestillt war, näherte Phil sich dem Problem von einem neuen Gesichtspunkt.

»Wir sollten dankbar sein für das, was uns letzte Nacht zugestossen ist«, sagte er ernst.

»Warum?« fragte Mary Kate mit verdriesslicher Miene.

»Weil uns Gelegenheit geboten wurde, das Leben so zu sehen, wie es wirklich ist.«

»Sehen wir davon nicht gerade genug zu Hause?« fragte sie unwillig.

»Eigentlich nicht – da wir zu wenig davon bemerken.«

Sie hatte nichts darauf zu erwidern, und er fuhr fort. »Ich sehe es nämlich so an: es scheint mir, als wäre alles nach einem bestimmten Plan und Ziel geschehen. Ich meine, dass ich das mit *ihm*« (Phil stolperte über das Wort) »herausgefunden habe, und dass wir dann nicht genug Geld hatten, um mit der Bahn zu fahren...«

»Er hat mir zwei Pfund gegeben, aber ich hab sie nicht genommen«, sagte sie rasch.

Phil wurde vor Freude rot im Gesicht.

»Das war gut, Mary Kate!« sagte er. Der wortkarge Phil, der so sparsam mit seinem Lob umging, war einen Augenblick verschwunden. »Und nun sieh mal, wie alles sich zusammenfügt: du hast das Geld nicht genommen, und dann werden wir beide dicht bei dem Torhüterhäuschen abgesetzt. Und selbst dann hätten wir die Nacht dort zubringen können, ohne dass ein Mensch in unsre Nähe gekommen wäre. Oder nachdem der kleine Mann – Friede sei mit ihm – dort hingelegt worden war, hätten wir vielleicht nie die nette Frau und ihre Tochter kennengelernt und nie erfahren, was für ein Mann der Tote war.«

»Jetzt wissen wir's auch nicht«, sagte Mary Kate und bestrich sich noch eine Scheibe Brot mit Butter, »nur das, was sie uns erzählt hat.«

»Aber sie kannte ihn doch!«

»Ach, ich weiss nicht, ob sie ihn kannte. Ich weiss nur, dass sie einen Berg Lügen erzählt hat, und du hast sie alle unbesehen geschluckt.«

»Hör mal, Mary Kate, sowas solltest du wirklich nicht sagen!« widersprach er.

»Sie hat dir einen Haufen Lügen aufgebunden«, wiederholte Mary Kate und hob die Stimme. »Sie hat dir erzählt, die Tochter sei verheiratet. Und das Kind sei gestorben.«

Er blickte sie erschrocken an.

»Und was weisst du darüber?«

»Ich weiss, dass sie nicht verheiratet ist, und ich weiss, dass der alte Drachen das Kind umgebracht hat.«

»Umgebracht?«

»Sie hat's ertränkt!«

Mary Kate erblasste und wurde dann von der Stirn bis zum Kinn dunkelrot, und die ganze Zeit senkte sie den Blick auf ihren Teller. Er blickte sie ein, zwei Minuten an und fuhr dann mit seinem Frühstück fort.

»Ich bin trotzdem froh«, sagte er.

Und er war es. Zum erstenmal seit Jahren strömte aus den Wurzeln seines Wesens das Leben in ihn ein und verursachte ihm – wie einem erstarrten Körper – gleichzeitig Qual und Entzücken. Er genoss in aller Unschuld Entdeckerfreuden. Er schmeckte sie nur deshalb auf dem Umweg über ein schmutziges Erlebnis, weil er auf allen andern Seiten den Zugang zu seiner Seele versperrt hatte. Durch sein Erlebnis war er tatsächlich genauso entflammt, wie ein andrer durch die erste Erfahrung in der Liebe oder im Soldatenleben.

Alles gefiel ihm: das grell tapezierte Zimmer, das farblose Morgenlicht auf Wänden und Decke, die sie bedienende Schlampe mit einem Gesicht wie ein Ruderblatt und besonders Mary Kate, die ihr Barett beiseitegelegt hatte, so dass ihr dunkles Haar nun Gesichtszüge einrahmte, die von der Feinfühligkeit ihres Bildners zeugten – Gesichtszüge, die von der Zeit allmählich beraubt, aber nie gänzlich ausgeplündert würden, denn sie waren von einem inneren Leuchten durchglüht.

Sie schlenderten in die sonnige Strasse hinaus. Es war gerade Jahrmarkt, und sie gingen auf und ab und betrachteten mit der Neugier des Städters den Aufzug an Geflügelkörben und Eselskarren, in denen erschrockene Tiere flatterten oder sich aufbäumten. Die Bauern, die an diesem einen Tag ihres Weibervolks ledig waren, schrien und gestikulierten bei ihrem Feilschen so aufgeregt, dass die ganze schmutzige Strasse vor Leben strahlte. Wenn sie mit Petrus um Einlass in den Himmel gefeilscht hätten, könnten sie ihre Gefühlsausbrüche kaum weniger übertrieben vorgeführt haben. Schwüre, Flüche und Rufe erschollen. Stöcke wurden geschwungen, und bewegliche Gesichter verrichteten wahre Wunder an Verzerrungen. Kleine Gruppen drängten sich in den Kneipen. Der Unterschied zwischen Landstädtchen und Grossstadt fiel besonders Phil auf, und er sprach darüber. Da war ‚Richard Henecys Kleider-, Eisenwaren- und Gemüsehandlung sowie Beerdigungs-Institut‘, in dem auch Zeitungen, Tabak und Wurstwaren abgegeben wurden. Das reizte sie beide zum Lachen – zu ihrem ersten Lachen am heutigen Tag – und es schien weiteres Gelächter zu wecken, so dass sie sich in zunehmend guter Laune durch die Menge zwängten und sich amüsierten und auf und ab strolchten, ohne ans Weitergehen zu denken. Die Bauern rissen Witze über Mary Kates Schönheit, und sie gab ihnen kecke Antwort.

Das grösste Vergnügen bereitete ihnen jedoch ein riesenhafter Neger, der mit dem Verkauf von Patent-Medizinen beauftragt war. Umgeben von einer Menge aufmerksamer Gesichter, auf denen Zweifel und Gelächter im Streit lagen, stand er auf einer Seifenkiste, ohne Jacke, mit aufgekrempelten weissen Hemdärmeln, die seine festen, glänzenden Muskeln zeigen sollten. In der einen Hand hielt er eine Flasche.

»Vor ein paar Tagen«, brüllte er mit kräftiger Stimme, die über die ganze Strasse schallte, »habe ich vor einer grossen Versammlung in London gesprochen. Da kommt eine Frau zu mir und sagt: ,Ich hab gehört, Mister, dass Sie eine gewisse Krankheit heilen können. Ich leide nämlich auch an der Krankheit', und damit, meine Damen und Herren, zeigt sie mir eine Flasche – so gross!« (Er hielt seinen kleinen Finger in die Höhe.) »,Sagen Sie mir bitte', sagt sie zu mir, ,ob die Flasche, die mir mein Doktor gegeben hat, für meine Krankheit wirklich gut ist!' Meine Damen und Herren, ich schau mir die Flasche an – denn ich bin ein ehrlicher Mensch, und ich flunkere niemand etwas vor – seh mir die Flasche an und sage: ,Miss', sag ich, ,ich kann Konkurrenz-Medizin nicht schlechtmachen.'«

»Nur eine Minute«, brüllte eine andere Stimme, als der Neger eine Pause einschaltete und sich mit einem weissen Taschentuch das schweisstriefende braune Gesicht abwischte, »nur eine Minute hergesehn, Ma'am! Unzerbrechlich! Auf dem Teller kann man einen Vierer-Reel tanzen, und er geht nicht kaputt. Ein Familienerbstück, von Generation zu Generation weitervererbt! Aufgepasst!«

Ein Teller flog durch die Luft und landete auf einer grossen Packkiste, ohne zu zerbrechen.

»Drei Schilling der Satz!«

»Ich sagte, dass ich Konkurrenz-Medizin nicht schlechtmachen kann!« röhrte der Neger empört, und die Dubliner Stimme ging in seinem sonoren Redefluss unter. Phil und Mary blickten sich teilnahmsvoll um. Ein Paar wütende Augen stierten den schwarzen Störenfried an, während die entmutigte und beleidigte Stimme sich an nur noch drei Zuhörer wenden konnte: an Phil, Mary Kate und einen Landstreicher, der einen schäbigen marineblauen Anzug trug und auf dem Prellstein sass, zwischen den Knien eine Gerte. Er kaute an einem Stück trocken Brot und verfolgte die Komödie mit schwermütigem, grüblerischem Sinnen.

»Mein Gott!« kreischte der Tellerverkäufer, »ist denn keine Menschenseele da, die mir ein paar Schilling für ein halbes Dutzend wunderschöne Weidenteller geben will, über die man den Schnellzug fahren lassen kann? Was? Keiner? Zwei Schilling! Ein Schilling sechs Pence! Jawohl ja, anderthalb Schilling! Oder gibt's in ganz Irland keinen Menschen, der schon mal ne Tasse zerbrochen hat?«

Anscheinend gab es tatsächlich keinen.

»Aber mein Freund, der andere Medizinen schlechtmacht«, röhrte der Neger weiter, »mein Freund sagt zu ihr: ‚Das Fläschchen da, Miss, enthält nichts als Wasser mit braunem Zucker und einem Krümchen Backpulver!' Und für das Fläschchen, meine Damen und Herren, musste die junge Dame vierundeinenhalben Schilling zahlen! Was ich Ihnen dagegen verkaufe, ist keine Medizin, die...«

»Dass dich der Teufel hol mit deiner Medizin!« fauchte der Dubliner Händler. »Heh!«, rief er dem Landstreicher zu, »geben Sie ein bisschen drauf acht, auch auf mein Wägelchen, damit ich mich erst mal in der Kneipe stärke! Mir ist, als hätte ich schon ein ganzes Fass von seiner alten Schaftränke geschluckt!«

Der Landstreicher nahm seinen Platz bei den Packkisten ein. Es war ein kleiner Mann mit grauem Haar und zahnlosem Mund. Sein Hals war wie ein Schilfrohr mit einem riesigen Adamsapfel. Die Augen waren von einem kalten Grau, wie winterliche Himmel bei Sonnenuntergang, und sie hatten einen wissenden Blick, einen Blick überlegener Ironie. Er blinzelte Mary Kate und Phil zu. Dann nahm er zwei Tassen von dem improvisierten Ladentisch herunter und jonglierte gleichgültig mit ihnen. Sie flogen hoch in die Luft, während er sie nachlässig und fast geistesabwesend kreiseln liess. Ein paar Leute aus der Menge blickten sich um und stiessen andere an, die sich nun auch umschauten und gafften. Einen Augenblick war der Neger in den Schatten gestellt. Der Landstreicher schien seinen Erfolg gar nicht zu bemerken und jonglierte ungerührt weiter. Seine Geschicklichkeit schien primitivster Art, aber die Menge sehnte sich nach irgendeinem Schauspiel, und da hatte sie es.

»Heh, Mister, für wieviel verkaufen Sie die Teller?« grölte ein Spassvogel.

Der Landstreicher liess die Tassen noch ein letztes Mal kreiseln und stellte sie nachlässig fort.

»Ich verkaufe keine Teller«, entgegnete er. »Ich verkaufe Eierbecher.«

»Wer soll die denn kaufen?« fragte der Spassvogel.

»Dummköpfe«, antwortete der Landstreicher mit ernster Miene, und aus der Menge stieg brüllendes Gelächter auf.

»Und sie haben sie auch bitter nötig«, fuhr er fort, als die Heiterkeit sich gelegt hatte. Er hob einen Eierbecher auf und musterte ihn von allen Seiten mit kritischem Blick und zahnlosem Lächeln. »Das hier«, sagte er, »ist der einzige Artikel, den die Mixtur des Mohren nicht ruinieren kann.«

Eine neue Lachsalve stieg auf. Der Neger blickte sich wütend um, so dass in seinen Augen das Weisse aufblitzte, und dann fuhr er fort, mit noch lauterer Stimme, die zeitweise von einem Aufschluchzen unterbrochen wurde, von seiner lieben alten Mammy zu erzählen, die ihn mit Kräutern aufgezogen habe, und wie er anscheinend nie an die alte Dame denken könne, ohne dass sich seine Augen mit Tränen der Dankbarkeit füllten. »Und was meine liebe alte Mammy mir war, das will ich euch sein, liebe Freunde«, röhrte er.

»Hab ich euch schon mal die Geschichte von dem deutschen Unterseeboot erzählt, das einen von den Suppentellern torpedieren wollte?« fragte der Landstreicher, ohne zu lächeln.

Er hatte gesiegt. Das Interesse der Menge hatte sich jetzt ihm allein zugewandt. Innerhalb von zehn Minuten hatte er mehr Teller verkauft, als der Händler am ganzen Vormittag, und obwohl seine Preise dazu neigten, etwas zu schwanken, blieb selbst für das Auge eines Aussenseiters noch ein netter Gewinn übrig. Als der Händler zu seinem Stand zurückkehrte, riss er beim Anblick des Häufchens Silbermünzen, das sich in seiner Abwesenheit angesammelt hatte, die Augen vor Erstaunen weit auf. Er war ziemlich betrunken.

Der Landstreicher betrieb seinen Handel weiter. Man erfuhr, dass er Peter John Cross hiess und gar nicht weit vom Puppenhaus lebte. Phil und Mary Kate hörten ihm hingerissen zu, und als er sich endlich mit Eleganz zurückzog und seinem Freund, dem Dubliner Händler, das eroberte Schlachtfeld überliess, näherten sie sich ihm und machten sich bekannt.

»Gehen Sie nach Hause?« fragte Phil.

»Doch, ich glaub schon.«

»Wir auch. Wollen wir zusammen gehen?«

»Ich hab mein Auto in Dublin gelassen«, grinste Peter John Cross.

»Uns hat einer von Dublin an im Wagen mitgenommen«, erzählte Mary Kate stolz.

»Das könnte euch nochmal glücken!« Er musterte sie neugierig und steckte die Daumen in die Ärmellöcher seiner Weste; dabei öffnete sich seine zerlumpte blaue Jacke und liess ein zerrissenes, schmutziges Hemd sehen. »Aber ehrlich gesagt«, tuschelte er ihnen zu, »hab ich den Halunken mit seinem Geschirr ins Auge gefasst. Er fährt bis Charleville. Soll ich ihn fragen, ob er euch mitnehmen will?«

»O ja«, rief Phil begeistert.

Sie beobachteten ihren neuen Freund, wie er sich bis zum Geschirrhändler durch die Menge schlängelte. Er hatte den typischen Hafengang: rückte sich die Hose zurecht, ohne die Hände aus den Taschen zu nehmen, und wiegte sich in den Hüften. Nach einem Weilchen kam er wieder, einen geheimnisvollen Ausdruck im Gesicht.

»Duckt euch«, flüsterte er und schaute dabei über ihre Köpfe hinweg. »'s ist in Ordnung. Aber nur bis Kilmallock. Sie und ich müssen hinten beim Geschirr hocken«, sagte er zu Phil.

»Das ist grossartig«, sagte Phil offen. Ihm gefiel der Landstreicher mit dem Verschwörergetue.

»Wollen aber bitte hier weggehen«, sagte Peter. »Seit heute früh um acht sitz ich schon neben dem Wagen und warte auf eine Gelegenheit, den Halunken breitzuschlagen.« Er ging noch einmal zu ihm hinüber. Phil bemerkte, dass er dem Mann etwas ins Ohr tuschelte.

»Er trifft uns draussen auf der Landstrasse«, flüsterte er, als er wieder bei ihnen war. »Ich hoffe nur, dass er lebendig hinkommt. Er stinkt vor Whisky.«

Die drei schlenderten gemeinsam weg; Peter, als schäme er sich einer zu nahen Bekanntschaft mit den beiden andern, ging ein paar Meter weiter rechts von Mary Kate, schwenkte den Stock und beantwortete Mary Kates Fragen, ohne sie ein einziges Mal anzublicken. Sie überlegte, wie alt er wohl sein mochte. Sein kurz geschorenes Haar war völlig grau, doch in Gang und Haltung war er noch ein junger Mann.

Bevor sie die Stadt verliessen, ging Phil in einen kleinen Laden und kaufte Streichhölzer und Zigaretten. Mary Kate erlebte eine neue Überraschung. Die verborgenen Möglichkeiten in Phils erstaunlichem Charakter befremdeten sie etwas. Er bot Peter von dem geöffneten Päckchen an, und Peter nahm eine Zigarette, zündete sie an und legte sofort wieder den gehörigen Abstand zwischen den Spender und sich. Schliesslich blickte er verwundert auf.

»Rauchen Sie nicht?« fragte er misstrauisch.

»Doch, wenn ich gerade Lust hab«, antwortete Phil lächelnd und liess sich nicht anmerken, welche sorgfältigen Vorbereitungen seine jesuitische Antwort erfordert hatte.

»Ich möchte rauchen, Phil«, bat Mary Kate nachlässig. Doch wie immer zeigte er weder Überraschung noch Missbilligung. Er zündete ihr die Zigarette an.

Endlich war Peter bereit, von sich zu sprechen. Er erklärte, dass er von Dublin gekommen sei, wo er ein paar Wochen Arbeit gehabt habe, und jetzt sei er auf dem Heimweg.

Seine Methode war es, soweit zu laufen, wie er konnte, etwa zehn oder zwölf Meilen, und dann in einem Städtchen Halt zu machen und ein paar Tage als Flickschuster zu arbeiten. Er hatte kein Werkzeug, nur Ahle und Zwirn; Hammer und

Leisten musste er sich leihen. Er verdiente nicht viel dabei – nicht mehr als anderthalb Schilling am Tag – aber seine Unterkunft kostete auch nur etwa einen Schilling. Um seine Reise zurückzulegen, brauchte er ungefähr drei bis acht Wochen, je nachdem, wie der glückliche Zufall und die Laune es wollten. Einmal hatte er für die Strecke über drei Monate gebraucht.

»Es ist fein, dass uns einer mitnehmen will«, sagte er und brach seine vertraulichen Mitteilungen plötzlich ab. »Gegen Abend gibt's Regen. Seht auch mal die Galtees an!«

Über weite Ebenen mit rötlichem Gras trieben Regenwolken langsam vom Süden herauf, und von der blauen Felsenwand der Galtees schwemmte die Feuchtigkeit in unsichtbaren Wellen die Hitzeschleier fort. Graue Burgen türmten sich in der Luft, fast vom Horizont an aufwärts, Stockwerk um Stockwerk, alle von einem sahneweissen Licht erhellt.

Sie trieben träge weiter, über die Köpfe der Wanderer hinweg, und warfen auf weite Strecken Landes ihren Schatten. Schwalben jagten wie betrunkene Motorradfahrer tief über der breiten Landstrasse dahin, rasten von einer Seite auf die andere und stiessen fast mit den Menschen zusammen, ehe sie über die Hecke zuckten und in den Wiesen verschwanden. Ein schwerer Weissdornduft hing in der Luft. Sooft die Sonne sich umwölkte, sprang ein feuchter Wind auf und vertrieb den Weissdornduft.

Peter stiefelte ein wenig voraus, schwenkte

seinen Stock und wandte sein rotes Gesicht ausdruckslos gen Himmel, in alle Richtungen der Windrose. Es war ein eigentümliches, schwermütiges Gesicht auf dem schlanken, elastischen Hals, und die Lidränder der winterlich grauen Augen waren rot und entzündet.

Nach einer Stunde holte der Lastwagen sie ein. Mary Kate wäre gern zu den beiden andern eingestiegen, doch das verbot die Höflichkeit. Sie spürte, dass Phil sich zu Peter hingezogen fühlte, und infolgedessen ging es ihr ebenso. Mit einem Seufzer bestieg sie die Fahrerkabine. Der Fahrer war fast noch berauschter als vorher.

Wie sie es vermutet hatte, unterhielten Peter und Phil sich ungezwungener, sobald sie allein waren. Doch konnte man deshalb noch nicht behaupten, dass der Landstreicher offen gesprochen hätte. Phil merkte, dass ihn die Erregtheit des Vormittags allmählich verliess und dass er schwermütiger wurde, während sein Gebaren die reinste Heimlichtuerei war. Phil konnte nicht verstehen, weshalb er ständig mit Flüsterstimme sprach, als höre jemand zu.

»Manchmal«, vertraute er Phil an, »bekommt man ein paar Tage oder eine ganze Woche richtige Arbeit, und dann wäre man schön dumm, wollte man's nicht annehmen. Manchmal hängt einem das Wandern zum Halse heraus, und man möchte lieber an einem festen Ort bleiben, weil man das Grausen vor den Landstrassen bekommt.«

Er zitterte, als er es sagte, und blickte Phil unter den Brauen hervor an.

»Ist Ihnen auch manchmal so zumute?« fragte er.

»Nein«, erwiderte Phil.

»Der Himmel bedrückt«, sagte Peter. »Als ob man in einer Gefängniszelle steckte. Man bekommt das Grausen, wenn man dran denkt, und wenn man nur einen kleinen Winkel in einem Stall haben könnte, würde man um keinen Preis unter dem Dach hervorkommen!«

»Waren Sie im Gefängnis?« fragte Phil. Es fiel ihm auf, dass Peter zusammenzuckte.

»Nicht für das, was Sie denken.«

»Aber Sie waren im Gefängnis?«

Peter kniff ein Auge zu.

»Bei den Kämpfen gewesen?« fragte Phil.

Der Landstreicher kniff wieder das Auge zu.

»Warum bleiben Sie dann nicht zu Hause? Warum kommen Sie nicht irgendwo zur Ruhe? Sie würden regelmässig Arbeit bekommen, wenn Sie's wollten!«

»Ich werde Ihnen erzählen, warum ich jetzt nach Hause gehe«, sagte Peter, und seine Stimme klang plötzlich erregt. »Ein Mann, den ich von den alten Zeiten her kenne, ein Mann, der weiss, was ich für Irland getan habe, der schickt mir jedes halbe Jahr ein bisschen Geld. Er schickt es an eine Adresse in der Blarney Lane. Und darum muss ich jetzt nach Hause.«

»Aber«, fuhr Phil beharrlich fort, »wenn Sie's haben, können Sie sich dann nicht irgendwo niederlassen? Können Sie denn zu Hause keine Arbeit bekommen?«

Peter gab keine Antwort. Statt dessen begann er von etwas anderem zu sprechen. Und doch schienen sie sich während dieses kurzen Gesprächs sehr nahe gekommen zu sein.

Was Mary Kate von sich und dem Fahrer nicht behaupten konnte.

»Brian Boru«, sagte er und wandte ihr seine wässerigen Augen zu, »Brian Boru hat die Schlacht von Clontarf gewonnen.« Er machte eine bedeutungsvolle Pause. »Wussten Sie das, junge Frau?«

»Ja«, sagte Mary Kate geduldig.

»Und wen hat er besiegt, wenn Sie mir das mal sagen können?«

»Er hat die Engländer besiegt«, erwiderte Mary Kate übereilt. Sie teilte die traditionelle irische Ansicht, dass jede Schlacht, die man gerade erwähnt, unweigerlich mit der Niederlage der Engländer endete.

»Er hat nicht die Engländer besiegt«, sagte der Fahrer ärgerlich und blickte sie finster an. »Haben Sie denn in der Schule keine Geschichtsstunden gehabt? Er hat die Dänen besiegt. Und weshalb hat er die Dänen besiegt?«

»Das weiss ich wirklich nicht«, erwiderte sie schnippisch. »Wahrscheinlich, weil er nichts Besseres zu tun hatte.«

»Gar nicht, weil er nichts Besseres zu tun hatte. Sondern weil die verdammten Dänen ihre verdammte Nase dorthin steckten, wo sie unerwünscht waren!«

»Ach je!« rief Mary Kate.

»Und sagen Sie mir noch was! Wenn Brian Boru

wiederkäme und Irland voll von Schwarzen sähe, was glauben Sie, was er dann tun würde?«

»Dann würde er keinen kleinen Schreck bekommen«, meinte Mary Kate.

»Dann würde er's mit dem Kotzen bekommen«, rief der Fahrer verzweifelt.

»Und ebenso wird's mir gehen, wenn Sie nicht das Fenster aufmachen«, sagte Mary Kate.

Spät am Abend trafen die drei Freunde fussmüde und erschöpft in einem Dörfchen an der Grenze der Grafschaft Cork ein. Es hatte geregnet und sich aufgehellt, geregnet und sich wieder aufgehellt, und jetzt reckte sich ein unendlich langer Wolkenarm vom Zenith bis zu einem Gipfel der Galtees, die den ganzen Abendregen aufgesogen hatten und sich mit unheimlicher, tiefblauer Deutlichkeit gegen den Himmel abhoben. Die Wolke mit der leisen Krümmung und der scharfen Spitze glich dem rechten Arm von Gottvater auf Michelangelos Fresken, wie er sich reckt, um Adams Fingerspitze zu berühren – nur sah es jetzt so aus, als würde der erwachte Adam wieder in Schlaf versenkt. Die Bäume – dunkel unter ihrer Regentropfenlast – spritzten Schauer auf sie nieder; eine dicke Drossel, die als Silhouette auf einem tröpfelnden Ast hockte, sang ihnen in tiefen, goldenen Celloklängen vor; Lichter erglommen in dem kleinen Dorf vor ihnen, in dem Männer und Frauen wie Geister hin und her huschten.

Hier trennten sie sich, denn das Glück fügte es, dass vor der Dorfmolkerei ein mit Butter und Eiern beladener Wagen stand, der nach Cork wollte.

Neben dem Fahrer waren zwei Sitzplätze frei.

Sie trennten sich unter lebhaften Versprechungen, in Zukunft wieder zusammenzutreffen, und als der Wagen davonfuhr, raunte Phil Mary Kate zu: »Das ist ein wunderbarer kleiner Mann, Mary Kate. Und er ist so arm. Ich wünschte, wir könnten etwas für ihn tun!«

ZWEIUNDZWANZIGSTES KAPITEL

Die besten Einfälle des Lebens bleiben meistens unbeachtet. Dass Nick McCormick, als er die zwei Pfund an der gleichen Stelle vorfand, wo er sie hingelegt hatte, sich alsbald hinsetzte und an seine Frau schrieb, war auch so einer von diesen guten Einfällen. Denn einerlei, was Nick schrieb oder nicht schrieb und ob er Babe die Wahrheit erzählte oder nicht, jedenfalls bekam sie es – reichlich spät – mit der Angst und ging mit dem Brief zu Mary Verschoyle.

Nun hatte Mary Verschoyle zwar Mary Kate aus ihrem Leben gestrichen und die Postkarte (vom Pier in Dunleary), die sie ihr geschickt hatte, mit Nichtachtung gestraft; doch mit ihrem leidenschaftlich gütigen, wenn auch leicht verrückten Herzen verband sie eine leidenschaftliche Begier, sich in alles einzumischen, was sie nichts anging. Und obwohl Mary Kate und Phil erst zwei Tage von zu Hause abwesend waren, hatte man sie bereits bei der Polizei als Vermisste gemeldet.

Das hatte nun weiter keine gerichtlichen Folgen, doch verleitete es Mary Verschoyle dazu, im Puppenhaus vorzusprechen. Diesmal kreischte sie sich nicht die Treppen hinauf, sondern kam ganz unerwartet oben an und fand Mary Kate, in Tränen aufgelöst, auf dem Bett liegen, während ihre Mutter im grossen Bett und ihre Tante vom Kamin aus sie entgeistert betrachteten.

»Was für ein Unsinn!« rief Dinah, ehe Mrs.

Verschoyle eintrat, und warf alle zwei Minuten die Hände gen Himmel. »Hat wohl eine Menschenseele jemals erlebt, dass sich ein Mädchen so mit seinem eigenen Vater anstellt?«

»Er ist nicht mein Vater«, sagte Mary Kate.

»Widersprich mir nicht, du Balg! Er ist dein Vater, wenn ich sage, dass er es ist!« schalt Dinah.

»Und was willst du jetzt mit dir anfangen?« fragte ihre Mutter vom Bett her.

»Ich weiss, was sie tun wird«, rief Tantchen Dinah. »Sie kann morgen meine Stelle bei der alten Maggie Counihan übernehmen. Ich will mir nicht das Herz aus dem Leibe arbeiten, um Leute wie die junge Dame in ihrer Faulheit zu unterstützen. Merk's dir, Mädchen, morgen früh gehst du arbeiten.«

»Will ich auch«, sagte Mary Kate, »aber ich komm nie wieder.«

»Was sagst du da?« fragte ihre Mutter. »Ich will keine Widerworte, hörst du? In unsrer Familie hat's noch nie einen Skandal gegeben, und es soll auch nie dazu kommen. Ich will nichts mehr von deinem dummen Geschwätz. Du wirst dich beruhigen und etwas arbeiten und helfen, deine kleinen verwaisten Brüder zu ernähren!«

»Ist mir einerlei, was ihr sagt«, erklärte Mary Kate und warf einen verzweifelten Blick zur Decke auf. »Ich bleibe nicht hier, und wenn ich's von euch bezahlt bekäme!«

In diesem Augenblick erschien Mary Verschoyle. Sie klopfte und spähte durch den Türspalt, dann machte sie die Türe noch weiter auf, und die ganze

Zeit hatte sie den Blick auf Mary Kate geheftet.

»So, so«, sagte sie weise, »das ist mir ja eine schöne Heimkehr!«

»Oh, Mrs. Verschoyle«, sagte Babe seufzend, »wie froh bin ich, dass Sie gekommen sind! Das Mädchen bricht mir noch mein Herz!«

»Und wann bist du eingetroffen, Mary Kate?« fragte Mary Verschoyle.

»Wisch dir die Augen und sprich mit der Dame, du kleine Gans!« schalt Babe.

»Oh, Mary Kate, ich habe dich gewarnt! Ich habe dich ausdrücklich gewarnt«, sagte Mrs. Verschoyle ernst.

»Sie hat uns nicht schlafen lassen, M'm«, quietschte Dinah und hüpfte herum und staubte die Stühle ab. »Antworte ihr, Mädchen, los! Sie hat uns rein verrückt gemacht mit ihrem dummen Gerede von Sichertränken und weiss Gott was noch für sündhaftem Blödsinn ausserdem!«

»Also bitte, Miss Matthews«, sagte Mrs. Verschoyle mit bedrohlichem Tonfall, »wollen Sie jetzt um Gottes willen den Mund halten?«

»Ja, M'm«, sagte Dinah.

»Sehen Sie denn nicht, dass das Kind erschöpft ist und im Bett liegen sollte?«

»Sie ist nicht die einzige, die erschöpft ist«, sagte ihre Mutter und rollte sich angewidert in ihr Leintuch ein. »Mir fallen fast die Augen aus dem Kopf, so nötig hab ich ein bisschen Schlaf, aber nein, ich muss mir ihr Getue anhören.«

»Warum ist sie zurückgekehrt?« fragte Mary Verschoyle.

Ein bedrückendes Schweigen entstand, das endlich von Dinah gebrochen wurde.

»Anscheinend konnte sie nicht mit ihrem Vater auskommen, M'm«, erklärte sie lahm.

»Hab ich mir gleich gedacht«, sagte Mrs. Verschoyle. »Alkohol?«

»Es scheint so, M'm.«

»Hab ich mir gleich gedacht. – Mary Kate, nimm deinen Hut und Mantel und komm mit mir nach Hause, bis es dir wieder gut geht!«

Mary Kate fuhr sich mit dem Arm über die Augen, stand auf und holte ihre Sachen zum Ausgehen. Die Einladung bedeutete für jedermann eine Erleichterung: für Mary Verschoyle, die spürte, dass sie noch lange nicht alles gehört hatte, für Babe und Dinah, die vieles leichter erklären konnten, wenn Mary Kate abwesend war, und für Mary Kate selbst, die jetzt ihr altes Heim im Puppenhaus mit einem Übermass an Hass verabscheute. Alles schien kleiner, schmutziger und übelriechender, als es ihr in Erinnerung war. Sie waren nach Anbruch der Dunkelheit eingetroffen, als keiner im Treppenhaus war, und Phil und sie hatten sich auf Zehenspitzen die Treppe hinaufgeschlichen, er in sein Zimmer und sie in die Mansarde. Die Kinder lagen im Bett, aber ihre Mutter und ihre Tante sassen vor dem Kaminfeuer. Zuerst war sie aufgeregt und hatte sich gefreut; sie hatten Tee aufgebrüht – und dann plötzlich, als sie ihre Mahlzeit beendet hatte, wurde sie von einer Sehnsucht gepackt, die noch immer anhielt.

»Bringen Sie ihr ein bisschen Wasser!« befahl Mary Verschoyle. »Sie hat ganz rote Augen.«

Im Waschbecken wurden gerade Kleider eingeweicht, deshalb nahm Dinah eine Puddingform und füllte sie am Hahn auf dem zweiten Treppenabsatz mit Wasser. Trotz dieses untauglichen Gefässes brachte Mary Kate es fertig, sich für die Aussenwelt zurechtzumachen.

Als sie mit der älteren Frau die Treppe hinunterging, war ihr schon etwas wohler zumute: Dona Nobis und Scrap und all die andern schienen fast ein Vergnügen, das ihrer noch harrte. Es war ein herbstlicher Tag, Sonne und Regen wechselten ab, und die kleine Innenstadt mit all ihren windschiefen Mauern und zerbrochenen Fensterscheiben, mit den schrillen und musikalischen Stimmen und den kotigen Bürgersteigen drängte sich fröhlich und schmutzig um ihren hohen weissen Turm.

Phils Heimkehr war ganz anders gewesen.

Sein Zettel ‚Fahre nach Dublin. Bin in ein paar Tagen wieder da', mit Bleistift gekritzelt, darunter in einer fremden Handschrift die gleichen Worte sowie eine Zeichnung, einen Soldaten mit Gewehr darstellend, schien nicht ein paar Tage, sondern Jahrzehnte zurückzureichen. Das kalte Zimmer liess ihn frösteln, und als er ein Zündholz abstrich und die Lampe anzündete, war das erste, was er sah, die Vergrösserung einer Photographie von seiner Mutter, die über dem Kamin hing. Sie war aufgenommen worden, als sie ein junges Mädchen gewesen, und das entschwundene Alter und die verschwommene Vergrösserung liessen sie noch unpersönlicher erscheinen. Doch als er sie sah, fragte er sich, was sie wohl jetzt von ihm denken würde. Er wunderte sich, dass er in diesem Zimmer geblieben war, anstatt in eine Pension zu gehen.

Eine unbestimmte Rastlosigkeit hielt ihn davon ab, sich niederzulegen. Die Milch, die er gehabt hatte, war sauer geworden, daher konnte er sich keinen Tee machen. Er holte eine trockene Brotrinde hervor und kaute nachdenklich darauf herum. Dann drehte er den Spiegel um und betrachtete sich. Von den zwei Tagen in der frischen Luft war er sehr braun geworden. Er drehte den Spiegel wieder zur Wand. Dann stiess er das Fenster auf, setzte sich aufs Fensterbrett und blickte über den Fluss und die Ufer. Unter den Gaslaternen am gegenüberliegenden Uferdamm ging ein betrunkener Mann nach Hause: schwankend, aber verstohlen schlich er unter den Bäumen weiter und verschwand bald, bald tauchte er wieder auf. Irgendwo spielte jemand eine Konzertina. Eine letzte Strassenbahn ratterte lärmend auf abgenutzten Schienen bergab. Von Westen rückte ein heftiger Regenschauer näher, und zu all den Nachtgeräuschen der kleinen Stadt, die auf ihren Hügeln wie aus Bauklötzchen errichtet schien, kam das Rauschen und Plätschern des niederströmenden Regens. Dann schlug eine Husche gegen das Fenster: er zog den Kopf ein und sah zu, wie die Tropfen lautlos die Scheibe hinunterglitten. Gleichzeitig kam drüben jemand aus dem Haus und ging unhörbar den Uferdamm hinauf, und aus irgendeinem Grunde prägten sich beide Ereignisse seinem Gemüt gleichzeitig ein: der Mann auf Gummisohlen und das lautlose Niederrinnen der Regentropfen. Unrast! Unrast! Unrast!

Er setzte sich auf einen Stuhl am Fenster und begann ein Kapitel der *Nachfolge* zu lesen. Doch musste er sich dazu zwingen, es zu beenden. Dann suchte er das Büchlein, das die Verse der heiligen Therese enthielt, die er so gut kannte. Er öffnete es und las laut:

Lass nichts dich verwirren,
nichts dich erschrecken,
alles vergeht,
doch Gott ist unwandelbar.
Dem, der Geduld hat,
fällt alles zu,
wenn er nur Gott hat,
gebricht's ihm an nichts,
Gott ist sein Genügen.

Doch aus irgendeinem Grunde brachten die vertrauten Worte ihm nicht den Frieden. Eine Einsamkeit erfüllte das Zimmer, die nicht von der Nacht draussen hereindrang, sondern von der Nacht, die in ihm selber war, als gäbe es Bereiche in seinem Wesen, die er nicht kannte und in denen er nie gewandelt war; sie stellten sich seiner Einbildung als dunkle Gefilde dar, mit dunkeln, stillen Wassern, die sie unterteilten. Dieses eine Mal sehnte er sich wirklich nach Gesellschaft. Die alte Frau vom vergangenen Abend – wie voller Tatkraft war sie gewesen! Oder Peter. Er wünschte jetzt, dass er sich freimütiger mit Peter unterhalten hätte, solange sich noch Gelegenheit bot. Doch da hatte er nichts zu sagen gewusst. Er war allein. Allein – wie seltsam das klang.

Wenn er nur Gott hat,
gebricht's ihm an nichts,
Gott ist sein Genügen.

Dann musste er also am Verlust seiner Verbindung mit Gott leiden? Gott hatte ihn treiben lassen. Der Gedanke schreckte ihn aus seiner Kraftlosigkeit auf. Mit einem Satz schoss er hoch, löschte die Lampe und zündete mit einer Hand, die vor Erregung unsicher war, den winzigen schwimmenden Docht an, der kahl vor dem Bild des Heiligsten Herzens brannte. Aus der Finsternis leuchtete es ihm geisterhaft entgegen, wie eine kleine Bühne, die von einem grünlichen Licht erhellt wird. Er kniete davor nieder und betete, betete verzweifelt um Frieden und Erleuchtung. Danach zog er den Wecker auf und legte sich zu Bett. Er war wie betäubt vor Müdigkeit und Niedergeschlagenheit und sank fast sofort in Schlaf.

Er erwachte – falls man es Wachsein nennen konnte – und spürte den Arm seiner Mutter um seine Schultern, genau wie er in den alten Tagen erwacht war, wenn sie sich über sein Kissen gebeugt und er die Hand geküsst hatte, die ihm die Leintücher feststopfte, und wenn er dann mit dem Gefühl ihrer Lippen auf seiner Wange oder Stirn eingeschlafen war. Niemals seit ihrem Tode war sie ihm so nahe gekommen. Zwar hatte sie ihn oft gerufen oder ein paar Worte gesagt, und wenn das geschah, hatte er sich im Bett aufgerichtet und liebevoll mit ihr gesprochen, nur um zu entdecken, dass die Geisterstimme entfloh, je mehr sich sein Geist mit Bewusstheit erfüllte... wie auch Visionen im hellen Tageslicht entschwinden.

Doch an ihrer physischen Wirklichkeit war nicht zu zweifeln, und er fragte nicht, rührte sich nicht. Er lag völlig still, wie er es oft als Kind getan, um sie irrezuführen, und all sein unsagbares Sehnen verwandelte sich jetzt in Schalkheit. Sie war es. Sein Körper verklärte sich unter ihrer Berührung, wurde ein Ding aus Strahlenglanz und Leichtigkeit, wie ein Tautropfen auf einem Blatt. Ihre Lippen beugten sich über sein Gesicht. Sie streiften ihn leicht und flüsterten dabei ein einziges Wort. Ihre Umarmung erschlaffte, ihre Hand zog die Bettücher höher hinauf; dann konnte er der Versuchung nicht länger widerstehen. Er musste, musste, musste sie sehen; er wandte den Kopf – und da war sie, wie sie im Leben gewesen war. Sie lächelte mit einer schwermütigen Zärtlichkeit, die gleichzeitig unendlich weise und unendlich fern war. Doch in dem matten gelben Licht war alles ungewiss. Seine Augen bohrten sich in die Lichtwolke, in der ihr Gesicht gewesen war, und nun war es nicht so, dass sie zu entschwinden, sondern dass sie niemals dagewesen zu sein schien. Es hing ein leiser Wohlgeruch im Zimmer.

Er stand auf, vor Entzücken bebend, und Tränen seines Entzückens und Frohlockens strömten ihm aus den Augen. In der Dunkelheit fischte er seine Hose unter der Matratze und die Schuhe unter dem Bett hervor und stieg hastig hinein.

Auf Zehenspitzen tastete er sich die lange, dunkle, knarrende Treppe hinunter. Er öffnete die Haustür und ging rasch den Uferdamm hinauf, überquerte die Brücke und stieg die Blarney Lane hinan: alles war merkwürdig wild und verlassen in dieser mit Grau übertünchten Dunkelheit. Noch vor der Morgendämmerung war er auf den Hügeln über der Stadt. Die Hecken zu beiden Seiten raschelten, Kühe husteten auf den fernen Wiesen. Er ging schnell, ohne sich zu beeilen. Endlich kletterte er über eine Mauer und suchte sich zwischen Steinen und hohem Gras einen Weg bis zum Kamm eines Hügels. Hier warf er sich nieder: das ungemähte Gras durchnässte seine Knie.

Er sah die Morgendämmerung, die sich in einer Wolke über der fernen Stadt sammelte – nicht ein rosiges Morgenrot, wie am Tage vorher, sondern ein graues, verstohlenes, regnerisches Dämmern, als käme es zum erstenmal, um einer entvölkerten Erde Licht zu bringen. Der Fluss, der sich in schlangenhaftem Lauf durch meilenlangen Talboden wand, gleisste schwach tief unter ihm, zwischen alten, von der Zeit angeschrammten Bäumen, traurigen Erlen und hangenden Ulmen und Weiden, die ihre Blätter durchs Wasser schleiften. Die Steine und Kreuze um ihn her traten jetzt deutlicher hervor, leise spottend, gewissermassen das Denkmal der Nacht, das in den kommenden Tag hineinragt. Der Kirchhof war voll eigenartiger Geräusche; es raschelte und knirschte und fiel. Doch er schenkte alledem keine Beachtung. Als die Sonne aufging, entfernte er ein paar von den nassen Blättern und Klümpchen, die an ihm hafteten, und wanderte ebenso zurück, wie er gekommen war; er traf unterwegs niemand als einen alten Mann und dessen Sohn, die mit Schaufel und Picke auf der Schulter zu Beginn der Blarney Lane an ihm vorbeigingen. Sie blickten ihm neugierig nach.

Dann kehrte er ins Puppenhaus zurück.

Als er am Fuss der Treppe stand, sah er Dona Nobis aus seinem Zimmer kommen, eine Tasse in der Hand. Sie zweifelte offenbar, ob er es sei oder nicht, und wartete oben am Treppenabsatz auf ihn.

»So, so, so«, sagte sie – ihre übliche Begrüssung – »bist du es also? Hast mich schön erschreckt! Ich wollte dir gerade eine Tasse Tee bringen.«

»Woher wussten Sie, dass ich wieder zu Hause bin?« fragte er. »Als ich gestern abend zurück kam, war es zu spät, sonst wäre ich bei Ihnen vorbeigekommen.«

Wenn er ‚Darling' zu ihr gesagt hätte, könnte er ihr seine Liebe kaum inniger bezeugt haben.

»Ich hab den alten Wecker gehört, wie er weitere Befehle verlangte, darum dacht ich mir, du müsstest todmüde sein und könntest nicht einmal aus dem Bett aufstehen und ihn abstellen. Komm jetzt und trink die Tasse Tee, eh sie gänzlich kalt ist.«

Als er sie von ihr entgegennahm, stiess sie einen kleinen Schrei aus.

»Kind Gottes«, rief sie, »du siehst aus, als wärst du ganz erledigt. Komm hierher, damit ich dich richtig ansehen kann!«

Sie spähte ihm ins Gesicht und tastete seinen Körper derb ab.

»Du bist bis auf die Knochen durchnässt! Komm sofort ans Feuer und zieh all das Zeug aus, bis ich's wieder trocken habe!«

Sie schob ihn vor sich her ins Zimmer, und er widersprach.

»Ich komme zu spät in die Messe, Miss Daly«, jammerte er zitternd.

»Ich sage dir, du kommst zu mehr als einer Messe zu spät, wenn ich dir nicht sofort deine Kleider trocknen kann!« erklärte sie mit Bestimmtheit. »Wenn du dir eine tüchtige Erkältung holst, dann haben dich Kirche und Kapelle lange Zeit nicht mehr gesehen.«

Sie drückte ihn auf einen alten Schaukelstuhl, der vor dem Feuer stand, und legte fröhlich noch mehr Kohlen auf. Dann holte sie, empört vor sich hinredend, einen alten Mantel.

»Da! Und wenn du aus den Sachen raus bist, rufst du mich. Zieh auch das Unterhemd und die Unterhose aus! Weiss der Himmel, was dir für Einfälle kommen, jetzt schwimmen zu gehen! Ein grosser Mensch wie du – man sollte wirklich meinen, dass der mehr Verstand hat!«

Nachher rief er sie wieder herein: ein zerknülltes Etwas, das sich vergeblich mühte, den langen, mit Kette und Medaillen und Agnus Dei behangenen Hals im Pelzkragen verschwinden zu lassen und die schmutzigen Beine unter dem Stuhl zu verstecken. Sie sang mit ihrer brüchigen Stimme einen Choral und belud dabei zwei Stühle mit seinen feuchten Sachen. Danach begann sie, sein Frühstück zurechtzumachen. Als sie auf der andern Seite des Feuers niederkniete, um sein Brot zu rösten, blickte sie durch den Dunst seiner Kleider zu ihm auf und musste lächeln.

»Du siehst zum Malen aus, weiss Gott! Halt deine Füsse dicht ans Feuer, sonst holst du dir noch den Tod! Was war das nur für eine Idee, dass du zu so früher Stunde schon herumgestrolcht bist?«

»Es war meine Mutter, Miss Daly!« sagte er scheu.

»Wieso deine Mutter?«

»Ich hab sie in der Nacht gesehen!«

Sie nahm die Nachricht gelassen hin und wandte nur ihren Blick dem Feuer zu, damit er nicht denken sollte, sie beobachte ihn.

»Und wohin bist du gegangen?«

»Zum Friedhof, Miss Daly.«

»Ich dachte schon, du wolltest mal auf die Promenade!« Sie kicherte wie ein Mädchen, um ihr Erstaunen und ihre Verlegenheit zu verbergen.

»O nein«, erwiderte er ernst. »Ich wollte in ihrer Nähe sein.«

»Das elende Feuer!« schalt sie gereizt und kratzte das Schwarze vom Röstbrot.

»Hatte sie einen Ausdruck, den man vielleicht Unbehagen nennen könnte?«

»Nein«, sagte er nachdenklich, »so würde ich's nicht nennen, Miss Daly – eher sah sie traurig aus.«

»Einerlei, Phil: wenn ich du wäre, würde ich in Melleray eine Messe für sie lesen lassen.«

»Warum?« fragte er. »Meinen Sie, dass sie deshalb kam?«

Sie zuckte die Achseln.

»'s ist schwer zu sagen, ob unsersgleichen nicht schon im Leben das Fegefeuer zu kosten bekommt, aber ohne über sie zu urteilen – ist's nicht besser, vorzubeugen, als hinterher zu jammmern?«

»Wenn es das wäre, hätte ich's schon vorher gewusst«, sagte er. »Sie hätte nicht solange gewartet, ohne es mir mitzuteilen.«

»Gottes Uhrzeit ist nicht unsere Uhrzeit«, sagte sie. »Was für uns ein Leben ist, das ist für ihn nur eine Sekunde.«

Er schüttelte den Kopf.

»Nein, trotzdem – ich glaub's nicht, Miss Daly, dass sie mehr Gebete wollte. Das hätte ich gewusst.«

»Was war es dann?«

Er blickte sie an und wurde rot.

»Ich glaube, sie war meinetwegen unruhig.«

»Deinetwegen?«

»Ja!«

Er bedeckte sein Gesicht mit den Händen.

»Da hätte sie ja fürchterliche Sorgen!« spottete Dona Nobis kühn. »Ich hab noch nie einem Mann oder Menschenkind geschmeichelt, Phil Dinan, aber wenn ich deine Mutter wäre, Gott schenk ihr Frieden, dann könnte mich kein Erdbeben aus meinem behaglichen Grab holen.«

Er schüttelte abermals den Kopf, schauerte zusammen und strich sich das Haar aus dem Gesicht.

»Ich weiss auch nicht, Miss Daly – ich war letzte Nacht selbst sehr unruhig.«

»Und was bedeutet unruhig sein, wenn du mir das mal sagen könntest? Sind wir nicht alle irgendwann einmal unruhig? Wenn du so alt wie ich wärst, Phil, und gesehen hättest, was ich gesehen habe, dann würde dich so ein bisschen Unruhe nicht aus dem Geleise bringen. Du kannst mir's glauben, nur weil du müde warst, ist es dir so ergangen, und eine gute Nachtruhe und eine Prise Kruschen-Salz sind alles, was du brauchst. Wenn man allein nach deiner Farbe gehen wollte – da hättest du genug frische Luft bekommen, um eine ganze Wochenwäsche zu trocknen. Zieh jetzt deinen Stuhl an den Tisch und iss dein Frühstück! Tut mir leid, dass ich nichts Gutes für dich habe, aber ich konnte ja nicht wissen, wann du wieder zu Hause bist.«

»Wenn ich doch glauben könnte, dass Sie recht haben!« sagte er und gehorchte brav.

»Natürlich habe ich recht!«

Sie bildete sich etwas ein, das wusste er jetzt. Wie alle andern auch, nahm sie es als selbstverständlich an, dass er Mary Kate liebte. Es war eigentümlich, dass jeder ihn gleich mit Mary Kate zusammenbrachte, sogar Dona Nobis. Sie sollte es besser wissen und seine Bewunderung für Mary Kate nicht gleich mit treuer christlicher Liebe verwechseln, die zwei Seelen auf immer vereint – hier und in der zukünftigen Welt. Er kam zu dem Schluss, dass die Blindheit der Leute erstaunlich sei.

»Der allmächtige Gott – gelobt und gepriesen

sei sein heiliger Name – möge uns nach seinem eigenen weisen Ermessen einsetzen hier wie dort, und solange wir ein gutes Gewissen haben, wären wir da nicht töricht, uns gegen das zu wehren, was ER mit uns vorhat?«

»Ich weiss es nicht«, erwiderte er und fiel wie ein Verhungerter über das geröstete Brot her. »Wenn wir sicher sein könnten, dass ER es will – aber wie sollen wir wissen, ob es nicht eine Versuchung ist?«

»Ach, lass mich in Ruhe mit deinen Versuchungen!« rief sie verdriesslich. »Als ob ER nicht Besseres zu tun hätte, als uns zu foppen! Ich sage dir, Phil Dinan, man kann auch zu gewissenhaft sein, und ich kenne Leute, die jeden Gnadenhalt verloren haben, weil sie ewig um ihr Gewissen besorgt waren... Jetzt iss aber mal dein Frühstück auf und erzähl mir, wie sich Mary Kate eingelebt hat!«

»Sie ist hier«, sagte Phil, der noch den Mund voll hatte.

»Mary Kate?« rief sie und sprang auf.

Er nickte.

»Ist sie mit dir zurückgekommen?«

»Ja, gestern abend.«

»Die reinste Entführung! Wie seid ihr denn gereist?«

»Mit Auto-Anhalter«, erwiderte er kurz.

»Wirklich?«

Er nickte wieder und genoss mit knabenhaftem Vergnügen ihr Staunen.

»Ein Stückchen sind wir auch zu Fuss gegangen.«

Dona Nobis kicherte mit sichtlichem Wohlgefallen.

»Sowas hab ich doch noch nie gehört! Sie konnte also nicht ohne dich leben!«

»Das war es gar nicht. Ich werde es Ihnen erzählen, Miss Daly, denn ich weiss, dass Sie es für sich behalten. Der Mann, von dem sie immer behaupteten, er sei ihr Vater – der ist gar nicht ihr Vater!«

Eine lange Pause trat ein.

Dona Nobis blickte ins Feuer und nickte drei-, viermal mit dem Kopf. »So, so, so, so! Diese Babe Matthews sollte man wirklich bei lebendigem Leibe verbrennen! Na warte nur, bis ich die mal in die Finger bekomme! Kein Wunder, dass du wie vor den Kopf geschlagen bist, du armer Junge! Und dann die arme, unschuldige Mary Kate, die immer so viel auf sich gehalten hat! So, so, so!«

»Es war wirklich furchtbar«, sagte Phil. »Denn es kommt noch hinzu, dass Mary Kate ihn allmählich immer lieber gewonnen hat!«

»Ach, Unsinn!« rief Dona Nobis ungeduldig.

»Doch, doch!«

»Unsinn!« erklärte sie nochmals. »Nimm bitte Vernunft an! Mary Kate ist jetzt in einem Alter, wo man sie nicht mal mit nem Wickelkind allein lassen kann – ganz zu schweigen von einem alten Mann – ohne dass sie sich gleich verliebt. Darüber mach ich mir keine Sorgen – aber bedenke mal, welchen Gefahren das elende Weibsbild die eigene Tochter ausgesetzt hat! Es ist nur Gottes Gnade zu verdanken, dass ER dich dort hingeschickt hat.«

»Es hat mir die Augen geöffnet«, sagte Phil ernst.

»Ja«, sagte Dona Nobis. »Es hat einen Mann aus dir gemacht!«

Phil beendete sein Frühstück, kleidete sich an und besuchte in der Augustinerkirche die Zehn-Uhr-Messe. Dann ging er widerwillig in die Werkstatt. Gregory sass trübselig auf einer Bank und hatte den Hut in den Nacken geschoben. Er rauchte seine alte Pfeife, und der Fussboden um ihn her war mit Spucke bedeckt.

»Lob und Preis allen guten Geistern, dass du wieder da bist«, rief er mit hohler Stimme. »Drei Tage wie die letzten drei hab ich noch nie erlebt!«

»Waren Sie nicht so gut aufgelegt?« fragte Phil.

»Aufgelegt! Allerdings war ich nicht aufgelegt! Und soviel Arbeit! Mindestens ein halbes Dutzend Tische musst du fortkarren, und nochmal ebensoviel, wenn ich nur hätte arbeiten können! Ich weiss nicht, was ich neuerdings für eine Pechsträhne habe!« Er klopfte seine Pfeife aus und blickte verzweifelt zu Phil auf – mit Augen, die verdächtig feucht und blutunterlaufen waren. »Er hat mir kein einziges scharfes oder brauchbares Werkzeug dagelassen!« flüsterte er bitter.

»Da hat er aber zu tun gehabt!« bemerkte Phil heiter.

»Nein, bedenk doch nur! Wenn er sonst mal an einem Vormittag kam, dann sah man ihn so bald nicht wieder, aber jetzt ist er nachts und mittags und morgens da, einen Tag nach dem andern!«

Phil begann sein Tagewerk damit, dass er erst einmal die letzthin verkaufte Ware auf einem kleinen Handkarren fortschaffte. Er hielt die Griffe, als ginge er hinter dem Pflug her, und der Schlamm spritzte rechts und links auseinander. Auf der Hauptstrasse begegnete er dann Mary Kate und Mrs. Verschoyle. Er zog die Mütze und trabte weiter.

»Wer war der nette junge Mann?« fragte Mary Verschoyle und blickte ihm nach.

»Das ist Phil, mit dem ich zurückgekommen bin«, erwiderte Mary Kate.

»Nein, so etwas! Du hättest ihn mir vorstellen können!«

»Es hätte ihm nicht gepasst, wenn ich das getan hätte.«

»Und warum nicht, wenn ich fragen darf? Vielleicht deshalb, weil er den Karren schiebt?«

Mary Verschoyle regte sich immer auf, wenn man bei Leuten, die sie interessierten, auf Klassenunterschiede hinwies.

»O ncin«, antwortete Mary Kate wahrheitsgemäss, »das wäre ihm ganz gleichgültig.« Doch sie schreckte vor dem Gedanken zurück, ihr erklären zu müssen, warum Phil im Grunde keinen Wert darauf legte, vorgestellt zu werden.

»Lade ihn morgen abend zum Essen ein!«

»Er kommt sicher nicht.«

»Dann werde ich ihn bitten. Du wirst schon sehen, mein Kind, ob er kommt oder nicht.«

Mary Verschoyle streckte entschlossen den Unterkiefer vor.

Glücklicherweise war Phils Seelenfrieden nicht bedroht, weil er von der neuen Gefahr noch nichts ahnte. Er erledigte die drei oder vier Fahrten mit dem Karren, die seine Vormittagsarbeit darstellten. Er freute sich über die Gelegenheit, dabei allein und an der frischen Luft zu sein. Die unmittelbare Einwirkung der Vision hatte sich bereits wie ein Traum verflüchtigt. Doch wie selbst Träume noch den Verlauf unsres Tages bestimmen, so wurde auch Phils wacher Geist, sogar wenn er aufs stärkste abgelenkt war, von einem Gefühl beherrscht, als wäre seine Mutter ständig um ihn. Heute war es in eine Zärtlichkeit umgewandelt, die an Verzückung grenzte. Die einfachsten Dinge erregten seine Aufmerksamkeit. Zum erstenmal seit Jahren liebte er die Menschen um sich her, einerlei, ob es Sünder oder Heilige waren, und ihm gefiel das kecke Flattern der Schultertücher bei den Frauen, das Geschrei schmutziger Kinder, das träge Herumlungern der Eckensteher mit ihren schlaffen Gesichtern und das Spritzen und Rumpeln der Karren in verschlammten Gassen. In seine Zärtlichkeit mischte sich Furcht, die Furcht vor der Vergänglichkeit aller Dinge. In diesen Strassen war er als unmündiges Kind gegangen; in jenem kleinen Laden hatte seine Mutter ihm zu Weihnachten von zusammengesparten vier Schilling eine Spielzeug-Eisenbahn gekauft; zu der weissen Kirche auf dem andern Flussufer hatte sie ihn am nächsten Tag mitgenommen, damit er sein Spielzeug dem kleinen Jesus in der Krippe als Geschenk darbringen sollte, und als sie wieder herauskamen, hatten sie durch eine betrunkene, lästernde Menge schreiten müssen. Doch auch die Menge war nicht mehr da. All das kreischende, wirblige, wilde Leben, das hier gewesen, als er ein Kind war, schien auch jetzt herrlich – und doch war es vergangen.

Die Frauen, denen er die Möbelstücke brachte, freuten sich, ein Gespräch mit ihm anzufangen, und zum erstenmal zeigte er sich nicht so zurückhaltend. Er sass in ihrer Küche, ein dunkler, einfacher, hübscher junger Mann, hatte die Hände in den Taschen seines Overalls und streckte die Beine von sich. Im letzten Haus, das er aufsuchen musste, machte die Hausfrau Tee für ihn und für sich. Er setzte sich an den Tisch und trank, und die ganze Zeit zitterte er fast vor Eifer, um sie mit freundlichen und schmeichelhaften und lustigen Dingen zu unterhalten. Er sprach rasch und beschrieb, was er schon zweimal geschildert hatte (sie schienen es sehr gern zu hören), nämlich den Jahrmarkt in Coolboy, den grossen Nigger mit seinen glänzenden Muskeln, den Dubliner mit seinen unzerbrechlichen Weidenmuster-Tellern und Peter mit seinen Witzen, die ihnen so gut gefielen. Währenddessen blickte ihm ein älterer, weiserer, schwermütigerer Phil drohend über die Schulter und sagte spöttisch: »So ist's recht! So ist's recht! Spiel du nur den Kasper! Es gelingt dir ja grossartig!«

War er wieder draussen, dann schalt er sich einen dummen Esel. Alles, was er je hatte vermeiden wollen, schien er jetzt zu tun. Wo war seine schonungslose Offenheit, wo seine Schweigsamkeit, wo sein Seelenfrieden? Zerstreut in alle vier Winde, verausgabt an Menschen und Dinge! Und die Empörung über sich selbst nahm zu, bis sie in Träumerei überging.

DREIUNDZWANZIGSTES KAPITEL

Am nächsten Morgen begab er sich in düsterer Stimmung zur Arbeit, und alle Erregung des voraufgegangenen Tages hatte sich erschöpft. Am Abend vorher hatte er wie üblich seine Runde in den Kirchen der Stadt gemacht und diesmal die kleine Kapelle an der Strasse zum Curraghkippane-Friedhof besucht, doch widerstand er der Versuchung, sich dem Friedhof zu nähern. Er sprach mit seiner Mutter und erklärte ihr in leidenschaftlichen Worten, dass er nicht wie bisher, sondern im Geiste an sie denken wolle und müsse. Sie war im Himmel, nicht hier, und er war eine Seele, die ihr folgte, aber gen Himmel – und nicht in die Erde. Und dieser Verzicht schenkte ihm Frieden.

Dann waren Stunden tiefster Verlassenheit gekommen. Er hatte lange mit sich gestritten, sank aber nur immer mehr in Verzweiflung, weil er nicht wusste, zu welchem Ziel er sich eigentlich durchringen wollte. Er konnte keine Veränderung in sich selbst bemerken, und auch die Umstände hatten sich nicht geändert. Ganz kalt fragte er sich, ob er vielleicht Mary Kate liebte und ob der Schmerz, den er empfunden, als sie ihm von ihrer Liebe zu Nick McCormick erzählt hatte, vielleicht Schmerz gewesen sei, sie verloren zu haben. Doch ganz kalt antwortete er sich, dass er sie nicht im geringsten liebe.

Er war nicht in der Stimmung, Mary Verschoyle

freudig willkommen zu heissen, als sie in die Werkstatt kam. Er war scheu und ärgerlich. Mrs. Verschoyle amüsierte sich und beharrte auf ihrem Wunsch, und der alte Gregory war so aus dem Häuschen, als wäre der Besuch ein Engel, der plötzlich aus heiterem Himmel durch die Decke der Werkstatt gefallen war. Auf Phils Einwände, er könne nicht zum Essen gehen, weil er nichts anzuziehen habe und bereits anderweitig gebunden sei, erwiderte der alte Mann nur mit verächtlichem Schnaufen und Spötteln und mit Schmeicheleien. Er wuselte um Phil und Mary Verschoyle herum, blickte in Phils besorgtes Gesicht und bombardierte ihn mit Redensarten, die bei der Dame Eindruck erwecken sollten.

»Schüchtern ist er, Ma'am«, kicherte er, »schüchtern ist er! Du mit deiner Arbeit! Was arbeitest du denn schon gross? Bin ich nicht drei volle Tage ohne dich ausgekommen, solange du dich herumgetrieben hast, immer hinter nem Weiberrock her? Oder etwa nicht? Da hast du auf deine Arbeit gepfiffen! An Weiberröcke hast du gedacht, hast Mädchen im Sinn gehabt, du scheinheiliger junger Halunke! Hören Sie nur ja nicht hin, Ma'am, was der junge Mann Ihnen erzählt, trauen Sie ihm nicht! Ist ein Weiberheld, durch und durch. Stille Wasser! Stille Wasser! Und so hübsche rote Backen wie ein junges Mädchen! Hahaha, tu nur nicht so, als ob du rot wirst! Aber, aber, Phil musst doch nicht böse werden! Er hat nichts anzuziehen, Ma'am, haben Sie das gehört? Sieht er denn nicht genau wie einer von den jungen

Lords aus, die manchmal in der Zeitung abgebildet sind? Oder etwa nicht?«

Gegen solche Angriffe, die noch durch Mary Verschoyles schrille Spässe unterstützt wurden, konnte Phil sich nicht wehren, und höflich, wenn auch empört über die Nötigung, gab er schliesslich nach. Dann führte Gregory den Besuch in der Werkstatt herum. Er spielte sich auf, und um ihr seine Verachtung für die Art Arbeit zu zeigen, die zu leisten er gezwungen war und gegen die sich seine feinere Natur auflehnte, versetzte er den Tischen und Stühlen kräftige Fusstritte.

»Da sehn Sie sich nur das alte Krummbein von Tisch an«, sagte er. »Mit solchen Sachen muss ich mir meinen Lebensunterhalt verdienen! Die unteren Schichten, die gewöhnlichen Leute, Ma'am, die haben eben keinen Geschmack. Mit jedem alten Dreck geben sie sich zufrieden, Hauptsache, dass sie es billig bekommen. Billig, das ist alles, was sie denken können, und ein Mann, der für Höheres veranlagt ist, der muss ihr Sklave sein. Manchmal liege ich wach und denke, was für herrliche Sachen ich arbeiten könnte, wenn nicht dieser Abschaum wäre. Abschaum, Ma'am, Abschaum – weiter sind sie nichts.«

Nachdem er Mrs. Verschoyle bis an die Strasse begleitet hatte, kehrte er zurück und wischte sich mit einem schmutzigen alten Taschentuch über die Stirn. Er glühte vor Begeisterung und zündete sich mit zitternder Hand die Pfeife an.

»Was sagst du dazu, mein Junge? Was sagst du dazu? Wer will hier behaupten, der alte Gregory

Mahon könnte nicht mit einer Dame sprechen? Du wirst sehen, Phil Dinan« (hier versetzte er ihm einen derben Schlag auf die Schulter), »was für eine Wirkung meine Worte haben werden. Und du, du – du – kaltes Ungeheuer weigerst dich, sie zu besuchen! Mein Gott, du hättest beinah die grösste Chance deines Lebens verpatzt.«

Er lockerte sich den Kragen – wie in höchsten Nöten.

»Gott im Himmel, wenn ich nicht hiergewesen wäre, um für dich zu sorgen – was hättest du da angestellt, heh? Die Frau bringt dir Glück. Du könntest für all die feinen Leute in Montenotte arbeiten. Anstatt alte Tische und Stühle und dumme, verächtliche, nichtswürdige kleine Möbelstücke zu machen, könntest du die schönsten Nippsachen für Sir und Lady Goldsmith anfertigen. Ich sehe sie vor mir, eingelegte Arbeit – hab dir nie gezeigt, wie das gemacht wird – Glasschränke und Vertikos und Schlafzimmer und Polstergarnituren! Wir könnten drei Gesellen und zehn Lehrlinge in unsrer Werkstatt arbeiten lassen. Zehn Lehrlinge, und zwanzig Pfund von jedem verlangen. Macht zweihundert Pfund! Ich mache dich zu meinem Teilhaber und überlasse es dir, die Aufträge hereinzuholen. Du brauchst nie wieder zu arbeiten und auch nur einen Finger krummzumachen!«

»Ach, Sie sind verrückt«, sagte Phil ärgerlich.

»Verrückt? Ich verrückt?« Der alte Gregory hätte vor Aufregung bald einen Schlaganfall bekommen. Er ballte die Fäuste, hämmerte wütend auf die Arbeitsbank und verdrehte die Augen. »Hör dir das an, grosser Gott! Mich will er belehren, und dabei bin ich so alt, dass ich sein Grossvater sein könnte! Ich sage dir, du bist wahnsinnig! Wahnsinnig, das bist du! Du ahnst nicht, was so eine Frau für dich tun könnte, wenn sie erst mal einen Narren an dir gefressen hat. Sie würde dich mit jedem Stutzer von Montenotte bekanntmachen, und wer weiss, wenn du sie richtig behandeln könntest, suchte sie dir noch eine Frau mit Geld im Strumpf!... Hör mir zu, Phil, mein allerliebster Junge! Phil, ich hab dich immer bewundert! Ich war der erste Mann, der gleich erkannt hat, was in dir steckt. Ich hab dir prophezeit, dass du ein Rothschild wirst, nicht wahr? Streit's mir nicht ab, ich habe es prophezeit!«

»Ja«, sagte Phil schüchtern. Er füchtete sich fast vor dem ängstlichen Blick in Gregorys Augen und war fest überzeugt, dass der alte Mann sich im nächsten Augenblick ihm an den Hals werfen würde.

»Schön. Und, Phil – ich hab dich noch nie um was gebeten, aber jetzt bitt ich dich und flehe dich an: sei nett zu ihr! Zeig ihr nicht die schwarze Strähne, die auch in dir steckt! Ich flehe dich an, Phil, ich geh auf meine beiden Knie, Phil, aber sei nicht mürrisch zu ihr! Egal, um was sie dich bittet, mein Junge: tu's mit einem netten Lächeln!«

»Ja, ja«, versprach Phil ungehalten und steckte den stillen Vorwurf ein, »jetzt wollen wir endlich die Stühle fertigmachen!«

»Stühle? Ich werde doch nicht die dreckigen

alten Stühle fertigmachen. Irgendwo hab ich ein wunderhübsches Stück amerikanische Eiche liegen, wenn ich's nur finden könnte! Phil, mein Junge, sieh dich mal ein bisschen danach um, und ich will mir überlegen, was ich draus machen kann. Ein kleines Geschenk wäre...«

»Sie haben es schon vor einem halben Jahr weggeworfen!«

»Hab ich das getan? Bombensicher? Einerlei, Phil, einerlei, mein Junge! Arbeite nur weiter an dem alten Dreckskram, und ich mach ein paar Zeichnungen, dass dir die Augen übergehen sollen. Staunen wirst du, was ich machen kann, wenn ich mal richtig in Stimmung bin!«

Am Abend war Phil dann bei Verschoyles. Er hatte seine Arbeitskleidung nicht gegen andere Sachen vertauscht, ja, er hatte überhaupt nichts anderes gemacht als sich am Brunnen auf dem Hof die Hände gewaschen. Sein Haar war unordentlich und stellenweise noch nass, und wenn er nicht so vorteilhaft wie sonst aussah, so war das seine volle Absicht. Trotzdem war er nicht etwa verlegen. Das machte grossen Eindruck auf Mary Verschoyle und, wenn auch auf andere Art, auf Mary Kate. In seinem Benehmen war er nicht anders als ein junger Mann, der einen lästigen Familienbesuch abstattet, zu dem er zwar gezwungen wurde, der ihn aber nicht aus dem Gleichgewicht bringen konnte.

Vom Grund seines Blitzbesuchs in Dublin wusste die Hausfrau nicht mehr, als Mary Kate ihr zu erzählen für gut befunden hatte. Doch war ihr geschildert worden, wie McCormick Phil niedergeschlagen hatte (»der widerliche, gewissenlose Grobsack!«, hatte Mrs. Verschoyle gesagt) und wie Phil darauf mit einem Hieb mit dem Schüreisen geantwortet habe. Seine Entschlossenheit bezauberte sie beinahe ebenso wie seine berühmte Frömmigkeit. Nun bemühte sie sich krampfhaft, das Gespräch immer wieder auf Nick McCormick zu bringen, und Phil bemühte sich genau so krampfhaft (und mit einem Seitenblick auf Mary Kate), sie auf ein anderes Thema zu bringen. Er wusste, dass Mary Kate Qualen erduldete, solange das Trommelfeuer gegen Nick, »den ausschweifenden, gewissenlosen Schurken«, noch im Gang war. Natürlich musste Phil bei einer so unvollständigen Darstellung des Vorfalles doppelt strahlend hervorgehen, und ein milder Abglanz fiel von ihm auf Mrs. Verschoyle, die es »alles kommen gesehn« hatte.

»Es ist unvernünftig«, sagte sie schliesslich, »dass ein junger Mann wie Sie seine Zeit so vergeudet. Sie sollten einen verantwortlichen Posten innehaben, der Ihnen genügend Spielraum für Ihre Tatkraft bietet!«

»Das habe ich ihm ja auch gesagt«, fiel Mary Kate erleichtert ein. »Ich hab dir gesagt, Phil, dass du deine Zeit vergeudest!«

»Allerdings«, erwiderte er kühl und leerte seine zweite Tasse. »Und ich habe dir gesagt, es sei genau das, was ich mir vorgenommen habe.«

»Wie?« fragte Mary Verschoyle bestürzt. »Sie möchten lieber ein Schreiner werden?«

Phil nickte, und nun stiess sie zu.

»Dann lassen Sie sich's nur von mir gesagt sein: Sie werden nicht mal ein Schreiner, denn Ihr Boss ist ein Dummkopf!«

»Er ist verrückt!« rief Mary Kate begeistert.

»Er hat ebensowenig Ahnung vom Schreiner-Handwerk wie ich« – sie hielt inne, um ein Gebiet zu finden, dessen Unkenntnis nicht allzu beschämend für sie wäre – »wie ich von der Astronomie!« Sie stimmte ein fröhliches, ansteckendes Lachen an, und vor lauter Eitelkeit stieg ihr die Farbe in die Wangen. »Sie brauchen nicht zu denken, dass seine Schwafeleien mich beeinflusst hätten – o nein – im Gegenteil!« Sie machte eine Pause und zündete sich mit zitternden Fingern eine Zigarette an, wobei sie die Augen halb zumachte und die Brauen ernsthaft zusammenzog; dann lachte sie wieder und stiess vergnügt den Rauch zur Decke auf. »Im Gegenteil«, wiederholte sie wohlgefällig. »Nicht ein Stück von allen Möbeln, die er mir zeigte, hätte auch nur in die Irrenabteilung eines Armenhausspitals gepasst! Und ich kenne mich aus mit Möbeln!« (Auf welchem Gebiet kenne ich mich übrigens nicht aus, schien sie zu fragen.) »Ausserdem... habe ich immer einen gewissen Argwohn gegen Menschen, die über die untersten Schichten spotten. Glauben Sie mir« – sie schob Phil das Zigarettenpäckchen hin – »glauben Sie mir, Ihr Boss ist ein Dummkopf.«

»Ein Dummkopf ist er nicht«, erwiderte Phil.

»Ich hege einen gewissen Argwohn gegen Menschen, die über die untersten Schichten spotten«, wiederholte sie nachdrücklich und starrköpfig, stiess das benutzte Streichholz in den Aschenbecher und trommelte mit den Fingerspitzen die Andeutung einer Melodie.

»Das meinte er gar nicht so«, sagte Phil.

»Natürlich nicht. Er hat es nur geäussert, weil er glaubte, es würde mir, weil ich Protestantin bin, irgendwie zusagen.«

»Stimmt«, gab Phil rasch zu, denn ihr männlicher Scharfsinn machte, ohne dass er es wollte, grossen Eindruck auf ihn.

»Natürlich stimmt es. Und es gefällt mir nicht. Es gefällt mir ganz und gar nicht. Und ich warne Sie: einerlei, was er Ihnen erzählen mag, Sie werden nie etwas bei ihm lernen.«

»Lieber Himmel!« rief Phil und war beinahe verletzt, dass sie eine so geringe Meinung von seiner Intelligenz haben sollte, »das weiss ich doch ganz genau. Ich bin ein besserer Schreiner als er!«

Sie war verblüfft.

»Und trotzdem bleiben Sie dort?«

»Ich bleibe dort«, erwiderte Phil, der sich über ihren überlegenen Ton so ärgerte, dass er es ihr heimzahlen wollte, »ich bleibe auch weiterhin dort, weil es mir so passt.«

»Und Sie haben keinen Wunsch, im Leben voranzukommen? Haben Sie denn gar keinen Ehrgeiz?«

»Ich habe Ehrgeiz.«

»Und Sie glauben, dass Sie in dem – dem Loch da Ihrem Ehrgeiz nachgehen und sich entfalten können?«

»Jawohl.«

»Und die andere schmutzige Bude, in der nicht mal Mary Kate noch länger bleiben möchte?«

»Es ist der einzige Ort, an dem ich mich entfalten kann.«

»Das ist doch unmöglich«, rief sie mit schriller Stimme und drehte sich wütend auf die Seite. »Ich glaube kein Wort davon!«

»Weil Sie nicht wissen, was ich meine.«

»Ich weiss ganz genau, was Sie meinen«, entgegnete sie, und ihre Stimme klang immer schriller. »Gott sei Dank habe ich noch meine fünf Sinne beisammen, junger Mann. Wenn Sie nämlich glauben, Sie könnten in dem stinkenden Puppenhaus ein Heiliger oder etwas Ähnliches werden, dann irren Sie sich sehr. Verkommen werden Sie dort, an Leib und an Seele! Sie sind schon auf dem besten Wege, nur wissen Sie es nicht. Sie sind zu widerborstig, um es selber einzusehen!«

Die letzte Beschuldigung brachte Phil zum Verstummen. Sie holte sich die Zigaretten heran und stand lächelnd auf.

»Kommen Sie in den Garten«, rief sie, »und bringen Sie Ihren Stuhl mit!«

Nach ein paar Minuten begriff Phil bereits, dass sie den Garten gar nicht als Anregungsmittel nötig hatte, sondern ihre eigene Umgebung überall mit sich herumtrug, und dass weder der Garten noch die Blumen sie von ihrer ursprünglichen Absicht abbringen konnten, ihn zum Nachgeben zu zwingen. Ihre Leidenschaft, sich einzumischen, glich dem Festhalten eines Denkers an einer Idee, und sie ging darin so gänzlich auf, dass ihr diese Leidenschaft gerade wegen ihrer Abstraktheit einen gewissen Adel verlieh. Zu seiner Bestürzung entdeckte er, dass er langsam nachgab – nicht, was seinen Glauben betraf, das war undenkbar – sondern nur in seinem allgemeinen Vorurteil gegen Protestanten, vor allem gegen diese bestimmte Protestantin, die Zigaretten rauchte, sich mit Spiritismus befasste, eine halbe Atheistin war und vorsätzlich versuchte, Mary Kates Glauben zu untergraben.

»Vergessen Sie bitte nicht«, sagte sie mit dem Ton eines sibyllinischen Orakels, »dass ich Sie nachdrücklich gewarnt habe – genauso, wie ich Mary Kate warnte: eines Tages werden Sie es bereuen!« Mit drohendem Finger deutete sie auf ihn. »Sie werden die Werkstatt aufgeben. Sie werden sie aufgeben, ob es Ihnen passt oder nicht. Und vor allem werden Sie Ihre elende Mansarde aufgeben.«

Da lachte er. Einen Augenblick sah sie ihn überrascht an. Plötzlich lachte auch sie.

Bei Phil liess die Reaktion nicht lange auf sich warten. Ein paar Stunden lang fühlte er sich zufrieden und angenehm abgelenkt, ja, er empfand allmählich eine Art belustigter Zuneigung für die merkwürdige Frau. All das teilte er Dona Nobis mit, als er spät abends bei ihr am Kamin sass. Auch sie sah merkwürdig aus, wie sie grübelnd und mit vorgebeugtem Oberkörper und Kopf im Halbdunkel dasass und die Hände im Schoss gefaltet hatte, während der auffallende Mund mit den dicken Lippen und dem einen Riesenzahn deutlich aus den übrigen Gesichtszügen hervortrat. Sie war sichtlich älter geworden, und je älter sie wurde, um so mehr glich sie einer Sibylle, wie der Dichter sie beschrieben hat: »Hoch und hohl und ausgebrannt.«

»Was hab ich dir gesagt?« fragte sie, mit dem Kopf nickend. »Hab ich's dir nicht immer gesagt, nicht auf die Protestanten zu schelten, bevor du sie kennst? Du kannst mir's glauben, sie erweisen dir eher einen Gefallen als unsre Glaubensgenossen.«

»Es sind eben trotzdem nicht unsre Glaubensgenossen.«

»Das behauptet ja auch keiner, Kind, aber sind sie nicht auch so, wie Gott sie erschaffen hat?«

»Sie haben alle so kalte, abweisende Gesichter!«

»Ihre Gesichter haben sie ja schliesslich auch nicht selbst erschaffen, nicht? Und wenn es von meinem Gesicht abhinge, mir damit den Lebensunterhalt zu verdienen, dann steckte ich längst im Armenhaus.«

Phil erinnerte sich, dass Dona Nobis zwar gegen protestantische Irrtümer mit zahlreichen Hinweisen auf verworrene theologische Traktate zu Felde zog und bis in alle Einzelheiten die Zahl der Katholiken kannte, die während der Regierungszeit »der verdammten Vettel Eliza«* verbrannt oder erhängt wurden; doch sie konnte niemals an die kleine Pension denken, die sie vor dem Leben im Armenhaus bewahrte, ohne gleichzeitig zur Verteidigung der Protestanten anzutreten. Und deshalb erwiderte er nichts weiter. Aber sie liess nicht locker.

»Hast du die Messe für deine arme Mutter lesen lassen?« fragte sie.

»Ja.«

»Hast du das Geld nach Mount Melleray geschickt?«

»Nein, ich gab's den Franziskanern.«

»Du hättest es nach Melleray schicken können«, entgegnete sie vorwurfsvoll. »Das ist weiss Gott das mindeste, was die armen kleinen Trappisten verdienen!«

»Es ist doch das gleiche.«

»Es ist *nicht* das gleiche, Phil Dinan! Ich mag die Franziskaner gern. Aber es kann einen rasend machen, wenn man mitansehen muss, wie die heuchlerischen alten Schlangen von betrügerischen Krämerherzen (Gott verzeih mir, dass ich's sage!), diese Krrrokodile, die ein Waisenkind um seinen

* Elisabeth I. von England (1533–1603)

letzten Penny berauben, feisten Pfarrherren Hunderte von Pfund hinterlassen, aber keinen Schilling übrig haben, wenn Menschen wie deine unglückliche Mutter dem Hungertode nahe sind.«

»Das stimmt«, sagte Phil, und der Gedanke an das Gesicht des armen alten Musikanten rührte ihn.

»Es stimmt!« schrie sie hitzig. »Kein Wunder, dass die Protestanten sich dauernd über uns ins Fäustchen lachen. Denk nur, was Miss Littleton sagte, als sie die sechs Priester hinter Jackie Roches Sarg hergehen sah: ‚Bridie, Leute wie so ein Schuft brauchten noch sechs mehr!' Und das stimmt, sechsundsechzigmal mehr, und hundertsechsundsechzig noch obendrauf, und der unterste Höllenpfuhl wäre nicht heiss genug für sie! 's ist eine Sünde und Schande, Phil Dinan, und eine Beleidigung des Allmächtigen Gottes, und ich sag's hier so ernst, als stünde ich jetzt vor seinem Heiligen Thron, dass ich glaube, denen sind weder eine noch zwei noch drei noch hundert Messen auch nur *soviel* wert!«

Hierbei schnippte sie zornig mit den Fingern. Sie war plötzlich zu fast biblischem Zorn entflammt, was man sowohl an ihrer Vorliebe für arithmetische Reihen wie auch an der Wucht erkennen konnte, mit der sie auf das neben ihr stehende Bett schlug.

»Ahaha!« schrie sie, und im Feuerschein glühte ihr Gesicht dunkel und zornerfüllt, »aber mit Bridie Daly haben sie nicht gerechnet! Ich lass sie nicht mal riechen an meinen armseligen paar

Kröten, und wenn jeder so handeln würde wie ich, dann kämen die Priester bald zu den Armen, sich ihren Lebensunterhalt erbetteln. Es wäre barmherziger, einem armen Mann einen Penny zu schenken, als einem von denen da ein Pfund zu geben. Kein Wunder, dass die Protestanten uns auslachen. Kein Wunder!«

Es dauerte einige Zeit, bis Phil sie von ihrem erzürnten Pegasus heruntergeholt und wieder auf die Erde gestellt hatte. Zu guter Letzt überredete er sie, ihm das *Ave Maris Stella* vorzusingen, und danach ging er zu Bett und war mit sich und mit ihr höchst zufrieden. Er musste zwar gestehen, dass der alte Zauber etwas an Glanz nachliess und dass sie nicht länger die Hüterin seines Gewissens sein konnte. Manchmal beneidete er sie. Sie konnte alles in einem leidenschaftlichen Ausbruch loswerden und sich dann mit der besten Einstellung behaglich zu ihren Feinden hinsetzen und Choräle singen oder ein Kapitel aus der *Nachfolge* lesen. Doch er konnte das nicht. Und seine Niedergeschlagenheit nahm zu, und daneben die gleiche Rastlosigkeit und die gleiche seelische Leere, die er zwei Abende vorher bei seiner Rückkehr empfunden hatte.

Er hätte nicht zu Verschoyles gehen sollen, sagte er sich, das war klar. Die Frau mit ihren verstiegenen Ideen hatte ihn aufs neue aufgewühlt. Aber warum konnte er nicht wie andere Menschen sein? Warum musste ihn die geringste Unterbrechung in seinem Tagesablauf und so etwas Harmloses wie ein Besuch und ein freundliches Gespräch gleich aus seinem Paradies verstossen? Er konnte sich nicht länger damit beruhigen, dass er sich sagte, nichts sei anders geworden; etwas war anders geworden, erschrecklich anders, und es war in ihm selbst. Er hatte in einem Vakuum gelebt, und jetzt musste er – einerlei, was ihn herausbefördert hatte – sowohl Mary Verschoyles abstrakten Ehrgeiz wie Dona Nobis' kindische Reden gewahren, und schon das diente dazu, seine Unruhe zu nähren.

In den nächsten paar Tagen machte er eine ungeheure Anstrengung, sich zu sammeln. Er sah niemand, sprach mit niemand, nicht einmal mit Dona Nobis, ging jeden Morgen zur Kommunion und lief jeden Abend seine Kirchenrunde ab. Und immer betete er um Frieden.

Der Frieden schien Einzug in ihn gehalten zu haben, als sich der schreckliche Vorfall ereignete.

Eines Tages, als es gerade zum Angelus läutete, kam ihm plötzlich der Gedanke: »Wenn Mutter nun vor mir herginge – auf meinem Heimweg?« Er schob ihn beiseite und lächelte über seine eigene Unbeständigkeit. Nach einer Viertelstunde kehrte der Gedanke wieder, doch als aufdringliche Einflüsterung. Denn diesmal war es eine Stimme, die kalt und deutlich zu ihm sprach: »Wenn sie nun schon da ist?« Der kalte Schweiss brach ihm aus. Was war das für ein schrecklicher Gedanke, der durchaus immer wiederkehren wollte? Eins war ihm klar: es war eine Versuchung in ihrer hinterhältigsten Form. Jetzt versuchte er nicht länger, sich in der Arbeit zu verlieren, sondern er betete inbrünstig. Endlich merkte er, dass er seine Umgebung mit neuen Augen ansehen konnte. Sie schien zurückzuweichen und kleiner und deutlicher zu werden. Die Temperatur sank. Das Fenster wurde heller. Alles war in ein hartes, greifbares Licht gebadet, in dem sich das frische weisse Hemd des alten Gregory deutlich abhob, als er sich über ein Brett beugte. Phil stand da und beobachtete ihn ein Weilchen, und nichts war zu hören als das Kreischen der Säge und das röchelnde Keuchen des alten Mannes, der sein Knie gegen das Brett stemmte. Ein kühler Windstoss fegte zum Fenster herein und fuhr raschelnd in die Hobelspäne. Gregory blickte auf.

»Gott sei Dank«, dachte Phil, »es ist wieder fort!« Und jetzt beneidete er Dona Nobis um ihr musikalisches Gehör. Er glaubte, dass es ihm helfen würde, könnte er gleich ihr singen, sobald die schwarzen Gedanken kämen.

Und gerade, als er sich für die Mittagspause die Jacke anzog, kehrte die Stimme zurück. »Sie ist da, sie ist da«, klang es. Während dieser einen Sekunde konnte er sie sich ganz deutlich vorstellen, wie sie oben in dem kleinen Zimmer auf ihn wartete, am Fenster sitzend, die Hände im Schoss, und aufs Zifferblatt am Shandon zu spähen versuchte. Er wurde bleich und zitterte.

Gregory blickte ihn seltsam an. »Was fehlt dir, Phil?« fragte er mit rührender Zärtlichkeit in der Stimme.

»Nichts«, sagte Phil mechanisch. Aber dem alten Mann war bereits der eigentümlich erloschene

Blick seiner Augen aufgefallen, als hätten sie plötzlich alle Kraft verloren, sich zu bewegen.

»Was fehlt dir? Was fehlt dir, Junge?« schrie er ihn an, und Phil fuhr wie erwachend zusammen, während die grossen Hände des alten Mannes ihn bei den Armen hielten und wild schüttelten. Er schauerte zusammen und kam zu sich, jetzt wieder von einem Entschluss beseelt.

»Mir fehlt nichts, Mr. Mahon«, antwortete er und machte sich frei. »Es war wohl nur ein Schwächeanfall. Ich geh lieber nicht nach Hause. Haben Sie etwas dagegen, wenn ich mir mein Mittagessen hier zurechtmache?«

»Dagegen? Was sollt ich denn dagegen haben? Hast dir's doch schon oft hier gemacht. Iss du nur, und dann gehst du eine Stunde spazieren. Aber warte, erst will ich dir einen Schluck Whisky besorgen!«

Doch Phil hatte sich wieder ganz in der Gewalt.

»Ich trinke keinen Whisky«, wehrte er sich. »Ich geh jetzt und kaufe mir ein paar Eier.«

Gregory sah ihm besorgt und mitleidig nach.

Die Aufgabe, das Essen zuzubereiten, lenkte ihn auch wieder ab. Gregorys Vorschlag, dass er spazierengehen sollte, beachtete er nicht. Er fuhr mit seiner Arbeit fort, und als die ‚Stimme' gegen drei Uhr wiederkam, diesmal lauter und eindringlicher, entsetzte er sich so sehr, dass er sofort zu singen begann. Der alte Mann fuhr hoch, als er das komische, laute, tonlose Geplärr hörte, und Phil sah, wie sich die Blicke des alten Gregory an ihn hefteten, und seine Stimme versagte ihm. Ein paar

Augenblicke herrschte Stille, dann lächelte Phil matt. Gregory schmetterte sein Brett krachend auf die Werkbank.

»Du scheinst ja heute sehr lustig zu sein«, sagte er.

»Meine Nachbarin nennt's nicht Gesang, sondern Totenklage«, erwiderte Phil.

»Hab's noch nie erlebt, dass du ein Lied anstimmst«, fuhr der alte Mann fort und lachte unbehaglich. Mit absichtlich lauter Stimme sprach er weiter und zwang Phil, ihm Antworten zu geben. Er fragte nach Mary Kate, und wie es ihr gefiele, wieder in Cork zu sein, und ob sie noch bei den Verschoyles wohne und was sie jetzt für einen neuen Posten habe.

Phil wunderte sich, dass er so neugierig war, und gerade wegen Mary Kate.

Er wurde in Ruhe gelassen, bis er die Haustüre öffnete und auf der Strasse stand. Es war ein stiller Abend, neblig, bewölkt, und sehr ruhig – doch er empfand es wie einen Orkan. Eine unsichtbare Strömung riss ihn mit fort, den Uferdamm entlang und aufs Puppenhaus zu, ganz gegen seinen Willen und doppelt so schnell wie seine übliche Gangart. Vor der Brücke blieb er stehen und klammerte sich an das Eisengeländer der Ufermauer. Es war ein verzweifelter Versuch, die Kontrolle über sich zurückzuerlangen. Er begriff sehr gut, dass es eine Wahnvorstellung war, und ebenfalls, dass er verrückt würde, falls er jetzt das Zimmer betrat und sie nicht da war. Er blickte den Uferdamm entlang bis zum schiefen Giebel des

Puppenhauses, das mit seinem Inhalt an menschlichem Leid zu bersten drohte. Nein, dorthin konnte er jetzt nicht gehen. Er musste, musste, musste den Wahn besiegen, auf jeden Fall ihn müde laufen. Mit dem flinken, kurzen Schritt des Trunksüchtigen, der an seiner vertrauten Kneipe vorbeigeht, überquerte er die Brücke und schlug den Weg zu den Hügeln ein.

Im gleichen Augenblick klopfte Gregory an den Seiteneingang des grossen und vornehmen Modegeschäfts, in dem Mary Kate jetzt angestellt war. Mit roten Wangen und fröhlich erregt kam sie die Treppe herunter. Im ersten Augenblick hätte er sie in ihrem eng anliegenden schwarzen Kleid mit dem hohen Kragen fast nicht erkannt.

»Dein Freund«, sagte er endlich und packte sie bei der Schulter, »dein Freund, Mädchen – dem fehlt was!«

»Was für ein Freund?« fragte sie verdutzt.

»Oh – was für ein Freund? Wie viele hast du denn? Phil Dinan natürlich! Er wird verrückt!«

»Phil?« Sie lachte auf und lachte immer weiter, ihm in sein aufgeregtes Gesicht hinein.

»Hör mal, Mädchen«, flüsterte er wütend, »wenn du nicht sofort mit deinem Gekicher aufhörst, schlag ich dir eine auf den Schnabel, dass dir Hören und Sehen vergeht!«

Im Nu wurde sie ernst.

»Jetzt hör mir mal zu, Kind! Der Junge wird verrückt!«

»Das werden wir alle«, erwiderte sie, nur um überhaupt etwas zu sagen. Sie war jetzt überzeugt, dass es der alte Gregory war, der verrückt wurde.

»Das werden wir, das werden wir«, gab er mit grässlichem Humor zu, »aber hier geht's um religiösen Wahnsinn, und Gott sei Dank sind wir noch nicht allesamt so fromm. Mädchen, tu, was ich dir sage, und geh nach Haus und zu ihm, ehe er sich was zuleide tut. Rasiert er sich?«

»Ja.«

»Dann versteck sein Rasiermesser!«

»Das kann doch nicht Ihr Ernst sein«, sagte sie und war nun gegen ihren Willen erschüttert. »Unser Phil? Keiner ist so vernünftig wie Phil!«

»Jetzt ist er kein Muster an Vernunft, sag ich dir! Meinst du, ich weiss nicht, wie es ist, wo doch mein eigener Bruder deswegen im Irrenhaus ist?« Er zog sein Augenlid hoch. »Da drin kann ich's erkennen, da drin!«

Sie blickte in sein trübes, entzündetes Auge und begann sich zu fürchten.

»Gut, dann lauf ich nach Haus.«

»Ja, aber rasch, bitte!«

Sie zog sich eilig an und lief die Uferstrassen entlang. Dass Phil verrückt wurde, glaubte sie nicht, aber sie hatte Angst, dass ihm sonst etwas fehlen könnte. Sie hegte nicht länger nur Misstrauen gegen Mahons Urteil. Auf der Treppe holte sie Dona Nobis ein, die einen alten Mantel umgeworfen hatte und mit einem kleinen Laib Brot und ein wenig Milch zurückkehrte.

»Hast du Phil gesehen, Bridie?« fragte sie atemlos.

»Von dem hab ich seit drei, vier Tagen keinen

Faden zu Gesicht bekommen«, sagte Dona Nobis. »Er geht uns allen aus dem Wege.«

»O Bridie!« rief Mary Kate, und ihre Stimme klang bestürzt.

»Was fehlt dir bloss, Kind?«

Mary Kate stand auf der Treppe und hielt sich am Geländer fest.

»Der alte Idiot Gregory Mahon war bei mir im Geschäft und hat mir gesagt, Phil wird verrückt«, flüsterte sie.

»Ach, der soll sich einpökeln lassen mit seinem Verrücktwerden!« schalt Dona Nobis grob. »Der müsste selber im Narrenhaus sein.«

»Er hat mir trotzdem einen furchtbaren Schreck eingejagt«, sagte Mary Kate und presste den Handschuh gegen den Mund.

»Sieh nach, ob der Junge in seinem Zimmer ist, und scheuch dir die dummen Ideen aus dem Kopf!« riet Dona Nobis.

Mary Kate drückte die Klinke nieder.

»Er ist nicht drin.«

»Ob er vielleicht trotzdem drin ist? Du bist grösser als ich – fühl mal, ob der Schlüssel oben auf der Kante liegt!«

Mary Kate tastete über den Türrahmen.

»Ja, da ist er.«

»Dann komm rein und trink eine Tasse Tee bei mir und warte auf ihn!«

Mary Kate setzte sich auf einen Stuhl dicht bei der Tür und spielte nervös mit Schirm und Handschuhen, während Dona Nobis den Tee aufbrühte.

»O Bridie, er hätte schon längst von der Arbeit

zurück sein müssen. Es ist eine Viertelstunde her, seit der alte Gregory bei mir war, und da war Phil schon auf dem Heimweg.«

»Aber um Gottes willen, Kind, nimm doch Vernunft an! Wahrscheinlich ist er auf dem Heimweg in die Kirche gegangen. Du bist genauso schlimm wie der alte Gregory.«

»Und du hast genausoviel Angst wie ich, Bridie!« jammerte Mary Kate. »Warum hast du denn gedacht, er hätte sich vielleicht eingeschlossen?«

Dona Nobis murrte etwas und holte eine saubere Tasse aus dem Wandschrank.

»Ist dir gar nichts Merkwürdiges an ihm aufgefallen?« fragte sie.

»Ich hab ihn seit dem Abend bei Ma Verschoyle nicht mehr gesehen, und da war er in glänzender Stimmung.«

»Und danach hab ich ihn noch gesehen.«

»Und bei dir war er nicht merkwürdig?«

»Merkwürdig war er nicht, aber ein bisschen unruhig.«

»Es war doch nicht wegen mir, Bridie?«

»Nein, wegen dir war's wirklich nicht, Mary Kate, aber weil du nun schon davon sprichst« – Dona Nobis warf ihr unter zusammengezogenen Brauen einen bösen Blick zu – »wenn ich dir offen meine Meinung sagen soll: du kannst dich mal gehörig schämen!«

»Ich weiss, Bridie«, erwiderte Mary Kate zerknirscht.

»Es war wegen seiner Mutter«, fuhr Dona Nobis

mit sanfterer Stimme fort, die sie stets anschlug, wenn sie einen Sünder abgekanzelt hatte. »Er hat sie in der Nacht gesehen, als ihr zurückgekommen seid.«

»Ooooh!« Das junge Mädchen stiess einen langen Klagelaut aus.

»Und da hab ich ihm geraten, er sollte für sie in Melleray eine Messe lesen lassen.«

»Aber das ist ja entsetzlich!« rief Mary Kate unglücklich. »Und du hast mir kein Wort davon erzählt, Bridie!«

»Setz dich an den Tisch... Ich kann nicht finden, dass was Entsetzliches dabei ist, und es ging mich nichts an, dir das zu erzählen, wenn er's nicht selbst getan hatte.«

»Oh, aber es ist genau das, was der alte Gregory gemeint hat!«

»Ach, woher denn, Mary Kate!« Dona Nobis lachte kaltblütig wie über einen guten Witz und schnitt sich ein Stück Brot ab. »O nein, das folgt noch lange nicht daraus. Das ist kein *non sequitur,* wie die Theologen sagen. Ich hab selber früher ein paar Geister gesehen, und ich möchte keinem geraten haben, mir zu erzählen, ich sei verrückt. Gott behüte! Hier an diesem Tisch hab ich meinen Vater auf einem Bein stehen sehen, in der Hand sein Gebetbuch!«

Mary Kate schüttelte den Kopf. Sie konnte nicht recht glauben, dass Menschen, die Geister sahen oder hörten, noch ihre fünf Sinne beisammen hatten.

»Ich weiss nicht, Bridie: ich möchte wirklich

nicht, dass jemand, der mir lieb ist, einen Geist sieht!«

»Leider bleibt uns da keine Wahl, Mary Kate!«

Sie erzählte weiter von Geistern, und Mary Kate hörte ihr zu; in der Hand hielt sie die Tasse, und ihr kleiner roter Mund stand vor Unglauben und Unzufriedenheit ein wenig offen.

»Jedenfalls«, schloss Dona Nobis, »braucht man dem Teufel nicht die Hand zu schütteln, ehe man ihm begegnet ist. Warte ab, bis Phil wieder da ist, dann wollen wir sehen, ob es ihm wirklich so schlecht geht, wie du meinst.«

Doch sie räumte das Teegeschirr ab, und noch immer war von Phil nichts zu sehen. Dann ging Mary Kate nach oben zu ihrer Mutter und zu Tantchen Dinah. Sie liess die Wohnungstür offen und lauschte auf jeden Schritt. Um halb neun war er noch nicht gekommen. Sie ging wieder nach unten zu Dona Nobis. Selbst die liess sich jetzt etwas die Angst anmerken, die schon die ganze Zeit an ihr genagt hatte. Es schlug neun, und Mary Kate versank in ein Grübeln und Schweigen, aus dem sie nur hin und wieder zitternd auffuhr. Dona Nobis sass am Fenster und las den ‚Schlüssel zum Himmelreich'. Sie hatte die ‚Gebete für besondere Fälle des Lebens'.

Eine weitere halbe Stunde verging, ehe sie Phils Schritte die Treppe heraufkommen hörten. Mary Kate blickte Dona Nobis an, die sie über die Brille hinweg ansah und ihr zunickte. Sie lauschten und versuchten aus dem Tempo seiner Gangart zu erraten, in welcher Stimmung er sei. Die Schritte tönten langsam und schwer. Mary Kate erhob sich, und Dona Nobis machte ihr ein Zeichen, sich wieder zu setzen.

»Lass ihn ein paar Minuten allein«, sagte sie ruhig.

Sie hörten, wie er nach dem Schlüssel griff und die Türe aufschloss. Er trat ein. Mary Kate ging auf Zehenspitzen an die Tür von Dona Nobis' Zimmer und lauschte. Kein Laut war zu hören.

»Vielleicht gehst du jetzt lieber«, sagte Dona Nobis schliesslich.

Sehr leise ging Mary Kate über den Korridor und drückte die Klinke von Phils Tür herunter. Sie stiess sie auf und sah ihn auf dem Bett liegen, die beiden Hände als Kissen unter dem Kopf verschränkt. Sie lächelte matt, und ihre Augen waren voller Tränen.

»Hallo, Phil?« sagte sie.

»Hallo, Mary Kate!«

Sie schloss hinter sich die Tür, ging quer durchs Zimmer und legte ihm die Hand auf die Stirn. Sie war glühend heiss.

»Müde, Phil?«

»Ja, ich bin müde«, sagte er langsam.

Sie stellte die Kerze auf den Kaminsims und setzte sich auf den Stuhl neben seinem Bett.

»Was ist, Phil?«

Er schwieg einen Augenblick und seufzte dann. Sie strich mit der Hand sachte durch sein dichtes dunkles Haar, das so trocken und drahtig wie eine Bürste war.

»Du hast etwas auf dem Herzen!«

»Ja, weiss Gott.«

»Willst du's mir nicht erzählen?«

Die eine Hand kam unter seinem Kopf hervor und packte die ihre.

»Ich habe Angst, dass ich verrückt werde, Mary Kate«, sagte er nüchtern. Sie schwieg ein Weilchen, dann stand sie auf und fing an, ihm die Stiefel aufzuschnüren. Während sie sie ihm auszog, sah er zu ihr auf; es war ein Blick, der deshalb so kläglich wirkte, weil er tränenleer war. Sie setzte ihren breiten Strohhut ab, legte ihn auf den Tisch und lockerte sich das Haar.

»Ich mache dir jetzt eine Tasse Tee«, sagte sie.

Es war schon zu dunkel für Dona Nobis, um noch länger lesen zu können, aber sie blickte über die Brille hinweg zu Mary Kate, als sie eintrat, und Mary Kate beantwortete ihren Blick mit einem hilflosen Achselzucken. Sie spülte die alten Teeblättchen in den Schmutzeimer. Dona Nobis rieb sich die Nase und stand langsam auf; sie legte die Brille auf den Kaminsims neben das Gebetbuch und griff nach dem Teekessel. Sie füllte ihn am Hahn auf dem Treppenabsatz. Mary Kate legte neue Kohlen auf. Dann kehrte sie in Phils Zimmer zurück und holte von dort etwas Brot und Butter. Sie nahm eine Brotscheibe in die Hand, und Dona Nobis nahm die zweite Scheibe. Schweigend teilten sie sich in die Arbeit, das Brot zu rösten. Dona Nobis zerschnitt das Röstbrot in mundgerechte Schnitten. Mary Kate goss den Tee auf und kochte ein Ei.

Als sie Phil die Mahlzeit ins Zimmer trug, rief

sie heiter: »Komm, Phil, setz dich auf und iss etwas!«

Das Zimmer war dunkel. Von draussen drang das schwache grüne Licht der Gaslaterne, das blaurote Licht eines Schuppens, der Schimmer der weissen Ufermauern und das Aufleuchten von Möwenflügeln herein. Sie zündete die Petroleumlampe an und hängte das Stückchen Sacktuch ans Fenster, das dort als Vorhang diente.

Als sie es getan hatte, richtete Phil sich auf und liess seine Füsse über die Bettkante hängen. Mary Kate goss ihm Tee ein und stellte den Teller mit dem Röstbrot neben ihn auf die Steppdecke. Sie sass jetzt auf ihrem alten Platz und drehte nervös an ihren billigen Ringen. Später nahm sie ihm den Eierbecher ab und stellte ihn neben sich auf den Kaminsims; dann ergriff sie die Tasse und schenkte ihm nochmals ein. Als er fertig war, nahm sie das Geschirr und stellte es auf den Tisch. Phil vergrub das Gesicht in den Händen.

»Blendet dich das Licht?« fragte sie ihn.

»Du kannst es auch löschen«, sagte er matt.

Sie blies die Lampe aus und holte das Sacktuch von den zwei Haken herunter. Er streckte sich wieder auf dem Bett aus.

»Zieh dir jetzt deine Sachen aus und leg dich richtig zu Bett!« befahl sie.

»Es geht auch so.«

»Morgen darfst du nicht arbeiten.«

»Ich muss aber. Es ist besser, als wenn ich grübele.«

Sie wusste, dass er recht hatte.

»Dann komme ich morgen abend her und hole dich ab, und wir machen einen langen Spaziergang!« schlug sie vor.

Er murmelte etwas, das ihr entging.

»Macht's dir nichts, wenn ich dich jetzt allein lasse, Phil?«

»Nein, tu's nur!«

»Ich fall sonst vor Müdigkeit um, wenn ich morgen ins Geschäft gehe. Du fürchtest dich doch nicht?«

»Ich schlafe schon halb.«

»Phil, ich dreh dir den Rücken, und du musst dich richtig zu Bett legen, ehe ich weggehe. Ich könnte die ganze Nacht kein Auge zumachen, wenn ich dich so verlassen müsste. Komm und sei lieb, lass mich helfen, wenn du dir den Rock und die Weste ausziehst.«

Halb scherzend und halb schmeichelnd hob sie ihn etwas hoch, und gehorsam liess er sich helfen. Sie hörte, wie er Kragen und Krawatte löste, und an seinem schweren Atem und der hilflosen, fast betäubten Art merkte sie, dass er schlaftrunken war. Sie schob ihm die Hosenträger von den Schultern und zog ihm die Strümpfe aus. Sie stellte sich ans Fenster, während er sich die Hose auszog. Sie versuchte, sich vor der dunklen Fensterscheibe den Hut richtig aufzusetzen. Dann hörte sie, wie er sich aufs Bett setzte und danach mit zufriedenem Seufzer ausstreckte. Sie beugte sich über ihn, zog ihm die Decke bis an den Hals hinauf, küsste ihn auf die Stirn und ging leise fort. Dona Nobis stand auf dem dunkeln Treppenabsatz und erschreckte

Mary Kate, weil sie ihr unvermutet die Hand auf den Arm legte.

»Hast du ihn zu Bett bringen können?« flüsterte sie.

»Ja. Ich glaube, er schläft sofort ein.«

»Gelobt sei Gott! Das hast du wunderbar gemacht, Mary Kate! Es ist das beste für ihn.«

»Ja.«

»Ganz bestimmt. Vielleicht schläft er drüber hinweg.«

»Vielleicht.«

»Gehst du jetzt, Mary Kate?«

»Ja. Sonst fall ich morgen um vor Müdigkeit.«

»Mach dir keine Sorgen. Ich gebe gut auf ihn acht!«

Phil erwachte zweimal in der Nacht und merkte, dass sich jemand über ihn beugte und ihm die Bettdecke gut um die Schultern und die Füsse stopfte. Doch er wusste, dass es nicht seine Mutter war, denn das Gesicht, das er im Kerzenschimmer erkannte, gehörte Dona Nobis.

FÜNFUNDZWANZIGSTES KAPITEL

Am nächsten Morgen erwachte er spät und sah den regnerischen Himmel. Er blickte auf den Wekker, der in all dem Grau ein dreistes, blankes Gesicht zeigte. Es war fast neun Uhr. Er hatte vergessen, den Wecker aufzuziehen, und hatte die Zeit verschlafen. Seine erste Regung war, aus dem Bett zu springen, doch ein stärkeres Gefühl hielt ihn zurück. Er erinnerte sich an die Gesichter von Dona Nobis und Mary Kate, zwei Frauengesichter, die besorgt und zärtlich vor seinen Augen verschwammen. Dann fiel ihm alles ein.

Er wäre fast verrückt geworden, und er war gelaufen und gelaufen, bis er die Stadt ein gutes Stück hinter sich gelassen hatte. Dann hatte er zu rennen begonnen und so den Anfall niedergezwungen, wenn auch nicht ganz. Trotz all seiner Erschöpfung glomm noch ein Überrest in ihm, als er die Treppe hinaufstieg, und sowie er die Tür seines verödeten Zimmers öffnete, ergriff ihn eine unendliche Schwermut. Jetzt war es besser. Die Schwermut war gewichen, doch die Angst vor den Anfällen noch nicht. Eine neue Notwendigkeit ergab sich jetzt: die Notwendigkeit, stille zu sein.

Dona Nobis trat mit dem Frühstückstablett ins Zimmer. Ihr Gesicht strahlte fröhlich.

»*Ahadie!*« rief sie. »Er liegt noch im Bett!«

»Ich habe die Zeit verschlafen, Miss Daly«, sagte er matt. »Ich schäme mich.«

»Du solltest mal lesen, was die heilige Therese

übers Zeitverschlafen schreibt«, rief sie. »Da würden dir die Augen aufgehen! Ich kann dir sagen, die alte Tessie hielt nichts vom Frühaufstehen!«

»Ich mache Ihnen soviel Mühe«, sagte er und setzte sich im Bette auf. »Sie sind über Nacht bei mir gewesen.«

»Allerdings, und das war mir die reinste Plage! Mary Kate hat mir erzählt, du hättest dich erkältet, und da hatte ich Angst, du würdest dich nicht richtig zudecken, wie das die Jungen immer tun.«

»Ich war gar nicht erkältet«, sagte er und runzelte die Stirn. »Ich fing an, verrückt zu werden.«

»Verrückt zu werden?« Sie lachte heiser und warf den Kopf in den Nacken. »Lieber Gott, gib ihm mehr Einsicht und mir mehr Geld! Warte, bis du so alt bist wie ich, dann können wir uns wieder sprechen! Das war weiter nichts als ein bisschen Depression, Phil Dinan! Vielleicht hattest du eine Grippe in den Knochen und warst deshalb so niedergeschlagen. So ging's mir mal, und da hiess es auch, ich würde verrückt, und sie wollten mich in den Grossen Kasten einsperren. Höre du nur auf mich, Kind, und ruhe dich tüchtig, und zerbrich dir deinen unschuldigen Kopf nicht über Dingen, die dich nichts angehen – dann wirst du schon merken, wie es vergeht.«

Sie bezog am Fussende seines Bettes Stellung und predigte ihm etwas vor, während er ass. Ihre Linke umklammerte das Bettgeländer, und die Rechte fuhr wie ein Windmühlenflügel durch die Luft.

»Es ist Theologen und Heiligen gleichermassen

bekannt«, erklärte sie schwungvoll, »dass die seelische Depression ein Zeichen dafür ist, dass wir unsre Natur zu Leistungen zwingen, die wir nicht bewältigen können. Johannes vom Kreuz und die heilige Therese und alle anderen Autoritäten stimmen darin überein, dass wir warten müssen, bis wir stark genug sind, ehe wir zu kämpfen beginnen. Der heilige Johannes erklärt klipp und klar, das wäre gerade so, als müssten wir dem Teufel mit nem vollen Magen gegenübertreten, und Tessie gibt uns den guten Ratschlag, ruhig mal die Zeit zu verschlafen und uns keine Sorgen wegen ein bisschen menschlicher Schwäche zu machen. Und wie ich dir schon oft gesagt habe, Phil, sie hat nichts verkündet, ohne vorher mit einem Theologen gesprochen zu haben, wenn sie deshalb auch noch lange nicht alles wie ein Papagei einfach nachplapperte.«

Es ist zu bezweifeln, ob Ratschläge jemandem, der in seelischen Nöten ist, überhaupt etwas nützen. Als Phil aufstand und in die späte Messe ging und dann in der Werkstatt erschien, da hörte er in seiner Brust eine Stimme, die ihm viel klarer als Dona Nobis' Stimme empfahl, welche Richtung er nun einschlagen müsse. Ein Instinkt, der ausserhalb seines Willens lag, verlangsamte seine Bewegungen, lähmte seinen meistens zielbewussten Schritt und dämpfte sogar die Inbrunst seines Gebets. Er war dessen inne, und was immer die heilige Therese und der heilige Johannes vom Kreuz als Beschönigung darüber zu sagen hatten, es verursachte ihm doch unendlichen Kummer. Denn es war, als sähe er all die Jahre seiner Bemühungen und seiner Konzentration auf einmal seinen kraftlosen Händen entgleiten.

Am gleichen Abend versuchte er es Mary Kate zu erklären, die eine gute Zuhörerin sein konnte, obwohl ihre Beweisführung eher fragwürdig und unberechenbar war. Die Furcht hatte ihn endlich einmal aus seinem Schweigen gerüttelt. Noch ehe sie aufbrachen, hatte eine lange Auseinandersetzung stattgefunden. Phil hatte eine Landstrasse mit vielen Kapellen vorgeschlagen, aber Mary Kate, die gewarnt worden war, wollte nichts davon wissen.

Daher wanderten sie jetzt wie jedes andere verliebte junge Paar zu den Hügeln hinauf. Es hatte fast zu regnen aufgehört, und ein letzter Sonnenstrahl brach durch, doch gleichzeitig wehte ein starker Wind. Der Herbst war da, ehe sie es richtig bemerkten. Unter ihnen glomm die Stadt auf. Ihre tausend Dächer glänzten wie Stahl, ihr Fluss war ein stumpfes Band aus Braun und Schiefergrau; die Turmspitzen waren gewaschen, alles war klar wie die Zeichnung eines Kindes, angefangen von den Eisengittern vor den Fenstern der Gefängniszellen bis zu dem grauen Band, das den Fluss überspannte und eine Insektenprozession von Fahrzeugen und Gestalten trug. Von den steilen Wegen, die sie hinanstiegen, flossen sandfarbene Rinnsale zutal, und die im Wind sich duckenden Hecken bespritzten sie erbarmungslos mit Wassergüssen. Mary Kate stemmte sich vornübergebeugt gegen den Wind und drückte mit den in die Taschen ihres Regenmantels gebohrten Händen ihr Kleid nach unten.

»Weiss der Himmel«, rief sie mit heidnischer Lebensfreude, »ich kann mir nicht vorstellen, warum du der Welt so grollen musst!«

»Ich grolle ihr gar nicht«, erwiderte er geduldig, und unter niedergeschlagenen Lidern suchten seine Blicke ihre Augen. »Ich grolle der Welt so wenig, dass ich gerne in ihr leben möchte!«

»Oh, dann *lebe* doch! Aber du hasst die Welt. Und du hasst die Menschen in der Welt. Du sprichst so daher, dass man meinen könnte, es gäbe keine Erleichterung für dich, bis du die Welt hinter dir lassen kannst.«

»Ich hasse die Welt nicht, Mary Kate. Wenn ich sie hasste, würde ich mich nicht fürchten, in ihr zu leben. Das Schlimme mit mir ist, dass ich sie zu sehr lieben würde, wenn ich nicht aufpasste.«

»Das ist mir eine schöne Furcht!«

»Die Furcht ist aber da. Nach all der Mühe, die ich mir gegeben habe, um mich in die Gewalt zu bekommen, steh ich hier und sehe alles vor die Hunde gehen.«

»Du stehst da und siehst dich mit mir spazierengehen!« rief Mary Kate fröhlich.

»Das ist es nicht, Mary Kate.«

»Es ist ihm aber verdammt ähnlich!« schrie sie wieder, rannte ein paar Schritte voraus und drehte sich um, ihm entgegen, dem Wind zum Trotz. Ihr Kleid machte einen stürmischen Versuch, über ihren Gürtel hinaufzufliegen, und sie lachte unbändig, als sie es ringsherum niederdrücken wollte.

Ihr Gesicht glühte und war von vereinzelten Regentropfen wie tränenbedeckt. Sein Gesicht, als er es hastig abwandte, war dunkelrot.

»Ich hab's mir nie erklären können, Phil, weshalb du so leben musst. Du versagst dir jede kleinste Kleinigkeit, die dir Freude macht. Kannst du nicht ohne Weckeruhr leben? Sogar Dona Nobis hat keine. Wenn wir alle wie du leben wollten, was wär denn das für eine Welt?... Ach, zum Teufel, bleib unten, Idiot!« kicherte sie über ihrem aufsässigen Kleid.

»Für manche Leute ist es nicht notwendig«, setzte er ihr ernst auseinander. »Für Miss Daly ist es nicht nötig, weil sie nie im Leben einen schlechten Gedanken gehabt hat. Und für dich ist es nicht notwendig, weil du auch ohne das gut bist. Ich glaube nicht, dass du, seit ich dich kenne, jemals etwas wirklich Schlechtes begangen hast, und deshalb verstehst du auch nicht, was für Gefahren für mich bereitliegen.«

Mary Kate schöpfte gründlich Atem und musste im tiefsten Innern furchtbar lachen. Nein, dachte sie bei sich, sind denn die Männer so unglaublich einfältig? Sie hob das lachende Gesicht zum gequälten Himmel auf.

»Du bist köstlich«, rief sie – ohne jegliche Logik. Und mit ganz anderem Ton: »Möchtest du nicht gegen den Wind anrennen?«

»Allerdings nicht.«

»Ich aber, und ich tu's auch! Ich lauf mit dir um die Wette! Bis zur Biegung!« Sie zog ihn am Ärmel. »Komm nur, komm nur, du Trauerkloss!«

Lachend zerrte sie ihn am Ellbogen weiter, bis er zu laufen begann. Dann flog sie vor ihm her, gegen den Wind geduckt, mit flatterndem Kleid und langen schlanken Beinen, die wie bei einem Greyhound über den Boden jagten. Phil beeilte sich etwas. In gerade diesem Augenblick wollte er sich nicht von ihr besiegen lassen. Sie schrie, als sie ihn so dicht hinter sich hörte, und in der nächsten Sekunde überholte er sie. Er war lange vor ihr an der Biegung, doch da hatte sie längst zu rennen aufgehört.

»Was muss ich dem Sieger geben?« fragte sie herausfordernd.

Er war still, und sie war still. Sie waren über den Hügel gestiegen und gingen nun am Abhang eines weiten Tales entlang, das sich bis nach Blarney hinzog. Es füllte sich mit Schatten, und die weissen Torpfosten der Gatter auf den Feldern und Wiesen unten glichen frischen Grabsteinen. Phil machte sie darauf aufmerksam. Sie waren so weiss, dass sie alle dem gleichen Farmer gehören mussten.

»Die Art Farmer kenne ich«, erwiderte sie verächtlich.

Ihre Stimmung war plötzlich – mit dem Wechsel von Stadt und Land – umgeschlagen. Die Dunkelheit schlich näher und schloss sie ein. Sie machte grössere Schritte und ging stumm voraus. Der Kontakt zwischen ihnen schien plötzlich nicht mehr vorhanden. Phil, der wie immer sehr feinfühlig war, spürte es sofort.

Die Entfremdung wurde erst durch Peter etwas beseitigt, der in Dona Nobis' Zimmer sass und auf

Phils Rückkehr wartete. Er hatte sich rasch mit ihr angefreundet, weil sie so unversöhnliche politische Ansichten hegte.

Dona Nobis' Republikanertum war ungewöhnlich, aber bezeichnend. Sie missbilligte die Freistaat-Regierung, weil a) der verstorbene Michael Collins aus West-Cork stammte, und wie die ganze Welt wusste, durfte man einem Mann aus West-Cork nur so weit trauen, als man ihn von sich schleudern konnte, und b) weil Eamonn de Valera ein Spanier oder ein halber Spanier war, und Spanien war ein anständiges katholisches Land, das unter andern achtbaren Gestalten auch die heilige Therese und den heiligen Johannes vom Kreuz und Ignatius von Loyola hervorgebracht hatte. Was ihren Ansichten an Klarheit fehlte, das glich sie durch Feuer aus, und während des Bürgerkrieges hätte man Dona Nobis bei Frauenversammlungen und Umzügen sehen können, wo sie mit den übrigen ihren Rosenkranz sprach (wenn es auch, wie sie selbst gestand, der schwarze Rosenkranz war, den sie meistens sprach, und deren sechzig verschafften einem noch lange nicht soviel Befriedigung wie ein tüchtiger Knuff, den man einem Grasaff von Wachtposten versetzte). Das hatte im Puppenhaus böses Blut gemacht, weil es viele seiner Söhne der regulären Armee geschenkt hatte.

Es tat wohl, Peters Skelettgesicht und den kurzgeschorenen Schädel wiederzusehen. Phil schickte Mary Kate fort, Milch, Kuchen und Marmelade zu besorgen, und alle vier setzten sich zu einem festlichen Mahl nieder. Die politische Unterhaltung nahm ihren Fortgang, spielte sich aber ziemlich über den Köpfen von Phil und Mary Kate ab, die zu jung waren, um sich noch an die durch den Bürgerkrieg entfesselten Leidenschaften zu erinnern, doch dafür genossen sie es, wenn das andere Paar sich in die Haare geriet. Dona Nobis war noch immer leicht erregt und hatte nichts von ihrer Überzeugung aufgegeben. Peter dagegen war bitter enttäuscht.

»Ach, ich weiss nicht«, sagte er schliesslich, »waren wir nicht alle Schafsköpfe, dass uns das Herz über Dingen brach, die uns nichts angingen? Wäre es nicht das gleiche gewesen, wenn die Republikaner gesiegt hätten? Oder nicht? Würden nicht genau die gleichen Geldsäcke das Land regieren?«

»Nein, das würden sie nicht«, rief Dona Nobis und strich sich die letzte Brotschnitte. »Wir hätten sie ins Meer getrieben, wie es der heilige Patrick mit den Schlangen gemacht hat.«

»Oder Brian Boru mit den Dänen«, warf Mary Kate hilfsbereit ein.

»Viel besser wär's für uns, wir hätten Schlangen oder Dänen oder Holländer«, meinte Peter niedergeschlagen und holte ein sehr abgenutztes Päckchen Karten hervor. »Kommt, wir wollen Fünfundvierzig spielen.«

»Ich kann nicht spielen«, sagte Phil.

»Ich auch nicht«, rief Dona Nobis.

»Aber ich, Peter«, triumphierte Mary Kate.

»Dann wollen wir es ihnen beibringen.« Er

benetzte seinen Daumen, mischte, hob ab und gab. »Was meinst du, Phil? Wären wir nicht mit den Schlangen besser dran?«

Phil lachte und wurde rot, dann blickte er verständnislos auf seine Karten.

»Ich kann dazu nichts sagen«, erwiderte er, »aber ich bin für die armen Leute gegen die Reichen.«

»Hört! Hört!« rief Mary Kate. »Spiel ich aus, Peter?«

»Ja, du spielst aus!«

Sie spielten unter viel Neckerei von Peter und Mary Kate.

»Was würdest du für uns tun, wenn es nach deinem Kopfe ginge?« fragte Peter hänselnd und schob ihm die Karten zu.

»Ich würde den Reichen etwas Geld abknöpfen und es denen geben, die Mangel leiden.«

»Du bist ein Kommunist!« rief Peter.

»Ich weiss nicht, was das ist!«

»Jedenfalls hat er recht«, sagte Dona Nobis.

»Natürlich hat er recht«, bestätigte Mary Kate. Sie spielten schweigend weiter, ein jeder mit seiner eigenen Vorstellung von einer besseren Welt, in der eine gleichmässigere Verteilung herrschte. Aber jeder hegte andere Gedanken.

»Es wäre natürlich grossartig«, seufzte Peter schliesslich, »aber unsereiner wird sowas vermutlich nicht mehr erleben.«

»Warum nicht?« fragte Phil.

»Wahrscheinlich, weil wir so ahnungslos sind und auch für so ahnungslos gehalten werden. Wenn wir kämpfen, kämpfen wir für die anderen und schlagen deren Schlachten: wegen eines Eidschwurs oder Vertrages oder einer Grenze, die uns gar nichts bedeuten. Und wenn sie uns nicht mehr brauchen, dann schicken sie uns heim, und wir können im Armenhaus sterben.«

»Was muss ich jetzt machen?« fragte Phil.

»Hast du noch eine rote Karte?«

»Nein.«

»Dann spiel die niedrigste schwarze Karte aus, die du hast. Eine Zehn oder Neun oder so etwas.«

»Gute Schulbildung ist was Wunderbares«, sagte Dona Nobis voller Überzeugung. »Ich hab sie mir oft gewünscht, denn dann hätte ich der Allgemeinheit die Augen geöffnet und ihnen gezeigt, was für ein schändliches Spiel manche Schurken treiben. Ich versichere Ihnen, Mr. Cross, ich hätte den Leuten die Augen geöffnet.«

»Ein König!« rief Peter und warf die Karte hin.

»Der Teufel hol sich alle Könige!« erklärte Dona Nobis.

Und wieder verstummten sie, und wieder war jeder mit seinen eigenen Gedanken in einer Welt, in der man mit Engelszungen sprechen und den Leuten sagen konnte, was einen am glühendsten beschäftigte.

Phil begleitete Peter bis an die Tür. Shandon zeigte die zehnte Stunde an, doch die Uferstrassen lagen schon halb verlassen da.

»Ist der Brief eingetroffen, den du erwartet hast?« fragte Phil sanft.

»Nein«, erwiderte Peter zaudernd, »er ist noch nicht da.«

»Du hast ja Zeit!«

»Ja. Manchmal hat er keine Gelegenheit, ihn zu schicken, und dann liege ich ein paar Wochen so herum, bis er eintrifft. Aber er wird schon kommen, da bin ich unbesorgt.«

Er verliess Phil, der eine etwas ruhigere Nacht als die voraufgegangene vor sich hatte. Doch wurde sie nicht restlos ruhig, denn das Bild Mary Kates suchte ihn heim und blitzte immer wieder auf, zum Beispiel, wie sie ihn eingehakt hatte und mit ihm gegangen war, das Gesicht gen Himmel gewandt. Er stöhnte. Das kam davon, wenn man alles auf die leichte Schulter nahm. Was jedoch sein Gewissen am wenigsten beunruhigte, war etwas, das seinen Geist am stärksten beunruhigte, nämlich Peters Zukunft. Dass ein paar Pfund zwischen einem Mann und seiner Selbstachtung stehen sollten, war ein Gedanke, der ihn rasend machte, um so mehr, als er so freimütig davon gesprochen hatte, man solle die Reichen etwas erleichtern.

SECHSUNDZWANZIGSTES KAPITEL

Peter wohnte in einem Logierhaus in der Blarney Street. Nach Aussage seines ältesten Insassen war es seit undenklichen Zeiten als ungesund und gefährlich verurteilt worden, und stets war es voll besetzt gewesen. Die Oberaufsicht führten die McCarthys. Zu den McCarthys gehörten: Michael McCarthy, gross, mager, rothaarig und schwindsüchtig, und jedermann aus reiner Gewohnheit (die er wer weiss wo erworben hatte) mit Sir anredend; Mary McCarthy, die den grössten Teil des Tages auf der Türschwelle sitzend verbrachte, im Arm ein ungewaschenes und plärrendes Kind; dazu unzählige Charlie, Billy, Dolly und Babsy McCarthys, die in unregelmässigen Abständen auf die Welt kamen und sie wieder verliessen, sehr zum Ärger oder zur Erleichterung ihrer Eltern, je nachdem, ob sie kamen oder gingen, jedoch von der übrigen Welt völlig unbeachtet. Die Nachbarn erklärten, Michael sei so verdutzt über all die Anstrengungen, die die Natur seinetwegen unternehme, dass er nie genau wisse, ob er Gegenstand für Gratulationen oder für Kondolationen sei, und er habe es darin so weit getrieben, dass er einmal bei der Taufe eines seiner Kinder einen Trauerkrepp angelegt habe. Das stimmte wahrscheinlich nicht – es sei denn, dass er sich unter dem Einfluss des Alkohols so schlecht benommen hatte. Doch entspricht es den Tatsachen, dass es ihm Vergnügen bereitete, seine Sprösslinge *en masse* mit folgenden Worten vorzustellen: »Und hier die Kinder: wie gewonnen, so zerronnen!«

Seine Frau hatte eine trübselig näselnde Stimme. Sie trank ebenfalls, aber ihr konnte es nicht passieren, eine Taufe mit einer Leichenwache zu verwechseln – denn schliesslich hatte sie eine zwanzigjährige Erfahrung. »Was kann einer dagegen tun?« pflegte sie jeder aus Männlein und Weiblein gemischten Gruppe vorzujammern. »Wenn ein armes Geschöpf einen Schluck getrunken hat, wird es eben vom ersten besten Mann ausgenützt.« Während ihres Mannes Trostspruch in bezug auf sein Familienleben lautete: »Wie gewonnen, so zerronnen«, lautete der ihre, in einem ganz unbeschreiblichen, südlichen Genäsel vorgebracht: »Tjäää, 's ist nu äben der Wille des Häääirrn!« Er war ein Verschwender, sie war geizig; er war fröhlich, sie war schwermütig.

Sie beherbergten fünf oder sechs wohlbekannte Typen, deren einer *Born Drunk** hiess, während ein anderer *Seldom Sober*** gerufen wurde. Beide waren langjährige Mieter, die gewisse anerkannte Vorrechte besassen, zum Beispiel einen Schemel am Feuer. Dann waren da noch *Hit the Deck**** oder Hoppy, ein zusammengeschrumpfter ehemaliger Matrose mit einem Holzbein, sein Gehilfe Toby fragwürdigen Geschlechts, und eine laute alte Bettlerin, die den Spitznamen *Faith and Fatherland***** führte. Der Haushalt war stets ein

* Besoffen geboren
** Selten nüchtern
*** Schlag aufs Deck
**** Glaube und Vaterland

wüstes Durcheinander, weil eine einzige Küche diesen und andern Gästen diente und Streitigkeiten wegen Bratpfannen und Kochtöpfen und besonders wegen Bechern, Messern, Gabeln und Löffeln so häufig waren, dass mindestens einer stets entweder tobte oder nachgab oder Rachepläne schmiedete.

Und dieses Haus suchten Phil und Mary Kate eines Abends auf, als sie Peter sprechen wollten. Obwohl sie sich seit dem stürmischen Abend hoch über der Stadt regelmässig gesehen hatten, war die damals entstandene Entfremdung nicht ganz gewichen. Mary Kate gab sich die Schuld daran, und Phil gab sich die Schuld daran, doch alle Selbstvorwürfe halfen nichts. Sie waren daher froh, wenn sie Peter einmal trafen, was selten der Fall war. Es hiess, er habe sich dem Trunk ergeben.

Sie wurden stürmisch begrüsst. Bei ihrem Anklopfen lief ihnen ein halbnacktes Kind entgegen und war so erstaunt über ihren Anblick, dass es sofort längelang hinfiel und nach kurzem Überlegen ein mörderisches Gebrüll anstimmte. Mary Kate nahm das Kind widerstrebend auf den Arm, doch es fuhr fort zu schreien, während aus dem Hintergrund die gedämpfte Unterhaltung der in der Küche Versammelten drang. Um dem Geschrei ein Ende zu machen, trat sie ein und sah sich einem Ansturm starrender Blicke ausgesetzt. Doch innerhalb von zwei Minuten sassen sie und Phil auf den Plätzen, die sonst von Born Drunk und Seldom Sober eingenommen wurden, und die ihnen anscheinend für den ganzen Abend eingeräumt waren. Peter war nicht da. »Der arme Mann«, sagte Michael voller Mitgefühl, »er ist so enttäuscht, weil das Geld noch nicht gekommen ist, das er erwartet hat.«

»O je ja, o je ja«, jammerte seine Frau, »und dabei schuldet er uns drei Wochen Miete, wo doch alles so teuer ist und die Beerdigung von der Kleinen soviel gekostet hat und alles...«

»Ach, sei still, Frau«, rief ihr Mann ungeduldig. »Als ob wir nicht schon Schlimmeres erlebt hätten! Nein, mir tut der arme, gute Peter leid!«

»Hä, hä!« erwiderte sie verächtlich, »mit dem hast du Mitleid, aber nicht mit deinem armen Lastesel von Frau! Die Männer sind alle gleich« – sie wandte sich an Mary Kate – »schlagen sich den Bauch voll und kümmern sich nicht darum, wo's herkommen soll, aber wenn's dann nicht da ist, ist der Teufel los.«

»Man muss Mitleid mit ihm haben«, sagte Michael, ohne seine Frau zu beachten. »So ein netter kleiner Mann.«

»Warum kommt er nicht irgendwo zur Ruhe und unternimmt etwas?« fragte Phil.

Michael schüttelte den Kopf.

»Das passt ihm nicht.«

»Warum nicht?«

»Weil's ihm nicht passt.«

»Weil er Angst hat«, sagte seine Frau.

»Hat er Angst?«

»Seit den Kämpfen«, erklärte Michael. »Seitdem ist er ein andrer Mensch!«

»Er war Kundschafter!« erklärte seine Frau.

»Das ist merkwürdig«, sagte Phil.

»Und seitdem kann er's nicht unter ein und demselben Dach aushalten. Das kommt von der ewigen Spannung.«

»Aber der Mann in Amerika muss das doch wissen?«

»Natürlich weiss er's. Und Peter hat Angst, dass er's nicht mehr bekommt.«

Phil nickte.

»Unter uns gesagt: er glaubt, dass sie sich gegen ihn verschworen haben!«

»Wer?«

»Die Regierung!«

Phil lachte, und Michael stimmte ein, aber nur um der Höflichkeit willen. Er fand den Gedanken gar nicht befremdlich.

»Er glaubt, sie könnten's schon auf der Post zurückbehalten!« warf Michaels Frau ein.

Zu guter Letzt wurden Phil und Mary Kate zu einem Fest eingeladen. Die McCarthys veranstalteten beim kleinsten Anlass ein Fest, und manchmal auch ohne Anlass, einfach aus einer Augenblickslaune heraus. Ihre Leichenwachen und Begräbnisse endeten alle mit einem Fest, und ihre Taufen wurden schliesslich auch zu einem Fest. Feste wurden genau so wie Streitigkeiten durchgesprochen und erforderten ebensowenig Vorbereitungen. Sobald jeder im Haus sein Abendbrot verzehrt hatte, wurden Boten in alle vier Himmelsrichtungen ausgesandt, um das Nötige zusammenzubringen: Becher, Gläser, Kerzen und alles übrige. Eine Prozession McCarthyscher Kinder, alle rothaarig, zog – einem ägyptischen Wandgemälde gleich – ins Haus, und ein jedes brachte etwas angeschleppt, eins den Trichter eines Grammophons, ein anderes das Grammophon selbst, ein drittes trug ein paar Platten, das vierte hatte noch mehr Platten, das fünfte ein Melodion, das sechste einen Stuhl, das siebente hielt in jeder Hand einen Becher und hatte sich einen Korkenzieher hinter den Bindfaden-Hosenträger geklemmt. So ging es weiter, bis alles im Haus war, und am nächsten Tag gegen Mittag war es dann wieder ratzekahl und leer.

Am Festabend kam Mary Kate gegen halb neun, um Phil abzuholen. Er sass am Fenster und blickte auf den Fluss hinaus. Sie gingen schweigend zwischen schreienden Kinder durch die Strassen. Am Fuss der Shandon Street blieb sie plötzlich stehen und fragte: »Phil, werden wir uns nicht furchtbar fremd?«

»Es scheint so.«

Sie bogen nicht in die Blarney Street ein, sondern gingen geradeaus weiter, bis sie in einen kleinen, dicht bewachsenen Heckenweg kamen. Dort standen sie still. Am Ende des grünverschleierten Tunnels war nichts als ein Stückchen Wiesenhang und ein Sandstein-Kirchturm zu sehen, der sich gegen das dunkelnde Blau abhob. Mary Kate blickte sich um.

»Es wäre mir schrecklich, wenn irgend etwas zwischen uns wäre, Phil!« sagte sie.

»Mir auch«, gestand er schwerfällig.

»Ich habe dich nämlich sehr gern, Phil!«

Er dachte einen Augenblick darüber nach. Sie wünschte sich sehnlichst, er würde sagen: »Ich dich auch!« Und dann wäre alles gut gewesen. Wenn ihr Nick McCormick in den Sinn kam, hätte sie sich ohrfeigen können. Wie dumm sie gewesen war! Hatte sie sich nicht denken können, dass es eine Verrücktheit war, Phil darüber zu erzählen? Hatte sie nicht wissen können, dass die Männer Unmenschen sind, alle miteinander? Dona Nobis' Worte: »Du sollst dich mal was schämen!« – die waren menschlich, aber hinter der Güte eines Mannes steckte immer etwas Abstraktes und Grausames. Ihre Gedanken wurden bitter, je länger das Schweigen anhielt, obwohl noch eine leise Hoffnung glomm. Wenn er nur etwas sagen wollte, irgend etwas, das ein bisschen menschlich war! Doch die Hoffnung erlosch vor der Antwort, die er ihr mit erstickter Stimme gab.

»Es ist alles meine Schuld, Mary Kate.«

Sie ächzte.

»Oh, was nützt denn das Reden? Kein Mensch hat schuld. Wir wollen lieber weitergehen.«

»Doch, Mary Kate!« Er hielt sie zurück. »Ich war so dumm.«

Sie lächelte matt. Würde er endlich doch etwas Vernünftiges sagen?

»Du weisst doch, die Angst, die ich hatte – die Angst, ich könnte verrückt werden – die war kindisch!«

»Ich weiss, Phil«, sagte sie sanft.

»Es war eine Versuchung«, erklärte er mit starker Stimme, die wie durch einen eisernen

Entschluss gestählt schien, »und ich bin darauf hereingefallen. Es war der Teufel – der mich ängstigen wollte. Und ich hab mich ängstigen lassen. Ich war voller Angst und Unruhe. Ich musste daran denken, was die Verschoyle gesagt hat. Und auch an andere Dinge musste ich denken.«

»Ja.«

»Ich musste an dich denken.«

»Ja«, sagte sie wieder, und eine kalte Hand griff ihr ans Herz.

»An nichts anderes habe ich gedacht«, fuhr er mit verhaltener Leidenschaft fort. »Und dadurch ist die Entfremdung zwischen uns entstanden.«

»Nein, das war es nicht«, flüsterte Mary Kate.

»Doch, Mary Kate! Alles Gute, das in mir war, ist weg, und jetzt muss ich wieder von vorne anfangen. Als du heute abend ins Zimmer kamst, hatte ich es mir gerade überlegt. Ich sehe ein, dass ich dort anfangen muss, wo ich schon einmal angefangen habe.«

Ein Zittern überfiel sie. Es war, als spräche sie mit dem Schatten des Phil, den sie kannte. Es war nichts, gar nichts zwischen ihnen, nichts, auf das sie sich jetzt berufen konnte. Dann sah sie ihn einen Augenblick ernst und fest an.

»Hast du auch mal gedacht, dass deine Mutter das vielleicht gewollt haben könnte?«

Er gab ihr den Blick fest und ernst zurück.

»Ja, das habe ich auch gedacht. Ich weiss jetzt, sie wäre nicht glücklich, wenn ich eine Möglichkeit ausser acht liesse, um in der Welt voranzukommen.

Sie wäre der gleichen Ansicht wie Mrs. Verschoyle.«

»Die auch meine Ansicht ist«, sagte sie heftig.

Er blickte sie fest an und dachte darüber nach.

»Um so schlimmer für mich«, sagte er schliesslich, und sie erschrak über einen Unterton in seiner Stimme, etwas Ernsteres und Verborgenes, das sie mit Angst und Gespanntheit erfüllte. »Ich begreife jetzt, dass ich all die Zeit dich geliebt habe, nur war ich nicht ehrlich genug, es mir einzugestehen.«

Plötzlich ergriff sie ein Gefühl, wie unwirklich das Ganze sei. Es war ihr schon früher so ergangen, wenn sie sehr lange und krampfhaft über etwas nachgedacht hatte, wenn irgend etwas sie zum hundertsten Mal berührte – dass es dann ganz plötzlich aufhörte, noch Bedeutung zu haben. Sie und alle, die es anging, waren dann wie Fasern einer körperbehafteten Materie, die einfach Worte ins Leere plapperte. Phils Erklärung wirkte ebenso auf sie, und sie lachte schroff. Es war ihr unmöglich, anders darauf zu antworten.

»Und was willst du jetzt tun?« fragte sie mit veränderter Stimme – mit einer Stimme, die plötzlich einen Unterton von Müdigkeit hatte.

»Ich weiss es nicht«, erwiderte er demütig. »Ich bete innig um Erleuchtung.«

Im gleichen Augenblick fiel es ihr auf, dass ihm das Haar lang unter der Mütze hervorhing und dass er sich mehrere Tage nicht rasiert zu haben schien. Wangen und Kinn waren mit einem feinen, hellen Flaum bedeckt. Sie lachte wieder, diesmal etwas verrückt. Er blickte sie überrascht an.

»Was ist denn, Mary Kate?«

»Dein Haar!« lachte sie, obwohl in ihren Augen ein Glänzen stand. »Wann hast du's zum letztenmal schneiden lassen?«

Sofort stieg ihm die Röte ins Gesicht.

»Unser Herr hat sein Haar lang getragen!« sagte er verschämt.

»Und ist das auch der Grund, weshalb du dich nicht rasierst?« fragte sie.

»Ja«, erwiderte er kurz und schickte sich zum Weitergehen an. Dann sah er ihr Gesicht, als sähe er es zum erstenmal, und plötzlich erinnerte er sich mit stechendem Schmerz an die Beerdigung seiner Mutter, als Mary Kate zu weinen begonnen hatte, und er erinnerte sich an seine Mutter und an die ersten Tage ihrer Krankheit – und alles kam zurück: Mary Kates schlanke Gestalt, die das Linkische ihrer Kinderjahre abgestreift hatte und sich schweigend in dem kleinen Zimmer bewegte; der Ausdruck, der plötzlich in ihrem Gesicht erschienen war, als sie entdeckte, dass es an Geld fürs Essen fehlte; ihr Gesicht, wie es sich an jenem fernen Morgen in der Kirche über ihn neigte und ihm zuflüsterte, nach draussen zu kommen; ihr Gesicht am allerersten Abend, als sie zum Beten in die Friars-Street-Kirche gingen. Er erinnerte sich sogar daran, wie sie ausgesehen hatte, als er von der Schule heimgekommen war und als er sie am Bett seiner Mutter gesehen hatte, am allerersten Tag, so scheu, so erschrocken. Und jedem Bild haftete eine eigene Stimmung an, stille blaue

Morgen, sternhelle Abende, Sommertage mit dem Duft des Weissdorns über den Hecken – doch alles verdichtet zu einer erschreckenden Innigkeit, so dass ihn ein übermenschliches Sehnen schüttelte. Nie hätte er geglaubt, dass sich sein Herz so an all die kleinen Einzelheiten erinnern konnte. Er wagte nicht zu sprechen. Er konnte nicht. Aber er hörte, wie sie sprach.

»Phil«, sagte sie, »eines Tages wirst du es bedauern!«

Sie flüsterte es nur, und weiter nichts. Aber es war genug – mehr als genug. Er musste sich hart machen, um nicht ihren Arm zu ergreifen und an sich zu pressen. Die Welt schien sich vor ihm zu öffnen und ihn am Rande eines Abgrunds stehen zu lassen. Sie gingen schweigend weiter.

Das Fest war schon in vollem Schwung, als sie erschienen.

Peter war nicht da. Er war den ganzen Tag unterwegs gewesen, erzählte Michael, und sicher, um zu trinken.

Seldom Sober hatte sich bereits in eine Art Koma getrunken, und Born Drunk machte sich vor den versammelten Gästen über ihn lustig. Es geschah immer so, dass, wenn einer von ihnen betrunken war, der andere im Nu nüchtern wurde und seinen Vorteil wahrnahm. Sie waren wie eine Wippe: wenn der eine sank, stieg der andere.

»Er stammt aus Donoughmore«, erklärte Born Drunk und zeigte auf den Unglücksraben, der am Feuer sass. »Du bist von Donoughmore, was?

Sprich, du unwissender Bauernlümmel, und sage der Dame, wo du herstammst!«

»Lassen Sie ihn doch in Ruhe!« bat Mary Kate müde.

»Sag der Dame, wo du herstammst!« brüllte Born Drunk. »Von Donoughmore, wo's noch nicht mal Laternen gibt!«

»In Donoughmore gibt es Laternen«, erklärte Seldom Sober. Er deutete verächtlich auf Born Drunk. »Genausogut wie in deiner dreckigen alten Quarry Lane! Pfuuuh!« Er spuckte aus.

»In Donoughmore gibt's noch nicht mal Christen!« brüllte Born Drunk und blinzelte Mary Kate zu. »Was betet ihr für Gebete in Donoughmore, Seldom Sober? Erzähl's mal der Dame, was für Gebete ihr sprecht?«

Jemand reichte Mary Kate ein Glas Wein. Sie trank es aus. Sie sprach ein Weilchen mit den beiden Männern, dann wurde ihr schwindlig. Wie durch einen Nebel sah sie die beiden alten Männer am Feuer und den Kreis von Gesichtern ringsumher. Sie glaubte, Whisky aus dem Portwein herauszuschmecken. Hit the Deck gab ein Lied zum besten. Er hatte eine tiefe Bassstimme und erntete grossen Beifall, als er geendet hatte. Dann setzte er sich und wischte sich die Handflächen an den Knien trocken.

»In *der* Stimme steckt Kraft!« sagte er stolz, räusperte sich und streichelte seinen Adamsapfel. »Heutzutage gehen Burschen rum und singen und tun so, als hätten sie überhaupt keine Stimme, damit man glaubt, sie sterben vor Hunger. Das ist ein verächtlicher, dreckiger Trick, um die Leute zu prellen!«

Mary Kate trank noch mehr von dem Wein und begann, unbändig und ohne Grund zu lachen. Sie schien sehr weit weg zu sein und lauschte voller Freude dem Klang ihrer eigenen Stimme, die ihr überaus schön vorkam. Sie sah, dass die Leute um sie her sich wunderlich benahmen, und begriff, dass sie betrunken waren. Als sie sah, dass die Hand Hit the Decks zitterte, wusste sie, dass er betrunken war. Michael McCarthy schwankte – er war betrunken. Sie sah es an der Art, wie jeder sie anlächelte – so dümmlich anlächelte! – dass alle betrunken waren. Die Küche war rauchverhangen. Toby sang; er hatte eine Stimme wie ein Mädchen und hielt dauernd die Handmuschel hinter sein Ohr, als höre er sich selber zu.

Dann fiel ihr auf, dass Phil nirgends zu sehen war. Sie wurde plötzlich sehr zornig und stand auf. Michael McCarthy stand in der Tür. Sie ging an ihm vorbei und sagte zu ihm, sie liesse sich nicht so behandeln. Wenn ein junger Mann eine Dame zu einem Fest führe, dann müsse er auf sie warten und sie nach Hause bringen. Zu ihrer eigenen Verwunderung hörte sie, wie sie Phil mit lauter Schimpfworten bedachte. Er hätte sie schändlich beleidigt, und sie könne es nicht länger ertragen. Dann merkte sie, dass Mary McCarthy dastand, und dass sie und ihr Mann einen Streit miteinander ausfochten. Das machte sie doppelt wütend. Mit würdevollem und etwas unsicherem Schritt ging sie die Blarney Street hinunter. Toby folgte ihr und sagte, Phil hätte ihn gebeten, sie nach Hause zu bringen. Sie schrie ihn an, er solle wieder umkehren, und warf ihm schreckliche Schimpfwörter an den Kopf.

Irgendwo musste der Mond stehen, denn Shandons weisse Mauern warfen das Mondlicht zurück. Ein kalter Wind wehte, aber ihr war heiss und übel. Ringsum bewegten sich schweigend die Leute und kehrten ihr weisse Gesichter zu, aber sie beachtete sie nicht. Mit vorsätzlicher Würde ging sie Schritt für Schritt: sie konnte es nicht vergessen, dass sie im Grunde gar nicht zu all diesen Menschen gehörte. Ihr Vater wohnte in einem Schloss. Falls Phil zu ihr sprechen wollte, würde sie ihm etwas ins Gesicht schleudern. Er wusste nicht, dass er es mit einer Dame zu tun hatte.

Sie überquerte die Brücke. Am Ufer stand eine Menschenmenge. Sie schlug die gleiche Richtung ein. Die Menge schwankte hin und her. Der Mond lag schimmernd im Wasser, von einem ungewöhnlichen Zittern in Stücke gerissen. Sein Bild rundete sich und zerriss, rundete sich und löste sich auf. Dann bemerkte sie zwei Männer in einem Boot. Neben der Menge her verlief eine blanke Wasserspur, die vom Bürgersteig quer über die Strasse und in eine Kneipe führte. Sie folgte der Spur und trat in die Kneipe ein. Keiner hinderte sie daran. In der Kneipe stand ein Polizist, und er sprach mit Phil. Sie tat so, als sähe sie Phil nicht, und ging erhobenen Hauptes an ihm vorbei. Dann blieb sie stehen und schrie. Phil flog herum und sah sie. Sofort packte er sie und wollte sie mit sich fortziehen. Der Polizist nahm ihren Arm und hielt sie fest, jedoch so, dass ihr Gesicht der Tür zugewandt war.

Phil erklärte dem Polizisten, sie hätten ein Fest besucht, und ein Halunke hätte ihr Whisky unter den Wein gemischt. Sie führten sie nach draussen, und der Polizist winkte einen jungen Mann heran. Sie hörte, wie er dem jungen Mann zuflüsterte, er müsse die Dame nach Hause begleiten. Plötzlich sah sie Phils Gesicht, wie es aus dem Schatten auftauchte und im Mondlicht erschien: das lange schwarze Haar hing ihm wirr ins Gesicht, die Augen glänzten fremd und bleich – und nun wollte sie mit ihm nach Hause gehen. Sie hatte vergessen, dass er sie beleidigt hatte. Er war fremd und schön, und sie wollte mit ihm nach Hause gehen.

Doch der junge Mann führte sie sachte fort. Während des ganzen Heimwegs hatte sie das Gefühl, als sei etwas Furchtbares geschehen, und immer wieder zitterte sie wie im Schüttelfrost. Der Mond war ihr unheimlich, die Häuser waren ihr unheimlich. Doch wenn sie sich zu erinnern versuchte, was ihr zugestossen war, dann war alle Erinnerung daran wie das Bild des Mondes im Wasser: es rundete sich flüchtig und löste sich wieder auf.

...um dir zu erzählen, wie es hier zu Hause allen ergeht. Bestimmt wird's dir leid tun, dass dein alter Freund Gregory Mahon gestorben ist, und zwar bald, nachdem du abgereist bist. Ich habe ihn ein bisschen gepflegt, wie du dir wohl denken kannst, und (genau wie du) wollte er gern, dass ich ihm immerzu etwas vorsinge, aber für Choräle hatte er rein gar nichts übrig, sondern er plagte mich dauernd, ich sollte ihm ‚Ein Häuschen am Meer' vorsingen, und das schöne ‚Sing, mein Herze, sing Maria' verabscheute er so sehr, dass er sich einmal aufrichtete und mir das Kissen an den Kopf warf. Das war mir ganz egal, und von da an sang ich erst recht Choräle und nichts als Choräle, ausgenommen in der Nacht, wie er starb, da hab ich ihm ‚Ein Häuschen am Meer' vorgesungen und ‚Als der Ball vorüber war'. Es hat mir so leid getan, dass er sterben musste. Für mich war es ein grosser Kummer, dass ich ihn nicht mit seinem Gott versöhnen konnte, obwohl er zufrieden genug starb und mir erklärte (was sehr unrecht von ihm war, und ich hoffe, es stimmt nicht), dass er GOTT sei Dank manche Frau zum Weinen gebracht habe und deshalb glücklich sterbe. Er hatte eine seltsame Ahnung, dass die Zeit für ihn gekommen war, denn immer war einer namens Selim im Zimmer, und das war ein Zeichen. Ich denke mir so in meinem Sinn, dass er den TEUFEL meinte, aber ich gebe nicht viel drauf, was ein Mann wie Greg mir sagt. Ich hab jedes Stückchen Fussboden und Wand mit Weihwasser besprengt, aber es hat anscheinend gar keinen Unterschied ausgemacht, und der alte Gauner lag im Bett und wälzte sich vor Lachen, weil ich's getan habe. Ich hätt ihn umbringen können! Der Doktor konnte gar nichts Schlimmes an ihm finden, bis auf die Phantasie, und er war erstaunt, dass es so schnell mit ihm zu Ende ging, aber ich hab's dir oft gesagt, Phil, die Phantasie richtet den Menschen schneller zugrunde als die Auszehrung.

Er hat mir die Möbel und Sachen vererbt, die noch im Hause waren, nämlich drei Tische und ein paar Stühle; dafür hab ich von der Althändlerin am Coal Quay zweiundzwanzig Schilling bekommen. Ich war also sehr reich, und ich habe zwei Messen lesen lassen: die eine für seine ewige Ruhe und die andre für deine Pläne. Und sie haben mir einen reizenden Brief dafür geschrieben, den habe ich einrahmen lassen. Eine Menge Holz war noch da, sehr trocken, und grossartig als Kleinholz, da habe ich noch ein halbes Jahr zum Feueranmachen. Das Werkzeug hebe ich für dich auf, denn bestimmt kannst du es eines schönen Tages gebrauchen, wenn du mal ein eigenes Heim hast.

Du kannst dir nicht vorstellen, wer jetzt in deinem alten Zimmer wohnt! Mary Kates Tantchen Dinah! Sie und ihre Schwester haben sich furchtbar zerstritten wegen dem Fahrer vom Brotlieferwagen, der scharf auf sie war, und schliesslich ist sie ausgezogen. Babe versucht, sie zurückzuholen, aber es ist zuviel böses Blut zwischen ihnen gewesen, und Dinah ist ein schwarzes Schaf, und darum wird sie der Lieferwagenmensch wohl doch noch bekommen. Und es ist furchtbar dumm von Babe, wenn sie sagt, er wäre unter ihrem Stand, denn keiner weiss, wer die beiden Schwestern sind und was sie sind und wo sie hergekommen sind, und er hat jedenfalls eine gute Stelle, obwohl er ein bisschen dreist ist und ein bisschen dumm (GOTT verzeih mir, dass ich ihm das nachsage).

Babe ist eine schlimme Herumtreiberin. Sie hat einen greulichen Skandal angezettelt. Sie hat mit einem reizenden Mann angebändelt, mit einem norwegischen Matrosen, und ihm dann gesagt, sie könnte ihn nicht heiraten, weil er protestantisch ist. Er hat sie aber so lieb, dass er sich hat unterweisen lassen, und vor ein paar Wochen ist er in unsre Kirche aufgenommen worden. Sehr gläubigen Herzens. Und dann musste sie ihm sagen, dass sie schon verheiratet ist, und es kam heraus, dass er ihr seine Ersparnisse von drei Jahren gegeben hat, die sollte sie aufbewahren, bis sie verheiratet waren, und die hat sie ganz und gar ausgegeben, die Diebin! Er ist beinah verrückt geworden. Er fing an zu trinken, und eines Nachts hatten sie einen fürchterlichen Krach in der Mansarde. Mary Kate hat ihn dann weggeholt und in mein Zimmer gebracht, und ach, der arme Mensch, wir haben uns bald die Augen um ihn ausgeweint! Vor lauter Aufregung hat er das bisschen Englisch vergessen, das er konnte, und da lag er nun auf meinem Bett und hat in seiner eigenen Sprache den HIMMEL um Rache angefleht. Es war ein Anblick, den ich niemals vergessen kann. Aber wenn er sie nicht verprügelt hat, dann hab ich's jedenfalls getan, und wenn ich mich auch fast schämen muss, es zuzugeben, aber ich hab ihr ganze Händevoll Haare ausgerauft. Es war das erstemal in meinem Leben, dass ich sowas gemacht habe, und dadran kannst du sehen, wie ich aus dem Häuschen war. Mary Kate hat sich auch deswegen mit ihr zerstritten – es war natürlich eine grosse Schande, das alles – und jetzt sprechen sie nicht mehr zusammen, aber mich besucht Mary Kate regelmässig. Ich hoffe nur und traue auf Gott, dass er sie im Armenhaus sterben lässt, und noch nie war ich so zufrieden, als wie ich sie hab kreischen hören, während ich sie unter den Fingern hatte. Und ich bin froh drüber, dass sie längelang auf dem Fussboden lag, als ich mit ihr fertig war.

Wir haben bei den Nachbarn eine Sammlung veranstaltet, um den armen Peter zu begraben. Ich bin zu den Republikanern gegangen und hab sie so beschimpft und ihnen meine Meinung gesagt, dass sie ein Pfund gestiftet haben und die Musikkapelle schickten. Wir haben ihn in der Trikolore begraben, was sicher sehr nach seinem Herzen war, und ein ganzes Bataillon folgte seinem Sarg. Ich bin auch zu den Franziskanern gegangen und habe ihnen erklärt, dass wir kein Geld haben und dass der arme Peter für seine Heimat gekämpft hat, und da schickten sie nicht einen, sondern zwei Priester – junge Männer und feurige Republikaner! – und ich habe mich hinterher sehr mit ihnen angefreundet. Sie sind auch sonst noch sehr gut zu mir gewesen. Es sind grossartige Männer, und du hattest ganz recht, dass du die Franziskaner bewundert hast. Ich habe noch zu schreiben vergessen, dass das Geld aus Amerika erst danach kam.

Und wegen Mary Kate, da muss ich nun schon sagen, dass ich dich in mancher Hinsicht wortwörtlich für dumm und unvernünftig halte. Wenn ich auch nie dafür war, über die Leute grosse Lobreden anzustimmen, so muss ich's doch aussprechen, dass ich kein Mädchen kenne, dass so gut und gottesfürchtig ist. Und wie ich dir schon damals gesagt habe, hast du's bestimmt falsch aufgefasst, was sie dir mal von jemand erzählt hat. Denn ich bin felsenfest davon überzeugt und lass mich in Stücke reissen dafür, dass sie dich sehr lieb hat. Aber du würdest sie jetzt kaum wiederkennen, denn in vielem ist sie ganz anders, und es tut mir für sie leid, dass sie auf soviel Spass verzichtet. Aber manchmal denke ich dann, Gott hat alles zum Besten eingerichtet, denn was uns in den Schoss fällt, das schätzen wir nachher nicht so sehr, und sie wird einen guten Ehemann um so mehr achten, wenn sie lange auf ihn hat warten müssen. Trotzdem hoffe ich, dass sie nicht allzu lange drauf warten muss. Was aber gut ist: jeder sagt, dass sie gerade deswegen immer besser aussieht und schon eine richtige kleine Dame geworden ist, wenn ich's auch selber nicht sagen kann, denn meine Augen werden immer schlechter; aber ich glaube es gern. Andrerseits warne ich sie immer (damit sie mir nicht hoffärtig wird), dass sie mit ihrem Aussehen bloss die nichtsnutzigen Halunken herausfordert, denn es laufen ihr schon genug nach, obwohl ich sagen muss, sie ermutigt sie gar nicht (was ich so sehe).

Sie versteht sich sehr gut mit der Verschoyle, die eine wirklich brave Frauensperson zu sein scheint, wenn sie auch protestantisch ist. Ich meine, sie ist eine vernünftige Frau. Sie sagt Mary Kate, was ich Mary Kate schon von Anfang an gesagt habe, wenn sie's uns auch beiden nicht glauben will, dass du bestimmt wieder nach Hause kommst, und obendrein, dass sie – die Verschoyle – dir unbedingt eine gute Stelle verschaffen kann, wenn du erst hier bist. Sie ist sehr gut zu mir, mit lauter Kleinigkeiten, wie du dir ja denken kannst, aber gesehen habe ich sie nur einmal und im Vorbeigehen, denn ich bin *durch und durch* dagegen, dass sie sich mit Geistern abgibt, denn die sind nach meiner bescheidenen Meinung allesamt weiter nichts als Teufelsknechte.

Ich hoffe, dass du in Irland bist und meinen Brief bald bekommst. Eine kleine Bettlerin namens Coholan hat erzählt, sie hätte dich in der Nähe von Fermoy gesehen, und du hättest einen kleinen Bart, und das Haar hinge dir lang auf die Schultern, wie bei einem Mädchen, und du wärst an ihr vorübergegangen, ohne sie zu erkennen, aber Mary Kate sagt, sie ist eine grosse Lügnerin, und man muss ihr nicht glauben. Ausserdem habe ich gehört, hoffe aber, dass es nicht wahr ist, dass du wie ein Landstreicher in Lumpen herumläufst. Du musst mehr auf dich halten!

Und wenn ich jetzt nachdenke, dann ist es nämlich so: ich glaube, dass Peters Tod und dein eigener innerlicher Kummer dir eine grosse Last waren, und es war richtig, dass du verreist bist und versuchst, mit deiner Seele zurechtzukommen, abseits von uns allen, denn leider haben wir dich wohl alle gestört. Die Seele ist eben so, und deshalb gehen die Menschen ja auch in die Klöster, aber mir ist es ganz klar, dass du nicht zum Mönch bestimmt bist, und sobald du deinen Frieden gefunden hast, wirst du dich wieder in der Welt zu Hause fühlen und entdecken, dass du dir deine Gefühle und deine Seele vor der Welt bewahren und doch in der Welt leben kannst, denn da weiss ich gründlich Bescheid, weil ich selber schon mal in solche Traurigkeit versunken war, dass sie mich, wie ich dir ja erzählt habe, beinahe in den Grossen Kasten einsperren wollten.

Jedenfalls bin ich überzeugt, dass du (wenn du überhaupt in Irland bist) bestimmt eines Tages das Kloster aufsuchen wirst, und ich schreibe an den Superior, er soll Nachforschungen machen, und hab ihm eine Beschreibung von dir geschickt und ihn gebeten, den Brief aufs Schwarze Brett zu stecken, damit du ihn nicht übersehen kannst. Und vergiss nicht, wie sehr ich mich danach sehne, dich nochmal wiederzusehen, bevor mein Augenlicht ganz trübe ist. Mein lieber Junge.

Eben ist Mary Kate gekommen. Es ist schon lange übers Abendbrot, und ich habe dir viele Stunden geschrieben, darum hab ich sie gebeten, den Tee aufzubrühen, damit ich noch den Schluss schreiben kann. Ich hab ihr noch nicht gesagt, an wen ich schreibe, sonst weint sie sich die Augen aus dem Kopf – und daran siehst du, auch wenn du uns so sang- und klanglos verlassen hast, haben wir dich doch nicht vergessen und denken immer an dich. Manchmal denke ich, wenn du nicht nach Hause kommst, dann wird mir das Mädchen auch eine Landstreicherin und macht sich auf die Suche nach dir. Da würde ich sie gar nicht gross tadeln. Ich kann nie den Morgen nach der Nacht vergessen, in der sich Peter ertränkt hat, als wir da aufwachten und merkten, dass du fort bist. Und oft denk ich auch an die Nacht, als es dir so schlecht ging, und wie wir da Stunden und Stunden auf dich gewartet haben, und manchmal sage ich zu ihr, dass wir dich die Treppe heraufkommen hören werden, genau wie damals. Ich finde, es wäre nett, du kämst eines Abends zurück, wenn wir gerade beide zusammensitzen.

Ich habe es eben Mary Kate erzählt, dass ich an dich schreibe, und nun weint sie; ich hab's ja gleich gedacht. Das Mädchen weint mir zu gern. Weil ich aber noch für ein, zwei Zeilen Platz habe, gebe ich ihr – als ganz besondere Ehre – den Federhalter. Sicher wird sie dir was Nettes schreiben...«

Frank O'Connor im Diogenes Verlag

Frank O'Connor, eigentlich Michael O'Donovan, wählte sein Pseudonym nach dem Mädchennamen seiner Mutter; er wurde 1903 in der südirischen Hafenstadt Cork geboren, nannte seine Schulbildung »unbedeutend« und las und lernte mit der Leidenschaft des Autodidakten; im irischen Bügerkrieg kämpfte er auf republikanischer Seite, weshalb ihn die frisch konstituierte Republik Irland ins Gefängnis steckte; nach seiner Entlassung war er Bibliothekar, gründete ein Laientheater, wurde langjähriger Direktor des Abbey-Theaters – und einer der großen Autoren Irlands; im Alter folgte er einem Ruf an die Harvard-Universität, reiste aber immer wieder nach Irland, wo er 1966 in Dublin starb.

»Frank O'Connor ist einer der wenigen Poeten unter den Meistern der Kurzgeschichte.«
Norddeutscher Rundfunk, Hannover

»Wer seine Heimat so verewigt, der tut für Irland, was Čechov für Rußland tat.« *William Butler Yeats*

»Frank O'Connor verdankt man einige der besten Kurzgeschichten unserer Zeit.« *Die Presse, Wien*

Und freitags Fisch
Erzählungen. Aus dem Englischen von Elisabeth Schnack

Die Reise nach Dublin
Roman. Deutsch von Elisabeth Schnack

Mein Ödipus-Komplex
Erzählungen. Deutsch von Elisabeth Schnack

Don Juans Versuchung
Erzählungen. Deutsch von Elisabeth Schnack

Eine unmögliche Ehe
Erzählungen. Deutsch von Elisabeth Schnack

Eine selbständige Frau
Erzählungen. Deutsch von Elisabeth Schnack

Brautnacht
Erzählungen. Deutsch von Elisabeth Schnack

Meistererzählungen
Deutsch und mit einem Nachwort von Elisabeth Schnack

Das James Joyce Lesebuch

Erzählungen aus ›Dubliner‹
und Erzählstücke aus den Romanen.
Aus dem Englischen von Dieter E. Zimmer,
Klaus Reichert und Hans Wollschläger.
Mit Aufzeichnungen von George Borach
und einer Betrachtung von Fritz Senn

Lesebuch und Auswahl aus der Prosa des frühen und mittleren Joyce zum Ausprobieren und Angewöhnen für Anfänger und Fortschreitende, für Neugierige, Besessene und alle, die sich bisher noch nicht getraut haben.

Dieser Querschnitt – in den renommierten Neuübersetzungen der Fankfurter Ausgabe von Dieter E. Zimmer, Klaus Reichert und Hans Wollschläger – bringt: – ›Eine kleine Wolke‹, ›Entsprechungen‹, ›Gnade‹ (drei Kurzgeschichten) und die schönste Novelle der englischen Sprache, ›Die Toten‹ aus *Dubliners* – zwei selbständige Abschnitte und Höhepunkte aus dem Entwicklungsroman *Ein Porträt des Künstlers als junger Mann* – ein vollständiges Kapitel (›Hades‹) aus dem *Ulysses*, dem ›Welt-Alltag der Epoche‹ (Hermann Broch), dem ›Andachtsbuch für den objektgläubigen, objektverfluchten weißhäutigen Menschen‹ (C.G. Jung), dem ›bedeutensten Ausdruck, den unsere Zeit gefunden hat‹ (T.S. Eliot), dem ›ernstesten Welt-Buch der neueren Literaturen, das zugleich ihr welterschütternd-witzigstes ist‹ (Hans Wollschläger) – und als Dreingabe Aufzeichnungen von Gesprächen mit Joyce aus dem Zürcher Jahr 1917 von Georges Borach, ein buchstabengetreues Joyce-Porträt von Paul Flora und abgeklärte Betrachtungen von Fritz Senn.

Irische Literatur im Diogenes Verlag

• Christy Brown

Mein linker Fuß. Aus dem Englischen von Leonharda Gescher. Mit einem Vorwort und Nachwort von Robert Collis

• Erskine Childers

Das Rätsel der Sandbank. Ein Bericht des Geheimdienstes. Aus dem Englischen von Hubert Deymann. Mit vier Karten

• Lord Dunsany

Jorkens borgt sich einen Whisky. Zehn herrliche Lügengeschichten. Aus dem Englischen von Elisabeth Schnack. Mit Zeichnungen von Paul Flora

Smetters erzählt Mordgeschichten. Fünf herrliche Kriminalgeschichten. Deutsch von Elisabeth Schnack. Mit Zeichnungen von Paul Flora

• James Joyce

Das James Joyce Lesebuch. Erzählungen aus ›Dubliner‹ und Erzählstücke aus den Romanen. Deutsch von Dieter E. Zimmer, Klaus Reichert und Hans Wollschläger. Mit Aufzeichnungen von George Borach und einer Betrachtung von Fritz Senn

• Sheridan Le Fanu

Carmilla, der weibliche Vampir. Eine Vampirgeschichte. Deutsch von Helmut Degner. Mit Zeichnungen von Edward Ardizzone

• Bernard Mac Laverty

Lamb – der Ausgeflogene. Roman. Aus dem Englischen von Hanna Neves

Cal. Roman. Deutsch von Nikolaus Stingl

Geheimnisse und andere Erzählungen. Deutsch von Hans-Christian Oeser

Tanzen hat seine Zeit. Erzählungen. Deutsch von Hans-Christian Oeser

• Brian Moore

Katholiken. Roman. Aus dem Englischen von Elisabeth Schnack

Die Große Viktorianische Sammlung. Roman. Deutsch von Helga und Alexander Schmitz

Schwarzrock – Black Robe. Roman. Deutsch von Otto Bayer

Die einsame Passion der Judith Hearne. Roman. Deutsch von Hermann Stiehl

Die Farbe des Blutes. Roman. Deutsch von Otto Bayer

Die Antwort der Hölle. Roman. Deutsch von Günter Eichel

Ich bin Mary Dunne. Roman. Deutsch von Hermann Stiehl

Dillon. Roman. Deutsch von Otto Bayer

Die Frau des Arztes. Roman. Deutsch von Jürgen Abel

Kalter Himmel. Roman. Deutsch von Otto Bayer

Ginger Coffey sucht sein Glück. Roman. Deutsch von Gur Bland

Es gibt kein anderes Leben. Roman. Deutsch von Otto Bayer

Die Versuchung der Eileen Hughes. Roman. Deutsch von Nikolaus Stingl

Saturnischer Tanz. Roman. Deutsch von Malte Krutzsch

Der Eiscremekönig. Roman. Deutsch von Bernhard Robben

Strandgeburtstag. Roman. Deutsch von Bernhard Robben

• Edna O'Brien

Das Mädchen mit den grünen Augen. Roman. Aus dem Englischen von Margaret Carroux

Plötzlich im schönsten Frieden. Roman. Deutsch von Margaret Carroux

• Sean O'Casey

Ich klopfe an. Autobiographie. Aus dem Englischen von Georg Goyert. Mit einer Einleitung von Kaspar Spinner

• Frank O'Connor

Und freitags Fisch. Erzählungen. Aus dem Englischen von Elisabeth Schnack

Die Reise nach Dublin. Roman. Deutsch von Elisabeth Schnack

Mein Ödipus-Komplex. Erzählungen. Deutsch von Elisabeth Schnack

Don Juans Versuchung. Erzählungen. Deutsch von Elisabeth Schnack

Eine unmögliche Ehe. Erzählungen. Deutsch von Elisabeth Schnack

Eine selbständige Frau. Erzählungen. Deutsch von Elisabeth Schnack

Meistererzählungen. Deutsch und mit einem Nachwort von Elisabeth Schnack

Sean O'Faolain

Sünder und Sänger. Erzählungen. Deutsch und mit einem Nachwort von Elisabeth Schnack
Trinker und Träumer. Erzählungen. Deutsch von Elisabeth Schnack
Lügner und Liebhaber. Erzählungen. Deutsch von Elisabeth Schnack

Liam O'Flaherty

Zornige grüne Insel. Eine irische Saga. Aus dem Englischen von Herbert Roch
Meistererzählungen. Deutsch und mit einem Nachwort von Elisabeth Schnack

Bram Stoker

Draculas Gast. Sechs Gruselgeschichten. Aus dem Englischen von Erich Fivian und H. Haas. Mit Zeichnungen von Peter Neugebauer

Oscar Wilde

Das Bildnis des Dorian Gray. Roman. Deutsch von W. Fred und Anna von Planta.
Sämtliche Erzählungen sowie 35 philosophische Leitsätze zum Gebrauch für die Jugend. Herausgegeben von Gerd Haffmans. Zeichnungen von Aubrey Beardsley
Der Sozialismus und die Seele des Menschen. Ein Essay. Deutsch von Gustav Landauer und Hedwig Lachmann
De profundis. Epistola: in carcere et vinculis sowie *Die Ballade vom Zuchthaus zu Reading.* Deutsch von Hedda Soellner, Otto Hauser und Markus Jakob. Mit einem Nachwort von Gisela Hesse und einem Essay von Jorge Luis Borges
Extravagante Gedanken. Eine Auswahl. Herausgegeben und mit einem Vorwort von Wolfgang Kraus. Auswahl und Übersetzung von Candida Kraus

Meistererzählungen aus Irland

Geschichten von Frank O'Connor bis Bernard Mac Laverty. Herausgegeben von Gerd Haffmans. Mit einem einleitenden Essay von Frank O'Connor, bio-bibliographischen Notizen und Literaturhinweisen. Erweiterte Neuausgabe 1995

Die schönsten Liebesgeschichten aus Irland

Von G.B. Shaw bis Frank O'Connor. Herausgegeben und aus dem Englischen von Elisabeth Schnack